오늘의 문화연구 1

　프랑스에서 사회학을 공부한 사람들이 모처럼 얼굴을 맞댈 수 있는 자리가 마련되었던 날, 지금부터 약 3년 전쯤에, 아주 의욕적이고 싱싱한 이야기들이 많이 쏟아져 나왔던 것으로 기억된다. 한국 사회학은 어디로 가고 있는 것인가? 구미사회에서 생성된 이론들에 의존해 온 학문적 풍토가 한국 사회학에서 얼마나 더 오래 지속될 것인가? 외국이론들에 근거하는 접근방법 자체가 한국사회의 현실에 전착하는 독창적인 이론의 탐구작업을 오히려 방해해온 것은 아닌가? 외국이론들로부터 파생된 사회학적 상상력은 한국사회의 독특한 현실을 보다 꼼꼼하게 파헤칠 수 있는 예리한 시각과 학문적 열정을 오도하는 경향이 없지 않았는가? 그렇다면 특히 우리들처럼 외국유학으로 많은 시간을 보낸 사람들이 한국 사회학에 기여할 수 있는 것이 과연 무엇인가? 결국 문제의 화살은 우리 자신에게로 돌아왔다. 프랑스 사회학이 한국 사회학에 어떻게 도움이 될 수 있는지를 찾아내는 책임을 지닌 사람들로서 그동안 자기 구실을 하지 못했음에 대한 자성의 소리가 머리와 마음을 아주 무겁게 만들었다. 프랑스 사회학을 단순히 소개하거나 또는 그러한 소개를 통해 한국 사회학도들로 하여금 또다시 외국 사회학에 많은 시간들을 할애하게 만드는 악순환을 부추길 것이 아니라, 프랑스 사회학에서 배운 것들을 한국 사회학의 독창적인 접근방법과 이론을 확립하는 작업 속에 녹아들어가게 하는 일에 몰두해야 한다는 생각이 모아졌다. 우리는 이 일에 대해 보다 열심히 고민해보기로 하였다.

그 이후 매월 독회모임을 통해 우선 각자의 생각들을 조율해 보는 시간들을 통해서 보다 구체적으로 등장한 관심은 한국인의 일상생활에 파고드는 사회학을, 즉 일상의 생생한 그림을 보다 깊고 면밀하게 그려낼 수 있는 방법과 주제들이 무엇인가를 찾아보는 것이었다. 특히 한국인은 누구인가를 묻는 '한국인론'에 관한 문제제기에서 시작하여 한국인을 특징지우는 구체적인 일상적 체형과 그 생활양식을 어떻게 간파해야 하는가의 질문에 이르게 되었다. 계층성, 연령 등의 다양한 특성들에도 불구하고, 한국인들이 삶의 현장에서 공유하는 일상적 생활양식과 그 문화적 의미를 포착하고 해석해내는 것이 일단 우리 모임의 일차적 연구작업이 되어야 한다는 의견이었다. 그래서 우리는 한국인의 말과 소통법, 먹거리와 옷입기문화, 한국인의 의례, 만남과 모임의 일상문화, 그리고 한국인의 일상적 꿈과 욕망, 사고방식, 믿음에 관한 접근을 통해 한국인의 독특한 일상적인 모습을 다면적으로 담아내려는 노력을 시도하기로 하였다. 그러한 시도의 결과로서 만들어진 이 책은 한국인의 일상문화를 세 부분으로 나누어 살펴보았다. 1부에서는 한국인의 만남, 모임, 의식(儀式)의 일상성을 다루었다. 우선 이영자의 글에서는 한국인의 의례적 행사와 관련하여 현대에 와서 의식(儀式)

이 일상화되는 현상, 그 문화적 의미와 사회적 기능, 그리고 의식주의(ritualism)를 통해 드러나는 한국의 일상문화의 특징을 포착하는 시도를 하였다. 정수복의 글에서는 한국인의 사적인 모임을 통해 우리사회의 집합적 삶의 방식을 이해하는 동시에 사적인 모임들이 공적인 자원적 시민참여활동으로 전환될 수 있는 가능성을 탐색하였다. 이상훈은 한국인의 일상생활 속에서 가장 구체적인 커뮤니케이션의 과정으로서 만남이 이루어지는 방식과 리듬, 또는 결합과 분리의 상징적 의미에 천착하였다. 2부에서는 한국인의 욕망, 믿음, 사고방식을 중심으로 일상문화의 특징들을 살펴보았다. 이기현의 글에서는 한국인이 욕망을 관리하고 표출하는 방식과 그 내용을 낮과 밤의 이미지로 대비시켜 그 다면적인 구조를 밝히는 작업이 제시되었다. 민문홍의 글에서는 한국인의 일상생활 속에서 드러나는 전통적·현대적 사고방식에 대한 비판적 접근을 통해 일상문화의 한국적 특징을 간파하였다. 최종철의 글은 한국인의 종교적 일상성을 주제로 종교적 실천의 다원중첩구조와 그 표준화 현상, 종교적 정체성의 분화 등에 초점을 맞추어 종교의 일상문화를 통해서 나타나는 특성들을 분석하였다. 3부에서는 한국인의 의사소통방식, 옷입기문화, 먹거리문화를 다루었다. 이병혁의 글에서는 한국말이 구술문화로서 지니는 특성과 대우법에 내포된 언어문화의 의미를 고찰하면서 말을 통한 소통문화의 한국적 특성을 제시하였다. 현택수는 상징적 의미에서 한국인의 옷입기문화의 특성을 파악하는 작업을 통해서 특히 전통과 현대의 특징이 계층별·성별로 비교되는 양태들을 포착하였다. 먹거리문화에 대한 한경애의 글은 '한국인이 무엇을 어떻게 왜 먹느냐'하는 질문을 풀어보기 위해 일상적 먹거리의 소비행태를 시작에서 밥상에까지 이르는 일상적 과정 속에서 고찰·분석하였다.

이러한 글들을 통해 우리는 한국인의 일상문화에 내재하는 동질성, 개인과 사회간의 고리를 이어주는 유대관계, 공-사가 얽혀지는 일상적 삶의 특징적 방식, 이중성이나 모순성, 전통과 현대간의 혼재, 갈등, 상호조합으로부터 빚어지는 복잡다양한 특성들, 그리고 한국인 특유의 심성과 사고방식과 사회성 등을 다시 읽어낼 수 있는 자료들을 발견해낼 수 있을 것이다. 다만 한국인의 일상문화가 계급과 계층, 성, 연령, 집단적 특성에 따라 어떠한 다양성과 이질성을 지니는가에 대한 보다 심층적인 분석을 시도하지 못한 것은 분명 이 책의 한계이다. 한편 이 책에 담겨진 글들의 접근방법에 있어서는 기본적으로 이론중심의 논의와 연구방식에서 벗어나 일상적 체험들을 보다 사실주의적으로 간파해내는 것에 의미를 두고자 하였음을 밝혀둔다. 따라서 이 작업은 사회학 전공자들에 의해서만 읽혀질 수 있는 논문의 형식이 아니라 일반 대중의 관심과 정서에 쉽게 다가갈 수 있는 구성과 문체로서 사회학의 지평을 새롭게 열어보고자 하는 의도를 포함한 것이었다. 이 책이 특히 기대하는 것은 한국인과 한국사회를, 즉 우리자신과 우리사회를 자기성찰적으로 되돌아보게 하는 계기를 제공하고 아울러 이러한 자기성찰의 사회학을 통해 일상문화의 재창조적인 실천이 '어떻게' '왜' 필요한가를 점검해보는 작업에 도움이 될 수 있는 자료가 되는 것이다.

그러나 이 작업은 한마디로 하나의 실험이었다. 게다가 매우 어려운 자기실험이었다. 우선 연구자 각자가 종전까지 길들여온 사회학적 논술형식에서 벗어나 어떻게 새로운 글쓰기를 시도할 수 있는지를 고심하였다. 생소하고 난해한 이론이나 개념들을 열거하는 패턴의 글쓰기가 아니라 현실적 경험을 쉽고 설득력 있게 해석해 낼 수 있는 글쓰기의 모델을 찾아내는 일에 치중했지만, 결국 이는 단번에 성공할 수 없음을 절감하였다. 수필도 논문도 아닌 형식으로 사회학의 이야기들을 재미있게 풀어낼 수 있는 가능성을 탐구해내는 작업은 앞으로도 한참동안 진행되어야 할 것만 같다. 한편 한국인의 복합적인 삶의 현장을 심도있게 읽어 낼 수 있는 사회학적 상상력을 각자가 얼마나 고안해 낼 수 있는가를 실험해보았는데, 이것 역시 부진하였다. 충분한 시간과 노력을 들이지 못했던 탓도 있었지만, 점차적인 훈련의 단계를 생략하려는 것이 무리였음을 확인하였다. 상식과 밀접하게 교감하면서도 정교한 전문지식의 깊이와 특유한 묘미를 발휘해 주는 사회학적 연구에 매달리는 끈기가 필요한 것이다. 그 다음으로는 거듭된 깊이있는 토론과 공동의 고민을 토대로 하는 연구작업이 애초의 기대된 실험이었다고 한다면, 이것 역시 뜻대로 이루어지지 못한 채 각자의 연구가 지니는 특성과 한계를 그대로 인정하는 수준으로 일단 이 작업을 마무리해야만 했다. 특히 현재의 학문적 풍토 속에서는 개인의 관점과 견해를 공동의 토론의 장 속에서 재조명해보고 새롭게 재창조해 내는 작업이 매우 필요하다는 인식하에서 이 연구작업을 시도했음에도 불구하고 그러한 시도가 가시적인 결실을 맺지는 못했음을 인정하지 않을 수 없다. 또한 연구자 각자가 고민한 부분들을 공동의 토론으로 충실하게 접근하지 못한 채 그 여백을 남겨둔 것도 변명할 여지가 없을 것이다. 이러한 미숙함들 때문에 이 작업은 결코 완결된 것이 아니다.

그럼에도 불구하고 반 년 이상 묻어둔 결과들을 이제서야 하나의 책으로 엮게 된 것은 필자들이 사회학 연구자로서의 자기성찰을 더 열심히 지속하겠다는 새삼스러운 약속, 또는 자기다짐을 위한 것이리라. 일을 저지른 후에, 자기책임을 더 강하게 묻고 싶은 심정, 혹은 다시 한 번 의욕을 추스리고 싶은 마음이라고나 할까? 아무튼 이 결과물이 <일상문화연구회>의 첫 번째 실험의 소산이라는 사실에 대해 우리 모두는 부끄러움을 가지면서도, 이것을 앞으로 실험정신의 뜀틀을 마련하는 계기로 삼고 싶은 것이다. 따라서 그 계기를 제공해 준 도서출판 한울에 깊은 감사를 드리지 않을 수 없다.

1996년 9월
일상문화연구회

3 말·옷·먹거리

한국인의 말과 의사소통 / 이병혁

옷과 유행 / 현택수

먹거리 문화―부엌에서 식탁까지 / 한경애

1

만남·모임·의식

의식의 일상성

이영자

1. 일상을 바쁘게 하는 의식(儀式)들

한국인의 일상 속에서는 수많은 식(式)들이 벌어진다. 매일같이 갖가지 식을 알리는 통지서나 초대장들이 날아오고, 식에 대한 광고 선전, 홍보물, 보도, 사진들이 우리의 생활공간을 바쁘게 채워가고 있다. 우리의 일상은 마치 '식'의 경기장이 되어 가는 듯하며, 그 경기장에 바쳐지는 일상은 또한 우리를 속절없이 바쁘게 하고 지치게 만든다. 심지어는 번거로운 갖가지 행사와 의식들을 위해 일상이 존재하는 것 같은 착각을 일으키기도 한다. 학교, 기업, 군대, 정부기관, 교회, 종교단체, 각종 사회단체, 그리고 가정에서, 사적·공적으로, 매우 다양한 목적의 다양한 의식들이 벌어지는 각 현장에서 우리는 어쩔 수 없이 충실한 관객이 되어야 하기 때문이다.

우리는 왜 그토록 충실한 관객이 되어야 하는가? 그것은 우선 직업적 역할이나 이해관계 때문에 거의 필수적으로 참석해야 하는 의식에서부터 시작해서 사교나 친교나 우정을 위해서, 혹은 단지

예의와 체면을 차리기 위해서, 불참하지 않도록 신경을 써야 하는 매우 다양한 의식들이 우리를 기다리고 있기 때문이다. 물론 아주 반갑고 즐겁게 참가하는 식들도 있겠지만, 그렇지 않은 경우들이 더 많은 것이 우리의 현실이 아닌가?

그런데 이러한 관객 노릇은 결코 간단한 일이 아니다. 의식에 참여하기 위해 일과를 조정하는 것은 물론 미리 계획된 것을 갑자기 취소해야 하는 경우들까지 생긴다. 예컨대 장례식에 가서 밤을 새워 주는 풍습은 직업적·개인적 일과를 갑자기 마비시킬 정도이다. 회사 동료나 상관이 상을 당했을 경우 평소에 그 돌아간 분을 한 번도 본 적이 없는 회사 직원들이 단체로 조문을 가기 위해 한나절 근무시간의 리듬을 깨는 경우가 보통이다. 얼굴도 한 번 안 본 사람들의 조문까지 챙기는 것이 예사로 되어 있는 한국인들의 경조사치례는 더 번거로울 수밖에 없다. 또는 줄지은 결혼식 초대 때문에 매 주말을 한동안 아예 비워 두어야 하는 경우도 있다. 그러나 우리는 이 모든 것을 하나의 일상으로 당연하게 받아들인다.

뿐만 아니라 한편으로는 의식치례로 인한 지나친 물질적·정신적 부담과 일과의 손실을 문제시하면서도 이를 거부할 엄두를 내지 못한 채 '잘 살아남기의 생존법'으로 체념할 뿐이다. 그 대표적인 경우가 정치인들의 경조사 치다꺼리이다. 인기관리를 위해 울며 겨자먹기식으로 거부하지 못하는 이러한 관례가 안겨 주는 폐해는 적지 않다. 일반 가정에서도 경조비지출은 가계지출에서 적지 않은 비중을 차지한다. 또한 일반 단체에서는 연이어 치러야 하는 공식 행사들 때문에 정상적인 업무가 방해받는 경우도 적지 않다. 또한 교통체증이 심한 도시를 가로질러 가면서 식장을 찾아야 하는 번거로움, 게다가 식이 시작하기 전에 도착해야 한다는 마음 졸임은 또 다른 스트레스를 만들어 낸다.

　이것은 한국의 특유한 현상인가? 필자가 11년간 살아본 프랑스에 비하면 분명히 한국사회에는 의식들이 많은 것이 틀림없다. 일례를 들어 프랑스에서는 대학에 입학을 해도 입학식이 없고 또 졸업을 해도 졸업식이 없다. 대학에 들어가고 나오는 일이 별다른 의식행사로 치러지지 않는 것에 대해 불만스럽게 생각하는 사람들의 얘기도 들어본 적이 없다. 이것은 영·미국가에서 학사복과 박사복을 맞추어 입고 거창한 졸업식을 거행하는 풍습과는 대조적인 것인데, 한국에서는 이러한 풍습이 그대로 모방되는 것이라 할 수 있다. 나 자신은 프랑스에서 11년간 대학을 오가며 생활하면서 그러한 의식들이 없다는 사실조차 특별히 이상하게 생각한 적이 없는 것 같다. 나는 그만큼 생리적으로 의식의 필요성을 느끼지 못하는지도 모른다. 그런데 박사학위를 마치고 1년 후에 한국에 돌아와서야 나는 새삼스럽게 사진틀에 끼울 만한 두꺼운 종이의 학위증서 하나 받지 않고 돌아왔다는 사실을 깨닫게 되었고 우편으로 대학에 증서를 신청했다. 신청 후 일 년이 지나서야 나는 서울의 프랑스 대사관을 통해 잘 포장되어 전달된 증서를 받을 수 있었다. 그 나라에서는 학위를 받았다는 평가확인서를 발급하는 것 외에는 본인이 특별히 신정하는 경우에만 한국식의 학위증을 발급해 주는 것이 관습으로 되어 있다. 그 때문에 우편으로 번거로운 절차를 거쳐 증서를 요구한 나를 그곳에서는 아마도 이상하게 생각했을지도 모른다. ‘무엇 때문에 이런 증서를 필요로 하는 것일까’라는 의문이 들었음직하다. 흔히 우리 가정의 거실 사진틀 속에 자랑스럽게 걸려 있는 학위증이나 각종 증서의 전시가 그들의 정서에는 생소하게 보일 것이 분명하기 때문이다. 사진틀의 전시문화에 결코 동화될 소지가 없는 나로서는 그 증서를 받은 이후 포장 케이스에 그대로 넣어 둔 채 12년이 지난 지금까지 한 번도 열어 본 적이 없으며, 더구나 지금은 그것이 어디에 있는지조차도 잘 모른다. 그럼에도 나는 왜 한국에 돌아오자마자 서둘러 그 증서를 손에 넣어야 한다는 생각을 하게 된 것일까?

프랑스 사람들의 개인주의는 세계적으로 잘 알려져 있는 것인데 이것이 이러한 풍습과도 연결되는 것이라 할 수 있다. 요컨대 어떤 행사를 만들어 일부러 사람들을 모으는 일에 별로 관심이 없는 것 같다. 집단적 모임이 주는 부담과 번거로움을 최소한 줄이는 것이 그들의 생활이라고 할 수 있을 것이다. 특히 형식에 구애되는 것을 달가워하지 않는 성향일 수도 있다. 이것이 프랑스인 특유의 자유를 구사하는 것인지도 모른다. 사회의 전체주의적 구속력을 될 수 있는 한 받지 않게 하는 것, 집단에 대한 소속감이나 일체감을 최소한도로 느끼게 하는 것, 집단의 결속보다는 개인의 정서나 의식의 자유를 더 중요하게 취급하는 것, 그리고 형식적 집단행위의 취향을 길들이지 않는 것이다. 식사나 차를 즐기며 얼굴을 맞대고 이야기하는 것을 즐기고, 애인과의 사랑이나 친구와의 사교에 더 많은 시간을 쏟고 싶어하는 사람들에게 내용보다 형식에 매달리는 행사치레를 하는 것은 시간낭비로 간주되기 십상일 것이다.

그렇다면 한국에서 벌어지는 그 수많은 '식'들은 대체 무엇을 위한 것인가? 한국인들이 갖가지 '식'들을 끊임없이 만들어 내고 열심히 찾아다니기 위해서 많은 에너지와 시간-공간을 할애하고 밤낮의 피곤을 쌓아 가야 하는 이유들은 어디에 있는가? 우리에게는 왜 그토록 '식'이 중요한가? 우리는 결국 일상화되는 '식'으로부터 무엇을 얻고 있으며, 또 무엇을 읽어 내야 하는 것인가? 그리고 이러한 현상에서 현대 한국인의 또 하나의 특징적인 아비투스를 발견해 낼 수 있는 것이 아닐까?

2. 어떠한 의식들이 벌어지는가

인간사회의 의식(ritual)*은 대체로 세 가지 범주로 나눌 수 있다. 종교제전과 통과의례와 같은 종교적 의식(일상생활의 세계와 조상, 신과 같은 초월적인 세계를 연결하는 것), 기호화된 형태의 심미적인 의식, 그리고 사회적 의식(social ritual)으로서 생활주기나 자연주기와 관련된 일상생활의 의식들과 사회의 각 영역에서 이루어지는 다양한 의식적 행사들이 있다. 이 글에서 의식의 일상성을 이야기하려고 하는 것은 주로 세 번째의 범주에 속하는 사회적 의식에 대해 관심을 갖는 것이다.

현재 한국사회에는 수많은 종류의 사회적 의식들이 있다. 일제시대의 잔재로 남겨진 군대, 학교, 관공서들의 각종 의례적 행사들로부터 시작해서 군사독재정권 이래로 활성화된 정치의식과 대중동원의 국가행사들, 기업, 군대, 학교, 종교단체, 각기 다른 사회집단 등에서 개최하는 사업성 행사들이나 관례적 의식들은 이루 다 헤아리기 힘들 정도이다. 가정의 전통의례들 역시 여전히 중요한 행사로 지속될 뿐 아니라 더욱더 번거로운 행사로 현대화되어 간다. 또한 새롭게 만들어지는 조직체들이 늘어나고 각종 징례화된 행사나 특별한 사건들이 늘어날수록 갖가지 의식들이 증가한다. 최근에 와서는 각종 이벤트 행사, 스포츠, 축제 등과 같이 소비적·오락적 상품으로서 대중의 인기를 끄는 새로운 형태의 의식들이 다채로워지면서, 의식은 이제 한국인의 중요한 일과의 하나로 일상화되어 가는 경향을 나타낸다고 할

---

* 인류학자들은 대부분 의식적 행사(ritual)를 의례(ceremony)로부터 구분지어 왔는데, 그 구분은 전자가 종교적이고 후자가 세속적·상징적 활동이라는 것에 있다. 그러나 현실적으로 이 두 용어는 상호교환적으로 사용되는 경우가 많다. 한편 영어에서 'rite'와 'ritual'의 차이를 본다면, 전자는 보다 넓은 의미를 포괄하는 반면 후자는 그 하위개념이라고 할 수 있는데, 이러한 차이 역시 실제로 잘 구분되지 않는 경향이 있다.

수 있다.

이러한 사회적 의식들을 그 취지에 따라 유형을 나누고 그 특징적 양태를 살펴보자.

• 기념의 의식

시작과 마무리를 공표, 기념하거나 개인과 집단의 생활에서 중요한 계기들을 기념하기 위한 의식들로서 현판식, 출범식, 시공식, 입학식, 졸업식, 신년하례식, 송년회, 시무식, 종무식, 수료식, 상장 수여식, 각종 전시회 개막식, 발족식, 회갑연, 개교기념식, 출판기념회, 창립기념식, 각종 기념식들이 있다. 그외에도 국가적 차원에서 국가기념일(예: 개천절, 삼일절, 광복절 등)에 이루어지는 각종 의식적 행사들이 포함된다.

• 관혼상제

혼인의례, 장례식, 제사의식 등 전통적인 의식들이다.

• 포상과 축하의 의식

포상을 하고 축하를 하기 위한 의식들로 감사패 증정식, 저축상 시상식과 같은 각종 시상식, 당선축하식 등 각종 축하연들이다.

• 만남과 이별의 의식

만남과 이별을 위해 마련되는 의식으로는 귀국환영회 등의 환영식, 송별회, 취임식, 이임식, 정년퇴임식 등이 있고, 그외에도 잠시 동안의 헤어짐을 계기로 만들어지는 모임들이나 신고식 등이 있다.

• 의지표명을 위한 행사

무엇을 하겠다는 사실을 선언하거나 연대, 결의, 결속, 지지를 다짐하기 위해, 또는 사회운동적 차원에서, 갖가지 캠페인성 행사들이 벌어지는데, 이것들 역시 다른 사회적 의식을 행하는 절차나 방식과 별로 차이가 없다. 예컨대 각종 결의대회, 선언대회, 규탄대회, 성토대회, 양심선언식, 출정식, 발대식, 구국기도회, 조찬기도회, 각종 후원회모임, 기금마련회, 교통사고

줄이기 결의대회 등을 들 수 있다.

- **정치의식**

특정한 정치적 목적을 추구하는 의식들로서 전당대회, 창당대회, 지구당대회, 후보추대회, 의식적 형식성을 갖춘 각종 학생집회(예: 대동제), 노조나 사회단체의 다양한 정치적 행사 등이 포함될 수 있을 것이다.

- **축제행사**

최근에 와서 특히 다양해지는 각종 축제들(예: 명동축제, 신촌축제), 지방자치시대를 맞이하여 점차 활성화되는 각 지역의 문화축제들, 그외에도 다양한 오락성·상업성 행사들을 생각할 수 있다.

이와 같이 한국사회에는 일상생활에서 벌어지는 일들이 많은 종류의 의식을 만들어 내는 소재가 되고 있다. 우리가 매일 접하는 일간지만 보더라도 날마다 얼마나 많은 식들이 벌어지고 있는가를 금방 알게 된다. 또 신문에 보도되지 않는 의식의 수는 이루 다 헤아리기가 힘들 것이다.

3. 무엇을 위한 식(式)인가

1) 일상의 극화 : 스펙터클 만들기

결혼식장에서 신랑신부는 하루아침에 귀공자와 공주가 된 것처럼 성장 차림을 하고 마치 영화 속의 낭만적인 주인공이 된 듯한 연기를 하기 위해 진땀을 흘린다. 금혼식을 올리는 노부부는 골 깊어진 주름살을 잊어버린 채 처녀총각 시절의 수줍은 얼굴과 몸짓을 되살리려는 연출을 한다. 환갑을 맞은 부모에게 적금 들어온 돈을 다 털어 마련해 드린 화려한 잔칫상 앞에서 자식들은 마침내 최상의 효를 다하는 듯한 충만감에 젖은 눈물을 흘린다.

이러한 순간순간들을 연출해 내는 의식들은 일상을 비일상으로 연출하려는 안쓰러운 작업들이다. 일상의 반복과 단조로움과 잔인할 정도의 현실의 각박함을 뛰어 넘는 그 무엇에 가슴설레는 마음의 동요를 위한 것이다. 이러한 의식을 통하지 않고서는 좀처럼 쉽게 일깨워질 수 없는 낯선 감흥들을 맛보고 싶은 욕망을 담고 있다. 이러한 감흥들은 일상을 한순간 극화할 수 있기 때문에, 그리고 일상을 비일상적으로 만들 수 있기 때문에 의미가 있는 것인지도 모른다. 일상의 나날은 결국 이와 같은 비일상적 연출의 기회들을 기다리며, 또 준비한다는 희망으로 감내되는 것이라고 할 수 있다.

그런데 한국사람들이 이렇게 삶을 극적인 것으로 만드는 순간들을 더 각별히 소중하게 생각한다면, 그 이유는 무엇일까? 그것은 일상에서 자기 표현의 기회가 보다 제한되어온 전통이 그 반작용으로 더욱더 극적인 표출을 염원하게 하거나, 또는 일상에서 누적되는 문화적·물질적 빈곤함이 보다 풍요로운 감성과 물질적 화려함의 연출에 대한 갈증을 더해 주는 것이 아닐까? 특히 현실의 각박함과 감내하는 고뇌가 클수록 현실을 뛰어 넘는 다른 가상의 현실을 더 절실하게 꿈꾸는 것일 수도 있다. 그래서 결혼식, 돌잔치, 환갑잔치 같은 행사를 일상의 억제된 감성과 물질적 여유를 한껏 풀어내는 배출구로, 또는 누적되어온 일상의 때를 일시에 벗겨 내는 기회로서, 극적인 공간과 시간을 연출해 보는 멋부림으로 삼는 것인지도 모른다.

이러한 일상의 극화는 최근에 와서 스펙터클 만들기 경쟁에 점차 흡수되는 경향으로 나타나는데, 이것은 의식의 현대적 특징의 하나라고 할 수 있다. 각 집단에서 그 구성원들이 스펙터클을 만들

어 내는 요란한 행사들을 마련하거나, 개인이나 가족 차원에서 생일, 기념, 자축행사 등을 거창하게 벌이는 현상들이 유행처럼 확산되는 것을 보게 된다. 스펙터클의 의식은 주최자로 하여금 일시적 스타가 되는 환상과 일종의 나르시시스트적인 성향을 갖게 할 수도 있다.

의식적 행사가 스펙터클의 문화로 대중화하는 데에는 포스트모더니즘이 한몫을 한다고 볼 수 있다. 포스트모더니즘은 이야기보다는 의식적 또는 연극적인 표현과 참여형식을 보다 더 추구함으로써 의식에 대한 취향을 늘리게 하는 측면이 있다고 볼 수 있기 때문이다. 또한 근대적 의식이 의식을 일이나 성취적 사업과 동일시하였다면, 포스트모던 문화로서 의식적 공연은 전통적 가치체계들과 이데올로기로부터 이탈되어, 즉 근대적 신념의 위기를 넘어서, 문화적·종교적 연예행사에 보다 가까워지는 경향을 나타낸다(Grimes, 1990: 27). 이에 따라 의식은 전통의 전승이나 현상유지의 것이 아니라 반대로 전복적이고 비평적인 대항문화 또는 대안문화의 형식으로 발전되는 경향을 보이기도 한다. 예컨대 퍼레이드나 거리연극 등의 형태로 권력을 갖지 않은 사람들(from below)의 일상생활의 관점을 표출하는 공연들을 들 수 있을 것이다.

다른 한편으로는 문화산업의 발달이 의식을 상업적인 스펙터클로 만드는 데에 앞장서고 있다. 예컨대 전통적인 축제나 의식을 관광객들을 위한 구경거리로 상품화하는 현상이 확산된다. 또한 최근에 와서는 결혼식마저도 일종의 스펙터클을 만들어 내기 위한 이벤트로 변형되어 가는 경향을 나타낸다. 결혼장면을 대단한 볼거리로 만들기 위해 마치 대형쇼의 무대장치를 흉내내듯(일례로 드라이아이스가 깔리는 것과 같이) 갖가지 화려한 장면들을 각색해 내는데, 이것은 결국 판에 박힌 상업적 연출에 의한 것이다. 그리고 갖가지 의식을 대신 기획해 주고 전담해 주는 이벤트 회사나 대행업체들이 늘어나면서, 의식은 보다 노골적으로 스펙터클로서의 환상을 조작해 내는 상업술에 매달리게 되며 아울러 오락성과 사치성으로 포장된 상품으로 변질되는 경향이 있다. 결국 스펙터클의 연출기법은 돈의 액수에 따라 달라지게 된다. 이와 같이 과거 근대사회에서 의식이 정치적·이념적 목적에 적극 활용되었다면, 오늘의 포스트모던 소비사회에서는 상업적 소비상품으로서 의식적 행사들이 늘어난다고 할 수 있다.

스펙터클의 문화는 정치영역에도 적용된다. 현대의 미디어 정치는 특히 이미지들에 의존하는 스펙터클을 중시하는 경향이 있다. 미디어는 민주주의의 연출법에 강력한 방법들을 제공하기 때문에 이제 TV나 라디오나 언론이 없이 민주주의가 전국민적인 힘과 영향력을 얻기는 힘들다. 상징과 상상에 대한 새로운 기술의 통제는 새로운 형태의 정치연출법의 성공과 직결되는 것이다. 그리고 미디어는 권력자들의 운명을 대중적 이미지의 질에 의존하게 하고, 정치적 이미지들을 일상적인 스펙터클로 만들어 낸다. 정치세력의 척도는 이제 효율적인 이미지들을 생산하고 파급시키는 능력의 정도에 달린 것이다(Balandier, 1980: 186).

예컨대 과거 사회주의 국가에서는 국가와 통치자에 대한 절대적 숭배와 경건함을 상징화하여 정치적 우상과 신화를 창조해 내고 또 이를 영속화하는 각종 거창한 정치의식의 스펙터클을 만들어 냈었다. 이는 국가와 정치의 절대성을 집단주의적인 스펙터클을 통해 가시화하고 주입시키는 것이었다. 반면에 자본주의 대중사회에서는 정치인의 인기가 점점 더 연예스타의 인기와 유사한 차원으로 변질되어 갈 정도로 대중적 이미지를 상품화된 스펙터클로 연출하는 것이 정치력의 대중화에 중요한 요소가 되고 있다. 한편 미디어의 위력이 점점 더 막강해질수록 현대의 국가는 '구경거리의 국가(Etat spectacle)'가 되고, 세상은 미디어의 스펙터클로 점점 축소되는 경향을 나타낸다. 사회현실은 TV의 현실(telerealite)이 되고, 일상생활은 그러한 화면의 스펙터클 속에서 비로소 무게를 갖게 된다고 할 수 있다. 이 때문에 정치세력은 미디어에서 선전의 효과가 있다고 보는 사건과 모의실험과 시나리오들을 민들이 이것들을 기시화하는 각종 의식적 행사, 즉 연극적인 스펙터클을 연출하는 데에 주력한다(그 대표적 예로 미국식의 전당대회를 들 수 있음). 이는 결국 정치가 대중화의 명분으로 스펙터클의 문화에 동화되는 현상을 초래한다.

여기서 우리는 일찍이 현대사회를 스펙터클의 사회로 묘사한 바 있는 기 드 보르의 논지를 참고할 필요가 있다(Debord, 1967). 드 보르에 의하면 우선 스펙터클은 이미지들의 수집이 아니라 이미지들에 의해서 매개된 사회적 관계이다. 즉 스펙터클의 이미지들 속에서 인간관계가 얽혀진다는 것이다. 또한 현실은 스펙터클 내에서 다시 살아나며 이 때문에 스펙터클은 실제적인 것이라고 본다. 그는 스펙터클이 세계의 단일성의 상실에서부터 시작된 것으로 보며 근대 스펙터클의 거창한 팽창은 이러한 상실의 전체성을 표출하는 것이라고 한다. 그리고 스펙터클은 분리된 것을 분리된 그대로 재결합하여 외견상으로 나타나는 현상의 다양성을 통합시키고 설명해 줌으로써 사회생활을 단순한 외양으로서 확인하게 해준다는 것이다. 또한 그가 볼 때 현대의 혼란한 세계에서 진실된 것은 거짓된 것의 한 순간이라고 할 수 있는데, 스펙터클은 바로 이 순간을 포착하게 하는 것이다. 따라서 현대 산업사회는 근본적으로 스펙터클적이라는 것이 그의 입장이다.

한편 드 보르는 스펙터클의 사회가 인간의 소외를 야기하는 문제를 지적한다. 스펙터클이 번창하는 세상은 상품의 세상, 즉 상품들의 풍요함과 상품들간의 관계가 만들어 내는 풍요함의 세계라는 것이다. 구경꾼으로서 인간은 도처에서 각종 스펙터클, 요컨대 상품들이 조장하는 환상들의 구경거리를 소비하는 것일 뿐이다. 현대 소비사회에서 자본은 더이상 보이지 않는 중심이 아니고 직접 보고 만질 수 있는 상품들의 형태로 확산되며, 상품들의 구경거리를 만들어 내는 권력이 증가할수록 더욱더 그의 세계로부터 분리된 자신을 발견하게 되는 것이다. 이와 같이 스펙터클로서의 의식은 사회적 관계를 대단한 볼거리의 외양으로 일시적 연출을 하면서 그 외양을 만들어 내는 상품들의 환상에 빠지게 하는데, 이는 결국 물신성에 의해 인간의 의식이 지배당하는 또 하나의 소외현장을 제공하는 것이라 볼 수 있다. 일상의 극화가 돈장사의 손으로 넘어가는 순간, 더이상 인간을 주체로 삼지 않게 되는 것이다. 루카치가 지적했듯이 인간의 의식이 물상화된 형태에 예속되는 사회에서 물상화가 심해질수록 인간은 보다 덜 활동적이 되고 점점 더 관조적이 되면서 의지의 결핍현상이 강화되는 것이다. 바로 이러한 물상화의 대상으로 변질되는 의식들은 결국 관조적이고 의지박약한 구경꾼으로서의 대중을 양산해 내는 기능을 하면서 현대 인간의 소외를 가중시키는 것으로 해석할 수 있을 것이다.

2) 체면치레의 행사

한국적 의식에서 두드러지는 또 다른 특징은 과시성에 있다. 과시성은 남들에게 보이는 외양과 겉치레에 치중하는 현상으로 나타나며, 의식이 스펙터클화하면서 더 강조될 소지가 높다. 예컨대 의식의 장소, 규모, 주체측 - 참여자 - 후원자의 지명도, 그리고 상징적 도구와 치장의 화려함 등에서 실제의 능력보다 훨씬 더 돋보이게 연출하려는 경향을 나타낸다. 돋보이기의 연출은 갖가지 부작용을 낳는데, 예컨대 과대경비지출, 내용의 불성실성과 과대포장을 일삼는 허례허식, 심한 경우에는 아예 형식적 외양으로 내용 자체를 대체해 버리는 것 등이다. 의식의 상징성도 문화적 질을 따지기보나는 눈에 띄는 사치성을 부각시키는 것에 의존하게 될 가능성이 높다. 따라서 과시적 의식은 자연히 내용과 형식의 불균형을 초래하고 실제보다 과장된 가상의 현실을 꾸며내는 경향을 띠게 된다. 그리고 이 과시적 현실이 실제인 양 믿게 하는 허위의식을 유포시키고 이러한 허위의식에 의해 더욱더 사치적인 연출의 의식을 부추기는 악순환을 가져오는 것이다.

의식의 과시성은 우선 한국인들의 전통적인 체면과 눈치의 문화를 대변하는 것이기도 하다. 체면과 눈치가 행위의 일차적인 판단기준이 되는 문화, 체면을 앞세워 불성실과 부정직을 합리화할 수 있는 소양, 체면을 통해 자존심을 세우고 주위의 눈치를 보면서 자기 정체성을 확인하는 태도, 체면과 눈치 때문에 자기 욕구와 의지를 규제하는 생활양식, 체면만 차리고 눈치만 잘 보면 쉽게 인정받고 성공할 수 있는 사회관계, 역으로 체면과 눈치를 무시하는 사람을 소외시키는 사회풍토 등이 다같이 한국인의 과시성을 자극하는 요소들로 작용한다. 그리고 이것들은 한국인의 도덕감정과 규범에 뿌리깊게 밀착되어 있기 때문에 일상적 실천의 기본성향으로 표출된다. 따라서 이러한 성향은 의식적 행위에 그대로 반영되는 한편, 의식은 또한 이러한 성향의 표출을 더욱 부채질하는 계기가 된다. 의식에서는 본래 형식성이 중요한 만큼 이 형식성을 통해 과시적 측면이 최대한 부각될 수 있기 때문이다.

따라서 의식의 주최자입장에서는 '남 못지 않게,' '남보라는 듯이,' '남들이 감히 엄두를 못 낼 만큼' 일을 해냈다는 자부심이나, '무리해서라도 해냈다'는 자존심의 위안으로 일단 만족하는 경향이 있다. 그러나 이러한 위안의 뒷전에는 과시욕을 만족시키기 위해 무리해야 했던 만큼의 대가를 치르기 마련이다. 경제적 부담뿐아니라 심신을 몹시 지치게 한 후유증, 그리고 내실보다는 외양적인 것으로 남과의 비교경쟁에 매달린 허망감 등이 의식을 즐길 수 있는 여유까지도 빼앗아 간 것을 깨닫게 할 것이다. 요란한 의식이 남긴 쓰레기들은 많지만 마음의 양식은 보잘것없을 가능성이 많다. 또 의식을 주관했던 주인이나 손님들은 다같이 구경꾼이나 시위자에 그쳤을 뿐, 무대에 올려졌던 메뉴를 어떻게 마음의 양식으로 소화하였는지를 곰곰이 되새겨 보거나 따져 묻지도 않는 습성이 생기기 쉽다.

한편 물신주의가 지배하는 한국사회에서 의식의 과시성은 결국 물질적 향유의 척도에 의해 표출되는 경향을 드러내기 마련이다.

물질의 풍요와 사치가 마치 미학과 감동의 척도를 이루는 것으로 착각하는 사회풍조 속에서 의식도 역시 이러한 풍조에 따라 각색된다. 또한 물신주의는 의식에 있어서 사람의 혼(魂)이 담겨져 있지 않은 기계적인 연출에만 몰입하게 하고, 치장만 요란하고 겉치레가 시끌벅적한 경쟁으로 치닫게 하기도 한다. 그리고 물질의 과시경쟁은 소비욕구를 끊임없이 부추기는 신상품경쟁의 시장과 생산체계의 절대명령에 따라서, 점점 더 치열해지고 무한대로 확대될 수밖에 없다. 의식은 결국 돈의 위력을 과시하는 것으로 전락하게 되고 또한 돈의 과시욕은 보다 더 과시적인 의식을 만들어 내는 악순환을 초래하게 된다고 볼 수 있다.

과시적인 의식은 또한 계층적 위화감을 해소하는 방편으로 이용되기도 한다. 의식을 행하는 장소나 연출의 방식, 다양한 장식품이나 소도구들의 선택, 음식이나 주류 등 소비품들의 가격차이가 그 의식의 품위를 결정하고 동시에 계층적 위상을 대변해 주는 것으로 믿는 경향이 있다. 그리고 이러한 성향을 최대한 이용하는 상업술은 과소비의 풍조를 부추긴다. 예컨대 돈이 비싸다는 사실만으로 천박한 취향과 요란한 장식을 상급의 문화상품으로 취급하는 풍토를 조성하고, 소비자로 하여금 분에 넘치는 소비를 하는 것만으로 마치 보다 상급의 소비자가 된 것 같은 위안감을 갖게 한다. 이는 우리가 흔히 한 상품을 고르면서 그것이 대변해 주는 계층적 위상을 선택한다고 믿기 때문이다.

따라서 장사하는 사람들은 이러한 대중심리를 이용하여 고객의 기대 수준을 나름대로 짐작하고 '이 정도는 하셔야 체면이 섭니다' '요즈음 이 정도는 보통 해야 됩니다' 하는 식으로 과소비를 부추긴다. 여기서 말하는 '이 정도'라는 것은 각자의 실제적 생활수준에 비해 보다 높은 계층 수준에 해당되는 것으로 보일 수 있는 것을 제시하는 것이다. 과소비는 바로 '이 정도'에 맞추기 위한 욕심을 조장함으로써 부추겨진다. 한국에서 유행이 쉽사리 파급되는 것도 그때 그때마다 시장에서 '이 정도'의 수준으로 규격화시키는 소비패턴에 동화하려는 욕구가 강하기 때문인 것으로 이해할 수 있다. 그런데 이러한 동화의 욕구는 유행되는 것을 소비함으로써 계층적 위화감을 최소화하는 것뿐만 아니라, 그 유행에 끼여들지 못하는 다른 사람들과의 또 다른 차별화를 꾀하고 싶은 이중적 욕구를 내포한다고 볼 수 있다.

그러나 이러한 차별화는 유행이 요구하는 획일화에 끊임없이 편승하도록 부추기는 상업적 전략일 뿐이다. 즉 가상적 계층화를 조장하여 규격화된 상품들을 유행시키는 전략에 의해 가공된 상업적 차별화라는 것이다. 이는 각자가 과시적으로 동일시하고 싶어하는 계층적 위상이 소비시장의 규격화된 상품의 선택에 의해 결정된다고 믿게 하는 것에 있다. 따라서 소비자들의 계층적 위화감은 상업술의 조작이 인위적으로 만들어 내는 것이면서 또한 상업술에 편승함으로써만 해소될 수 있다고 믿는 것이기도 하다. 이러한 메커니즘에 의해 각종 의식에서도 다른 문화상품과 마찬가지로 계층적 과시를 부추기는 상업적 차별화의 경향이 점점 증가하게 된다. 이와 같이 상업전술에 의해 계층적 정체성이나 취향이 조작되고 조종당하면서도 유행심리에 빠져 그것에 쉽게 저항하지 못하는 무력감을 드러내는 것이 현대 소비자들의 모습인 것이다.

3) 권위의 창출과 가시화

식장의 분위기는 보통 엄숙하다. 엄숙해야만 식장의 기분이 나는 것 같이 느껴지기도 한다. 그래서 우리는 흔히 몸맵시를 일단 단정하게 가다듬고 표정도 자못 진지하게 지어가면서 그 식장의 손색없는 들러리가 되려고 노력한다. 그 정체 모를 엄숙함은 의식이 예고하는 막연한 권위의 그림자라고 할 수 있다. 이 권위의 그림자는 우선 목소리로 그 실체를 드러내기 시작한다.

식의 순서에는 반드시 그 식장에서 가장 권위를 나타낼 것으로 뽑혀진 몇몇 사람의 연설을 듣게 되어 있다. 그 내용은 십중팔구 판에 박힌 것들이기 쉽다. 따라서 그 권위의 목소리가 지나치게 늘어질수록 시간의 하염없는 느림을 짜증내는 사람들이 점차 늘어날 것이고, 그 짜증마저도 피곤해지면 자의식을 잠들게 하는 사람들도 생기기 마련이다. 눈감고 혹은 눈뜨고 자는 사람, 고개를 마음대로 늘어뜨린 채 혹은 머리를 앞으로 조아린 채 꿈나라에 가 버린 사람들까지 눈에 띄기도 한다. 반면에 그 목소리의 주인공은 자신이 연출하는 권위에 도취하여 갈수록 억양을 드높이고 애써 관중의 눈을 맞추면서 잠들어 가는 청중을 잡아 붙들려고 할 것이다.

대체로 설교문화에 길들여진 한국인들은 식장에서의 잇달은 연설들을 숙달된 인내심으로 잘 이겨내는 편이라고 할 수 있다. 열심히 들어야 한다는 의무감이나 굳이 의미를 캐려는 집중력도 필요 없이 그저 넌지시 눈을 감거나 다소 엄숙한 얼굴표정을 짓는 것으로 시간이 해결해 주기를 기다리는 자세를 보인다. 혹간 진지한 눈빛의 사람들이 눈에 띄기도 하는데, 이들은 그 권위의 목소리를 직접 들을 수 있다는 사실 자체에 의미를 부여하면서 계속 고개를 끄덕이며 열심히 권위의 박자를 맞추어 주기도 한다. 이렇게 눈을 맞추어 주는 사람들이 있기에 식장은 다소나마 분위기를 잡게 된다.

우리사회에는 사람들이 모이는 자리에서 흔히 그 자리의 연장자나 상대적으로 권위 있다고 여겨지는 사람의 연설을 듣게 되어 있다. 선배나 상관에게 흔히 '한마디 하시오'라고 주문하는 것이 예의처럼 생각되기도 하며, 또 그 당사자들 역시 특별히 할 말이 없어도 한마디를 해야만 위신이 서는 것으로 생각하는 경향이 있다. 집에서는 수시로 가장의 설교를 들어야 하고, 학교에 가면 선생님의 훈시를 듣는 시간이 배정되어 있고, 직장에서는 때마다 상관의 설교식 하달 메시지를 듣는 것이 습관화되어 있을 정도이다. 그런데 그 설교는 의례성을 지닐 뿐 특별한 의미를 새기게 하는 것이 아닌 경우들이 적지 않다. 그럼에도 그 한마디의 말은 그 자리의 권위를 드러내는 불가피한 절차이거나 또는 특정인에게 권위를 부여하는 방법으로서 일단 의미를 지니게 된다.

이러한 설교문화가 식장에서는 절정에 달한다. 초대사, 기념사, 축사, 격려사 등등 설교할 기회를 되도록 여러 사람들에게 나누어 주는 것이 의식의 권위를 높이는 것이고 아울러 초대손님들에 대한 예우로 간주된다. 연설의 내용이 무엇이든 간에 연설을 한다는 사실이 중요한 것이다. 또한 청중들은 잠을 잤건, 다른 꿈을 꾸었건, 그 권위의 목소리에 혐오감을 가졌건, 반대로 도취했건 간에, 각기 한자리씩을 메워 만장일치의 외양을 연출해 낸 것으로 자릿값을 다 한 것이다.

의식은 또 다른 방식으로 권위를 확인시켜 준다. 현대에 와서 이해집단이 다양하고 각자의 소속된 권위체계가 복합적인 상황에서 식장은 특정한 권위를 가시화하는 장이 된다. 의식은 각 분야에서 권위를 갖는 사람이나 집단의 실체를 공식적으로 드러내 보이고 확인시켜 주는 자리가 될 수 있기 때문이다. 다시 말해서 식을 계기로 권위의 실체와 서열이 확연해진다고 볼 수 있다. 예컨대 식장의 무대 위에 앉는 자리의 배치에서, 축사를 하는 순서에서, 초대된 참가자들의 소개순위에서, 권위의 서열을 인지할 수 있다. 설사 그것이 지속적이고 절대적인 의미를 갖지 않는다고 하더라도 일단 권위의 질서를 확인시켜 준 것만으로 의미를 지니며, 한 번 결정된 순위는 다른 의식들에서도 의식적·무의식적으로 답습될 소지가 없지 않다. 특히 그 서열을 몰랐던 사람들에게 의식은 권위의 질서를 확인시켜 주는 계기가 되는 것이다.

한편 의식이 얼마만큼의 무게를 갖는가는 그 의식에 초대된 사람들의 지명도와 관련이 깊다. 따라서 의식을 준비할 때마다 권위 있는 사람으로 인정되는 인사들을 어떤 형태로 얼마나 불러올 것이냐가 중요한 관건이 된다. 특히 그 의식의 사회적 비중을 과시하려는 의도가 많을수록 권위를 지닌 인물의 출현은 더 큰 중요성을 지닐 것이다. 이 때문에 각 분야마다 유사한 의식들에 단골처럼 불려 다니는 소위 저명인사들의 리스트가 생기고 이들은 각종 행사에 겹치기 출현을 해야 하는 경우가 적지 않다. 이러한 사람들의 이름이 초대장에 실려 있음으로써 그 의식은 일단 어느 수준의 권위를 확보한 것으로 판단된 듯하다. 또 초대장을 받는 사람들은 그 이름들을 기준으로 의식의 중요성을 가늠하고 참가 여부를 결정짓기도 할 것이다. 그리고 저명인사들은 식장에 열심히 참여함으로써 그들의 권위를 유지하는 기회를 늘여갈 것이다.

최근에는 그러한 식의 수인공늘이 나란히 늘어선 기념사진늘이 일간지의 동정난에 다채롭게 보도되면서 색다른 눈요기감을 제공하기도 한다. 각 사진마다 어떠어떠한 사람들이 함께 조합을 이루고 있는가를 보면서 각기 다른 모임의 성격을 읽을 수가 있고, 어떠 어떠한 사람들이 주로 그러그러한 모임에 열심히 참여하고 있는가를 파악할 수가 있으며, 또한 사람들의 만남과 결합의 기류가 현재 어떻게 흘러가고 있는가를 대충 그려볼 수도 있다. 이제 이 사진들은 증명사진을 찍고 남기기를 좋아하는 한국인들의 또 하나의 풍습으로 추가된 것 같다. 따라서 식장에서 기자들은 아예 식이 시작되기도 전에 주최측의 인사들을 줄지어 세워 놓고 기념사진을 찍는 일로 행사보도의 임무를 대신하게 되었고, 주최측에서는 이 증명사진에 들어가야 할 간판얼굴들을 서둘러 불러 모아 포즈를 취하게 하는 일로 식장을 더욱 부산하게 만들 수밖에 없다. 신문에 실린 사진들은 그 많은 행사들 중에서 특별히 선택된 일부분의 것이고 또 주로 유명인사들의 동정에 관한 것이므로 사진이 신문에 실리는 것만으로 그 행사는 일단 기본적인 권위를 부여받은 것으로 간주될 것이다.

다른 한편 의식은 권위의 실체를 새롭게 부상시키는 장이 되기도 한다. 의식을 통해 종전까지 알려지지 않았던 집단이나 몇몇 인물들이 새롭게 권위를 갖는 존재로 부각되는 것을 볼 수 있다. 의식은 그들이 과연 권위를 인정받을 만한 것인지, 또 그 근거와 경위가 무엇인지를 따지거나 밝히지 않아도 되는 면죄부로 작용한다. 그것은 누구의 동의도 요구하지 않은 채 단지 주최측의 일방적인 결정을 공식 발표하는 것으로, 또 그 행사를 지켜본 관객들이 그것을 묵인하는 것으로 충분하다고 보기 때문이다. 특히 신생집단들은 이러한 목적을 겨냥하는 의식적 행사들에 주력하기 마련이다.

이렇게 볼 때 의식은 실체도 없는 권위를 인위적으로 창출하기 위해 남용될 소지가 없지 않다. 권위를 주장할 실체와 그 역량을 만들어 내지도 않은 채 권위부터 인정받으려는 목적으로 식이 서둘러 행해지는 경우들이 있을 수 있기 때문이다. 근래에 한국의 생활양식이 졸속의 습성에 익숙해짐에 따라 한 번의 거창한 행사를 서둘러 치르는 것으로 단숨에 권위를 확보하려는 경향이 나타나기도 한다. 또한 기존의 권위체계에 대한 불만이 고조되고 권위체계의 도덕적 토대가 약해지는 상황에서 권위가 손쉽게 만들어질 수 있다고 착각하는 경향이 있으며 이것이 바로 그러한 의식들을 부추긴다고 볼 수 있다. 이는 권위를 남발하는 행위와 같으며 결국에는 권위의 진정한 의미 자체가 상실됨을 뜻하는 것이기도 하다.

한국의 의식에서 권위가 중시되는 현상은 다른 한편 권위주의적인 경직성으로 드러나기도 한다. 일반적으로 의식은 규격화된 행동, 특정한 권위의 상징, 질서정연한 절차와 같은 형식성을 통해 엄숙하고 딱딱한 질서의 분위기를 연출하는 경향이 있지만, 한국의 경우에는 이러한 분위기가 더 심한 경직성으로 나타난다. 학교, 기업, 관공서에서의 조회와 같이 전통적으로 집단주의적 일체성과 결속을 강조하는 의식들이 그 대표적인 것들이다. 식장에서는 모두가 엄숙함을 극대화하는 굳은 표정으로, 또는 군인의 무표정을 연상시키는 얼굴을 하고, 틀에 박힌 절차를 일사불란하게 따르는 긴장된 분위기에 젖게 된다. 마치 개인의 의사와 감정이 완전히 무시된 채 모두가 그 의식의 주체에 대해 절대적인 권위를 부여하는 것 같은 압도적인 분위기를 조성하는 것이다. 이 경직성은 결국 몸과 마음을 전체주의적인 행동양식에 길들이는 억압적인 측면을 내포하기도 한다. 이러한 의식에서 빠지지 않는 애국가, 교가 등의 제창은 관객들로 하여금 일체감이나 결속감을 직접 표출하게 만드는 형식으로서 의식의 권위나 엄숙함을 너 한층 고조시켜 주는 기능을 한다고 볼 수 있다.

이러한 특징은 한국의 공공의식들이 일제시대 식민통치적 군사문화의 산물로서 정착된 이래, 다시 수십 년 동안의 군사독재체제 하에서 전체주의적인 방식으로 이루어져 온 역사에 기인하는 것이다. 즉 경직성은 군사적 통치방식의 하나이자 그 소산이라 할 수 있다. 의식은 경직성을 훈련, 답습시키고 또 이를 일상문화로 사회화하는 효과적인 장이 되었던 것이다. 따라서 이러한 의식들이 많을수록 사회통제의 기제는 보강된다고 할 수 있다. 과거 소련이나 나치 독일과 같은 전체주의 국가들에서 갖가지 의식들을 만들어 정치훈련의 기회로 삼은 것도 역시 국민을 강압적인 분위기와 경직성에 길들이게 하는 방법의 하나였던 것이다.

근래에 와서 권위주의 체제를 청산하기 위한 움직임이 정치와 사회 각 분야에서 활발해지는 추세 속에서도 의식적 행사들은 여전히 종전의 경직되고 권위주의적인 분위기가 그대로 재현, 답습되는 경향이 있다. 해방 이후 독립정부가 일제시절의 의식을 답습해 온 것처럼, 군사독재의 청산을 내세우는 정부가 권위주의적 국가의식을 그대로 재현하거나 심지어는 일부 민주화운동세력조차 틀에 박힌 권위주의적 의식절차를 준수하는 것을 볼 수 있다. 이는 그간에 권위주의 체제하에서 활용되어온 의식들을 통해 습관적으로 체화된 권위주의적인 행동패턴이나 연출방식이 마치 의식의 전통과 형식성 그 자체인 것처럼 착각하여 이를 기계적으로 추종하는 것을 말해 준다. 따라서 의식적 관례의 추종은 애초에 그 의식에 담겨진 이념과 문화의 속성을 자연스럽게 재생산시키는 결과를 가져

오는 것임을 알 수 있다.

　이와 같이 한국의 경우 대부분의 정치적·사회적 의식들에는 경직성이 지배적이었으며 서민의 축제와 같이 자유와 해방감을 표출하는 의식은 다른 문화권에 비해 매우 빈약한 전통을 지니고 있다. 따라서 다소간의 해방감을 맛볼 수 있는 여유가 있었다면 그것은 의식의 무대 뒤에서 산발적으로 이루어지는 어울림과 그 떠들썩한 분위기에서 엿볼 수 있다. 예컨대 잔칫집의 뒷마당이나 식장의 외곽에서 의례성을 깨는 사사로운 친교의 판이 따로 벌어지는 것이 그것이다. 또한 잔칫집 뒷마당에서 들려 오는 아낙네들의 수다와 웃음소리들은 엄숙한 의식의 점잖은 식객으로 참석하지 못한 주변인들만이 유일하게 맛볼 수 있는 해방감을 들려주는 것이기도 하다. 이는 안방문화와 사랑채문화가 엄격하게 구별되어온 한국적 전통 속에서 비공식적인 사교와 문화는 공식적 문화의 숨막히는 권위주의와 엄숙성을 암암리에 지탱하게 할 수 있었던 안전판이나 잔치 분위기를 살리는 활력소의 역할을 했던 것으로 이해할 수 있다. 이것은 의식이 지니는 이중성을 잘 말해 주는 것으로서, 공식적으로 부각되는 경직된 형식성과 권위주의적인 분위기는 그 이면에 이를 다소간 풀어줄 수 있는 사유와 여유의 공간을 허용함으로써 그 유지기제를 확보한 것이라고 할 수 있을 것이다.

　그런데 한편으로는 종전의 권위주의적 형식성을 그대로 답습하는 사회·정치적 의식들이 지속되면서도, 다른 한편으로는 최근에 와서 그러한 경직성을 탈피하려는 조짐을 볼 수 있다. 의식의 뒷무대에서 이루어지는 자유로운 사교가 행사장의 보다 더 중요한 활력소로 부각되거나 또는 이를 아예 공식적 행사순서의 하나로 도입하는 측면들이다. 일례를 들자면, 예식장 밖의 시끌벅적한 사교판이 예식이 이루어지는 본무대보다 더 활기를 띠고 의미가 있는 것처럼 보이는 분위기에서 본말(本末)이 전도되는 인상을 받기도 한다. 또는 경직된 의례성을 의도적으로 깨는 서양식 칵테일 사교가 의식적 행사의 단골 메뉴로 점차 정착되는 경향에서도 현대적 의식이 추구하는 비의례성의 단면을 읽을 수가 있다. 이러한 조짐은 오락성이나 연극성을 최대화하는 상업적 연출의 의식들이 늘어나면서 더욱 자극되고 또 이를 선호하는 추세로 나타난다. 앞으로 한국사회 전반에서 권위주의적인 전통문화가 어느 정도로 극복되고 또 의식산업이 어떻게 발전될 것인가에 따라 의식의 형식성은 매우 다양한 연출방식을 보여줄 것이다.

4) 인맥 만들기와 인맥 굳히기

의식은 갖가지 사람들을 불러 모아 서로서로를 만나게 해주는 장이다. 평소에 잘 만날 수 없던 사람들, 특별한 관계가 없기 때문에 만나야 할 필요성이 별로 없는 사람들, 안면은 있지만 이름은 잘 기억이 안 날 정도로 무심한 관계에 있는 사람들, 생면부지의 사람들, 이 모든 종류의 만남들이 교차하는 곳이 식장이다. 한편 의식은 이해관계를 따지자면 한번쯤 알아두어야 할 사람들, 얼굴을 한번 맞대 보고 기념사진을 한 장 찍어 두는 것이 언젠가는 도움이 될 것 같은 사람들, 만나고 싶었으나 연줄이 없어 은근히 상면할 기회를 기다리고 있었던 사람들, 특히 유명인사나 대중스타와 같은 사람들, 이 모든 사람들을 우연하게 맞닥뜨릴 수 있는 기회이기도 하다. 이 복합적인 이유들로 식장을 열심히 찾아다니는 사람들이 적지 않다.

이와 같이 의식을 통해 이루어지는 만남과 사교의 방식은 우선 산업사회의 전형적인 사회성, 즉 간헐적이고 피상적인 만남이나 이해관계에 따른 일시적이고 다층적인 연대관계가 복잡하게 교차하는 가운데 사회관계가 이루어지는 성격이 강하다. 만남의 종류와 인간관계의 범주가 확대되고 복잡해지는 반면에 실제로 인간적인 만남이나 의사소통을 위한 교제보다는 직업적 이해관계나 실리주의에 입각한 사교에 치중되는 현대적 상황에서 의식은 바로 그러한 종류의 사교장을 제공하는 기능을 한다고 볼 수 있다. 이는 주로 얼굴의 도장찍기, 명함 나누어주기, 이해관계에 매달린 인맥 만들기 등으로 이루어진다.

특히 한국의 의식들은 인맥 만들기에 순기능적이라 할 수 있다. 예컨대 우리는 식장에 얼굴을 내미는 것을 거의 의무나 빚을 갚는 일로 생각하는 경향이 있다. 또한 의식 초대를 거부하는 것은 원만한 인간관계를 유지하기 힘든 요인이 될 수 있다고 생각하기도 한다. 친한 사이일수록 친구나 이웃이 주관하는 의식에 주인 이상으로 열의를 보여야 한다면, 반대로 친하지 않은 사이일수록 식장에 나타나지 않는 것이 큰 결례로 간주될 수 있다. 장례식에 가서 밤을 새워 주고 뒷바라지 일을 도와주는 것이 우정의 표시이며, 아무리 바쁘더라도 결혼식장에 가서 얼굴도장이라도 찍고 오는 것이 사회관계의 기본을 갖추는 요령이다. 출판기념회, 기념식 등 각종 축하의식에 축하객으로 떠들썩한 자리를 메워 주는 일이 본래의 일과에 충실한 것 이상으로 중요성을 갖는다고 볼 수 있다. 반면에 식장을 열심히 찾아가지 않는 사람은 인간관계에 미숙한 것으로 간주되고 사회생활에서 소외되기 십상이며 인맥에 의존하는 한국적인 생존전략과 출세전략에서 성공하기 힘들 것이다.

따라서 의식은 인맥을 중시하는 한국 특유의 사회성을 잘 부각시키는 장이라 할 수 있다. 식장에 들어서기 전부터 다양한 부류에 속하는 이름들이 새겨진 화환들이 줄지어 서 있고 특정한 인맥을 나타내는 얼굴들이 눈에 띄기 마련이고, 인맥을 따져 가며 서로서로 명함을 주고받으며 인사나누는 사교가 바빠진다. 새로운 얼굴들일수록 소개대상으로서 호기심을 자극시키고 주목을 받는다. 또한 식장에 모인 서로 다른 얼굴들을 끼어 맞추어 그 의식의 주인공들의 인맥을 따져 볼 수도 있을 것이다. 결국 의식의 효능은 얼굴 읽기, 얼굴 익히기, 인맥 만들기의 사회성이 잘 연출되도록 하는 것에 있다고 볼 수 있다. 이와 같이 의식은 기존의 인맥을 과시하거나 강화하고 또한 새로운 인맥을 만드는 계기를 제공하기 때문에, 우리 사회는 인맥을 중요시하는 만큼 의식을 더더욱 필요로 하는 것이 아닐까?

5) 선언과 공표

한국의 의식은 선언적 성격이 강하다. 의식은 우선적으로 그러한 행사를 한다는 사실을 공표하는 것에서 일단 의미를 갖게 되는 것이다. 새로운 일을 시작하거나 변화의 사건을 만드는 것을 단순히 세상에 알리기 위해서 의식을 갖는 경우들이 적지 않다. 따라서 그 나름의 고유한 형식이 없이 절차가 약소화된 의식들이 얼마든지 가능하며 이는 주로 의식을 행하는 사실만으로 공인을 얻기 위한 것이라 할 수 있다.

예컨대 몇십 년 동안 함께 살았던 중년부부가 결혼식을 올리지 못했던 한(恨)을 기어코 풀어내는 결혼식장에서 묘한 흥분에 젖어 있다. 결혼식을 올릴 돈이 없는 가난한 노동자 신랑신부가 사진관에서 가서 결혼예복을 빌려 입고 사진이라도 찍어야 비로소 '떳떳한' 부부가 된 안도감을 갖는 것이 우리네 정서이다. 또는 수십 년 동안 결혼식을 못한 채 살아온 노부부가 자식들 앞에서 끝내 식을 올려야 직성이 풀리는 경우도 있다. 함께 부부생활을 한 사실보다 결혼을 공식화하는 것이 더 큰 의미가 있다고 보기 때문이다. 새로운 조직을 만들거나 새로운 사업을 벌일 때 항시 그 시작을 공표하는 식이 있기 마련이다. 예를 들어 현판식은 새 간판을 거는 것만으로, 감사패 증정식은 감사패를 전달한다는 사실을 알리는 것만으로, 출범식, 개막식, 발대식 등은 다같이 시작을 알리는 것만으로, 그리고 당선축하식은 당선의 사실을 남에게 알리는 것으로, 일단 그 목적을 다 하는 행사들이다.

무슨 무슨 '날'의 선언 등 수많은 선언식들도 오로지 선언 그 자체에 목적이 있다고 볼 수 있다. 심지어는 새로운 결의를 다짐하기 위해서도 식을 가지는 것이 보통이다. 이 모든 것들은 결국 내부적 의사소통의 관계를 중시하는 의식절차들과는 거리가 먼 것으로, 주로 세상을 향한 홍보에 치중하는 구호성 의식들(현수막이 요란한 행사)을 양산하는 경우들이다. 일례로 얼마 전에 학교재단의 비리와 부정사건들이 드러나는 사태가 벌어지자 학교 교장들이 급작스레 모임을 갖고 자정(自淨)하겠다는 선언과 결의문을 채택하는 식을 가졌다. 여기서 왜 식이 필요한가? 그것은 자정의 결심을 어떻게 실천에 옮기는가 하는 것보다는 그러한 의지를 공표하는 것 자체에 더 의미를 두기 때문일 것이다. 또한 사회지도자의 입장에서 모범을 보여야 한다는 부담감이 실제로 자성(自省)을 하여 직접 실천에 옮기려는 마음보다 앞서기 때문일 것이다. 따라서 이러한 종류의 선언식은 하나의 사실을 공표하는 것으로 일단 목적을 달성한 것으로 간주될 수 있다. 결국 사회가 알아주기를 바라는 마음이 자성의 마음보다 앞선다고 할 수 있고, 심지어는 실제로 스스로 자성의 마음을 가다듬는 것보다 사회에 알리는 것에 더 관심이 많다고도 할 수 있을 것이다.

공표의 중요성은 공식화에 있고 이는 결국 사회적 공인을 받기 위한 것이다. 사회에 알리는 것을 중요시하는 한국적 관습은 전통적으로 자신에 대한 의식보다 우선 남을 의식하고 남의 눈치를 보는 습성이 강한 것, 또한 남으로부터 인정받기 위해 공식화하는 것을 중시하는 것과 상통한다. 그런데 의식을 통한 공식화는 곧 의식의 형식성에 의존하는 것이다. 엄밀히 말해서 의식은 공인을 받는 행위가 아니라 스스로 공인을 만들어 내는 자리를 마련하는 것이라 할 수 있다.

4. 의식주의: 문화적 억압과 빈곤

한국사회에서는 의식이 중요한 사회적 기능을 담당할 뿐 아니라 점점 일상화되어 가는 현상에서 한국의 특유한 문화적 배경을 읽을 수가 있다. 이러한 한국적 특성은 의식주의(ritualism)로 설명될 수 있다고 본다. 의식주의란 의식의 형식을 빌어 집단적 정체성이나 연대감, 또한 대중의 문화적 표출을 관리하기 위해 각종 의식적 행사들이 자주 활용되는 현상을 지칭한다. 한국사회에서는 관혼상제의 의식이나 관공서 및 국가의 의식을 매우 중시하는 전통뿐만 아니라 현대에 와서는 다양한 사회정치적 목적에 이용되는 의식적 행사들이나 상업화된 행사들이 늘어나면서 의식주의가 두드러진다고 볼 수 있다. 일반적으로 의식주의가 나타나는 배경은 다음 두 가지로 지적되는데, 이는 한국의 경우에도 부합되는 것이라 할 수 있다.

첫째, 의식주의는 대체로 정치사회적 갈등에 대한 통제방식으로 나타난다는 것이다. 즉 의식주의는 사회분할체들 사이에 구조화된 사회적 대립이나 잠재적인 갈등이 있는 상황에서, 갈등의 공개된 표현을 위한 배출구가 없을 때에 나타나는 경향이 있다고 본다 (Hunt, 1977: 144-145). 사회적 관계들이 공개된 싸움에 의해 재구조화될 수 없을 때에, 또는 사회적 혁명이 일어날 가능성도 없고 기존의 사회관계나 권력의 균형을 영구적으로 깰 수가 없는 상황에서, 또는 사회적 상호작용으로부터 위험한 결과들이 발생할 소지가 있을 때에, 의식주의는 위기상황을 일정 방향으로 돌리는 안전한 배출구를 제공하기 때문이다. 이는 구조적 현상유지를 위해 잠재적 아노미나 갈등이 통제될 수 있는 제한된 틀을 마련해 줌을 의미한다. 의식은 참여자들로 하여금 그들의 의식적 행위가 마치 권력의 세계에 영향을 미치는 능력의 시위인 것처럼 믿게 하여 지배에 대한 적대감이나 불안을 감축시키는 심리적 방법을 제시한다고 볼 수 있다(Kertzer, 1988: 131-132).

특히 한국에서 의식주의는 분단과 군사독재체제와 급격한 사회경제적 변동으로 인해 정치사회적 갈등과 불안정이 매우 심한 상황 속에서 조장되어 왔다고 볼 수 있다. 우선 과거정권들은 반세기 동안의 분단상황 속에서 엄격한 반공주의나 국가주의를 강조하여 민족주의적 일체감을 강화하는 데에 주력해 왔고 그 일환으로 각종 의식들을 활성화시켰다. 이러한 국가의식들은 기호, 깃발, 애국가, 표어, 의례준칙, 고인에 대한 헌정 등 갖가지 상징들을 동원하여 국가역사의 영예스럽고 고통스러운 기억들을 정서적으로 담지시키는 한편, 국가에 대한 정체감과 충성심 등의 가치들을 강조하였다. 결국 의식주의는 개인생활을 국가지향적 질서체제에 순응하도록 부추기는 방법으로서 파급된 것이라 할 수 있다.

또한 군사독재정치가 장기간 지속되면서 정부는 정통성을 가장하기 위해 지배 이데올로기를 주입시키고 지배권력을 과시하는 의식적 행사들에 국민들을 적극 동원하였다. 또한 분단의 위기상황에서 절박하게 요구되는 민족적 일체감과 일치시키는 정치사회화의 방법으로 군사적 전통의 집단행사나 의식들을 이용하였던 것으로 이해할 수 있다. 이러한 의식들은 군사문화를 시민사회의 일상생활 속에 뿌리내리게 하여 군사적 권위주의를 체화하는 결과를 가져왔다. 다른 한편 급격한 사회변동과 계급분화에 따른 갈등이나 아노미적 위기들이 제대로 표출되지 못한 상황에서 다양한 정치적·사회적 의식들이 이를 간접적으로 통제하고 잠재우는 기제로 활용되기도 하였다. 이와 같이 정권 차원에서 볼 때 끊임없이 의식을 만들어 내는 것은 민중의 영혼을 사기 위한 영구적인 과제임을 알 수 있다.

둘째, 의식주의는 자발적인 문화생산보다 획일적인 문화적 관리가 우세한 사회적 배경에서 나타나는 경향이 있다는 점을 주목할 필요가 있다. 각 사회마다 문화는 부분적으로는 그 성원들에 의해 자발적으로 발생되고 또 부분적으로는 정치 엘리트들에 의해 의식적으로 모양지어지고 조종된다고 볼 수 있다. 문화라는 것은 한편으로 예술, 법, 종교와 같이 형식화된 이념적 구성물이며, 또 다른 한편으로는 한 사회의 성원들이 그들 자신과 그들의 사회, 그리고 사회적·지적 산물들을 감지하는 보다 비공식적 측면을 포함한다(Lane, 1981: 1-2). 자발적인 창조와 의식적인 관리 사이의 균형은 사회의 상이한 유형들 사이에서, 한 사회내에서 역사적 발전의 상이한 단계에 따라서 다양하다. 일반적으로 문화적 관리는 그 사회가 명확하게 규정한 일반 목적들, 예컨대 근대화, 산업화, 식민통치 이후의 사회재건, 사회주의 건설 등을 긴박하게 추구하기 위해 단합된 지배 엘리트를 형성한 경우에 보다 강하게 부각된다는 사실이 그간의 역사적 체험을 통해 입증된 바 있다.

　의식이 생활양식과 행동양식을 주입하는 문화적 관리의 효과적인 기제가 되는 것은 보다 생생하고 단순화된 행동사례들을 집단적인 차원에서 권위 있는 것으로 제시하여 무의식적으로 답습하게 하고, 또한 관례적인 형식을 통해 안정성과 지속성을 보장받을 수 있기 때문이다. 문화적 관리는 흔히 사회성원 개개인의 의식 속에서 기대되는 변화들을 달성하기 위해 매우 다양한 방법들, 즉 교육, 정치이념, 종교, 새로운 혁명적 예술 등을 사용한다. 여기서 특히 이념의 행동적 차원에 초점을 맞추어 습관이나 관습, 고정관념을 변화하는 수단으로 의식이 적극 이용될 수 있다. 특히 정치의식은 시민들을 새롭게 선택된 생활방식으로 교육하고 또 의도적으로 연마된 가치들과 사회적 행위의 방식을 지지하도록 동원하는 것이다 (Lane, 1981: 2). 이러한 현상은 과거 사회주의 국가들에서 아주 흔한 경우였다. 반면에 서구사회와 같이 다원화된 사회에서는 정치엘리트들이 문화관리나 사회통제의 차원보다는 보다 제한된 단기간의 목적을 위해 정치행사를 개최하는 경향이 있다.

　한국의 경우 의식주의는 지배 엘리트들에 의한 문화적 관리의 방식으로 활용되어온 측면이 두드러진다고 할 수 있다. 즉 지배집단이 주도하는 의식과 행사들은 규범적 행위의 모델로서 사회적 상호작용의 길잡이가 되는 예들을 제시하였던 것이다. 반면에 의식에 참여하는(특히 동원되는) 대부분의 대중들은 그것에 연루된 가치들을 의식하지 못한 채 의식이 창조해 낸 정서에 길들여질수록 이것과 그들의 체험에 의한 정서와의 갈등을 제대로 인지하거나 표출하지 못할 가능성이 높아진다. 특히 한국과 같이 권위주의가 지배해온 사회에서는 의식적 행위가 무비판적으로 추종되는 경향이 있기 때문에 그 효과는 배가될 수 있을 것이다. 한국의 의식주의는 바로 그러한 분위기를 조성하고 유지하는 결과를 가져왔다고 볼 수 있다.

특히 한국에서는 산업화와 분단의 극복이라는 국가적 대과제를 앞세워 이를 지향하는 획일적인 문화관리시스템이 형성되어 왔다고 말할 수 있다. 한국적 자본주의의 성장과 국가체제의 안전유지가 모든 국민의 우선적 사업으로 제시되어 이것들에 맞추는 사회생활의 양식과 생활문화가 국가와 지배 엘리트들에 의해 주도되고 조장되어온 것이다. 예컨대 새마을운동 이래로 각 정권마다 특별히 강화해온 국가적 의식들과 집단적 행사들(행렬, 수상식, 국기거행식, 각종 기념식 등)은 바로 이러한 작업의 일환으로 우선 집단적 질서를 중시하는 규율화되고 획일적인 문화패턴을 주입시키는 문화관리의 적극적인 기능을 담당한 것으로 볼 수 있다. 따라서 국민적 단합과 가치통합의 절대적 명제가 압도하는 사회에서, 계층과 집단의 특성에 입각한 다양하고 자발적인 문화창조의 욕구와 에너지가 근원적으로 제동을 받았던 것이다. 그 결과 정형화되고 기계적인 집단행동이나 문화적 획일성이 문화적 단일성의 신화로 예찬되고 문화적 빈곤이 초래되었다고 할 수 있다.

일례로 1980년대 이후 운동권의 성토나 시위대회의 양식이 보수, 진보의 입장을 따질 것 없이, 또는 직업계층이나 사회적 신분의 차이를 막론하고, 하나의 스테레오타입화된 유형으로 파급되는 현상을 주목할 수 있다. 80년대에 운동권 학생들이 성토와 시위 때마다 머리에 끈을 두르고 운동권 노래의 박자에 맞추어 주먹을 흔들어 보이면서 일정한 높낮이의 억양으로 소리지르던 항거방식이 운동권의 과격성을 비난하는 보수층, 지역운동의 주부시위대, 기업노조원, 농민층, 각종 사회집단의 장년층에 이르기까지 획일화된 운동패턴으로 모방된 것이다. 의식주의는 의식의 형식을 일종의 관례로서 답습하게 할 뿐 아니라 그러한 답습을 극히 자연스러운 것으로 받아들이게 하는 문화적 수동성을 길들인다고 할 수 있다. 이것은 종전까지 의식주의가 담당해온 문화적 관리의 한 측면을 보여주는 단적인 예라고 할 수 있다. 즉 의식주의에 따른 간접적인 사회통제와 문화적 관리가 지배해온 사회에서 의식적 행사들은 그 형식성의 모방과 파급을 통해서 문화적 획일성을 조성하는 기능을 한다는 것을 알 수 있다. 이것은 또한 의식주의가 암암리에 문화의 내용보다는 그 형식에만 집착하는 경향을 강화함으로써 문화적 내용과 질의 차별성이나 그 중요성에 둔감해질 정도의 문화적 빈곤성을 초래하는 것으로도 이해할 수 있다.

결국 이상에서 주목한 두 가지 점에 비추어 볼 때, 한국의 의식주의는 권위주의적인 사회통제와 하향적인 문화관리의 기능을 확대, 강화해 왔다고 말할 수 있다. 의식주의는 사회관계, 실천양식, 대중적 정서, 생활문화 등에서 권위주의를 체질화하고 집단주의적 추종성을 길들이는 아비투스의 성향을 조장해 왔으며 아울러 집단주의적 규범이나 통일성, 그리고 추종성을 강조한 나머지 문화적 억압과 빈곤을 초래하는 요인으로 작용했다고 볼 수 있다.

의식의 일상성에 대해서는 이 글에서 나온 이야기들 이외에도 더 많은 것들을 이야기할 수 있을 것이며, 또 이를 통해서 한국인의 일상문화가 지니는 전통적·현대적 특성의 복합적인 측면들을 재발견할 수 있을 것이다. 그리고 우리는 앞으로 일상의 문화를 풍요롭게 만드는 의식을 새롭게 연출해 낼 수 있는 가능성을 탐구해야 할 것이다.

참고문헌

Balandier, George. 1980, *Le Pouvoir sur Scenes*, Paris: Editions Balland.

Debord, Guy. 1967, *La Société du Spectacle*, Paris: Editions Buchet-Chastel.

Grimes, Ronald L. 1990, *Ritual Criticism*, University of South Carolina Press.

Hunt, E. 1977, "Ceremonies of Confrontation and Submission," in S. F. Moore & B. G. Myerhoff(eds.), *Secular Ritual*, Amsterdam: Van Gorcum.

Kertzer, D. I. 1988, *Ritual, Politics, and Power*, Yale University Press.

Lane, Christel. 1981, *The Rites of Rulers*, Cambridge University Press.

한국인의 모임

정수복

1. 무엇이 문제인가

우리들의 삶은 기본적으로 의식주 생활과 더불어 다른 사람들과의 만남과 모임으로 이루어져 있다. 사회적 삶이란 만남과 모임을 통해서 그물처럼 짜여져 있는 것이다. 과연 한국인은 어떤 모임을 통해 사회적 삶이라는 그물을 짜나가고 있는 것일까? 이 글에서는 한국인의 모임의 성격과 유형을 살펴보고 그것이 갖는 사회학적 함의를 함께 생각해 보려고 한다.

글을 시작하면서 혼동을 피하기 위해서 '모임'이란 말의 뜻을 한정짓는 것이 필요하다. 이 글에서 말하는 모임이란 직장을 중심으로 하는 공식 조직의 테두리를 벗어나 일정한 기간 동안 여러 사람들이 정기적 또는 비정기적으로 얼굴을 맞대고 모이는 사적인 활동을 말한다. 이러한 뜻에서의 모임은 지속적인 사회적 관계를 전제로 하는 것이다. 사람들의 만남이 지속적인 소속감과 상호작용의 관계로 이어질 때 그 모임을 사회적 모임이라고 볼 수 있다. 따라서 지하철 속의 인파, 예식장의 하객, 민주화를 위한 시위군중, 록 콘서트에서 함성을 지르는 청소년들, 프로야구장의 관중 등은 이 글에서 말하는 '모임'이 아니다.

이 글의 제목은 특별히 '한국인'의 모임이 과연 다른 문화권 사람들의 모임과 어떤 점에서 뚜렷하게 구분되는가를 살펴보겠다는 의지를 담고 있다. 그러한 작업을 성공적으로 수행하기 위해서는 체계적인 비교연구가 필요하겠지만 여기서는 글쓴이가 살아가면서 보고 느낀 한국인의 모임을 먼저 일상생활의 사회학적 관심에서 조망해 보려고 한다. 일상생활의 단면으로서의 한국인의 모임을 통해 우리사회의 집합적 삶의 방식을 이해하려는 것이다. 여기서 '일상생활의 사회학'이란 사적인 공간과 영역에서 '사건'과 대립되는 반복적인 활동의 의미를 찾아내는 사회학적 관심을 말한다(박재환, 1994: 27-30). 이 글에서는 일상생활의 사회학적 접근에 이어서 사회운동의 사회학적 관점에서 사적 모임이 공적인 기능을 수행할 수 있는 가능성을 모색할 것이다. 특히 비공식적이고 사적인 모임이 공적 영역의 행위 주체로 전환될 수 있는 가능성을 '미시적 동원맥락' 이론의 관점에서 탐색할 것이다.

2. 혼자 있기엔 너무나 두려운 세상

한국인들은 홀로 조용히 지내는 것보다는 여럿이 함께 소란하게 지내는 것을 좋아한다. 홀로 조용히 지내는 것은 무언가 낙담과 패잔의 분위기를 연상시킨다. 살아있다는 것은 항상 누군가와 함께 무언가를 하고 있는 상태를 말하는 것이다. 그러나 프랑스 파리 5

구에 있는 룩상부르그 공원에 가보면 여럿이 앉을 수 있는 벤치와 더불어 혼자 앉는 의자가 많이 있다. 실제로 많은 사람들이 홀로 앉아 사색하고 신문을 보고 햇빛을 즐긴다. 그리고 혼자 산책을 즐긴다. 그 곳에서는 그러한 풍경이 전혀 낯설게 느껴지지가 않는다. 그러나 우리나라의 경우 공원에 혼자 앉아 있다는 것은 은퇴한 노인이나 실업자 또는 할 일 없는 건달로 보이는 경우가 많다. 다방이나 카페의 경우도 마찬가지이다. 혼자서 앉아 있는 것은 예외이고 항상 여러 사람이 만나고 모여서 이야기하는 것이 정상적인 모습으로 보인다. 여럿이 모여 무언가 시끄럽게 떠들어야 무슨 의미 있는 일이 벌어지고 있다고 생각한다.

한국에서 프랑스어를 가르치는 전문 기관인 알리앙스 프랑세즈(Alliance Française) 원장인 에르베 드불롱(Hervé Devoulon) 씨와 이야기할 기회가 있었는데 그는 혼자 있지 못하는 것을 한국사람들의 특징 가운데 하나로 들었다. 언젠가 한국사람들과 함께 야유회를 갔더니 모두 한데 모여 마이크를 들고 노래하고 춤추는 식으로 하루종일을 보냈다는 것이다. 19세기 말 샤를르 달레(Charle Dallet)라는 프랑스 신부가 쓴 『조선교회사』에도 "조선에서 사람들은 노상 배우 높은 소리로 말하고 모임은 지극히 떠들석하다"는 지적이 나오고 있다(달레, 1975). 프랑스 사람들은 아무리 단체로 놀러 갔다 하더라도 때로는 혼자 또는 둘이 앉아 이야기를 나눌 수 있으며 그것을 보고 단체행동을 이탈한다고 비난하지 않는다고 한다. 서로간의 정을 돈독히 한다는 명분으로 개인의 자유를 인정하지 않는 한국인의 모임이 갖는 구속성이 프랑스인의 눈에 크게 띈 모양이다.

최재석 교수는 이미 오래 전에 『한국인의 사회적 성격』이라는 저서에서 공동체로부터 개인의 미분화를 한국인의 사회적 특성의 하나로 보면서 "한국에는 집단이나 계층만이 존재하고 개인은 존재하지 않는다. 개인생활의 영역은 거의 없고 언제나 개인이 속해 있는 집단만이 그 존재가 명확하며 개인은 그가 속해 있는 집단에 파묻혀 그의 존재가 애매하다고 할 수 있다"고 지적하였다(최재석, 1979: 183). 개인은 집단 속에 용해되어 존재하기 때문에 남과 구분되는 개인적 특성과 활동은 부정적으로 평가된다. 한국인의 의식구조를 탐구해 온 이규태는 한국사회는 인간의 등가치적(等價値的) 유형화가 뼈대를 이루고 있어서 유별나게 재능이 있거나 색다르게 개성 있는 일을 하거나 남달리 희망이 큰 사람은 이단시하고 소외당한다고 진단한다. 개성이나 능력이나 재력은 집단의 가혹한 제재를 받으며 평범이란 이름의 유형적 틀 속에 틀어박혀야만 안주가 가능하다는 것이다(이규태, 1983: 111-112). 개인의식보다는 집단의 동질성과 유대를 강조하는 한국 문화에서 모임은 그만큼 중요할 수밖에 없는 것이다.

한국인의 사회심리적 특성을 연구하는 한 심리학자에 따르면 한국인은 혼자 있을 때 불안을 느낀다고 한다. 그것은 행동의 단위를 개인으로 보는 서구의 심리학이론으로 설명할 수 없는 한국인의 사회심리적 특징인 '포함'의 행동단위 때문이다. 한국인들은 혼자 행동하는 것처럼 보이지만 실제로는 가족을 포함한 자신에게 의미 있고 중요한 사람들을 자신 속에 포함하고 있다는 것이다. 따라서 무슨 중요한 결정을 혼자 내리지 못하고 혼자 즐기지도 못한다. 영화관에도 혼자 가지 못하고 혼자 여행을 떠나면 이상한 사람으로 본다. 혼자만을 위한, 혼자만의, 혼자에 의한 판단이 불가능하다는 것이다(문은희, 1994: 50-51). 아무튼 한국인은 여럿이 함께 모이고 즐기는 것을 혼자 조용히 사색하는 것보다 우선시하는 것이다. 독자적으로 생각하고 판단하는 훈련이 되어 있지 않고 혼자 있으면 불안을 느끼기 때문에 한국인들은 모이는 것을 좋아하는 것이다.

3. 공동체의 파괴와 새로운 모임의 욕구

한국인의 모임의 특성을 알기 위해서는 우선 한국인의 집합적 삶의 역사가 어떻게 변화해 왔는가를 살펴보아야 할 것이다. 사람들의 모임이란 그들이 살고 있는 사회적 틀의 짜임새 안에서 이루어지기 때문이다. 산업화 이전 한국의 전통사회는 농업 중심의 사회였고 사회적 이동과 지리적 이동이 매우 제한된 상태에 있었다. 말하자면 농촌공동체가 근본적인 삶의 터전이었을 때 한국인의 모임은 신분제와 가족 그리고 그 안에서 성별을 구분으로 한 모임이 주된 모임의 유형이었을 것이다. 즉 생산공동체라는 지역적 경계 안에서 신분, 가족, 성이라는 범주들이 모임의 기본적인 틀을 짜고 있었다. 혈연공동체(communauté du sang)와 지연공동체(communauté du lieu)가 모임이 이루어지는 기본적인 틀로 작용하였다. 이러한 전통사회의 기본적 틀은 개화기와 일제 식민지 시기를 거치면서 점차 변화를 겪기 시작하였다. 전통사회의 근대화 과정에서 근대적인 의미의 '자원적 조직(voluntary association)'이 만들어지기 시작한 것이다. 우리가 잘 알고 있는 독립협회는 조선의 근대화와 독립이라는 뜻을 중심으로 하여 만들어진 근대적인 의미에서 자원적 집단이라고 말할 수 있을 것이다. 자신의 의사와 관계없이 귀속적 자질에 의해서 모임의 틀이 정해지던 전통사회의 모임과는 달리 '뜻'을 중심으로 그것에 동의하는 사람은 누구를 불문하고 회원이 될 수 있는 '정신공동체(communauté de l'sprit)'의 출현은 유럽의 경우 도시의 발전과 궤를 같이하여 진행되었다. 한 사회의 근대화와 민주화의 과정은 이와 같은 자유로운 선택에 의한 자발적 결사체들이 자유롭게 만들어지고 그것들 사이의 관계에 의해 사회가 짜여지는 과정이었다. 사회변동의 과정은 모임의 측면에서 보건대 귀속(歸屬)적인 유형의 모임에서 자원(自願)적인 유형의 모임으로 바뀌어 가는 과정이었다.

그렇다면 해방과 전쟁을 거쳐 1960년대 이후 급속한 산업화 과정을 거치면서 모임의 유형은 어떤 변화를 경험하였는가? 오늘날 한국인들은 어떤 모임을 통해 사회적 삶을 살아가고 있는 것일까? 이러한 질문은 우리사회가 외형적으로는 논과 밭, 오솔길과 초가의 풍경에서 공장과 고속도로와 고층건물과 컴퓨터의 풍경으로 바뀌어 오는 과정에서 사람들 사이의 사회적 관계가 어떤 식으로 변화하였는가를 질문하는 것이다. 도시화와 산업화의 결과 전통적인 의미에서의 생활공동체는 깨어지고 행정구역만이 남게 되었다. 농촌의 해체는 더욱 가속화되고 있으며 도시의 주거지는 점차 콘크리트 벽으로 칸막이 된 개별적 가족들의 집적이 되고 있다. 우리에게 지역을 단위로 한 사회적 모임은 거의 존재하지 않는다. 경쟁과 이해타산으로 살벌한 사회에서 전인격적인 인간관계는 소멸해 가고 있다. 그리하여 대중사회의 물결 속에서 소외되고 고독한 삶을 누리게 된 도시인들은 이제 구성원들 사이에 더욱 친밀한 유대감을 느끼고 감정적 소통이 이루어지며 상부상조하는 전인격적 공동체를 꿈꾸게 되었다(신용하, 1987). 차가운 계산의 관계(relations froides)를 넘어서 따뜻한 나눔의 관계(relations chaudes)를 원하게 된 것이다. 그렇다면 혼자 있기를 두려워 하고 모임을 좋아하는 한국인들은 자신의 가족과 직장의 사이에서 어떤 모임을 만들어 사회적 생활을 꾸려나가고 있는 것일까?

4. 한국인의 전형적 모임

여기서 모든 한국인을 하나의 범주로 놓고 모임의 성격을 살펴보기는 불가능하다. 성별, 연령, 직업, 계층, 지역 등에 따라 모임의 성격이 달라질 것이기 때문이다. 예를 들어 사회적 지위의 과시를 위한 모임도 있다. 골프 회원모임, 일류 호텔의 헬스 클럽 등은 부유층들의 모임이 이루어지는 장소이기도 하며 지역사회에서 로타리 클럽이나 라이온스 클럽 등의 모임은 지위의 상징이기도 하다. 또 재벌가의 자제와 정계 인사들의 자제들로 이루어진 '명우회'라는 대학생들의 귀족클럽도 존재한다. 그러나 한국인들의 모임은 옷이나 집안 꾸미기 등의 영역과 달리 계층간의 차이가 크게 나지 않는 영역이다. 한국인의 모임에서는 성별, 연령, 지역간의 차이도 두드러지게 발견되지 않는다. 개성이 강하고 자신의 의사표시에 솔직하며 내숭을 떨지 않는다는 신세대들도 아직까지 자신들의 고유한 모임의 문화를 만들어 내지 못하고 있다.

이 글에서는 모든 계층의 성인 남녀의 일반적 모임을 중심으로 살펴보기로 한다. 우선 성인 남성들의 경우는 많은 시간을 직업활동에 바치기 때문에 자발적인 모임을 만들고 참여하는 데 바칠 수 있는 시간이 절대적으로 부족하다고 할 수 있다. 그러나 농촌으로부터 도시로 이주해 온 많은 사람들은 파편화된 대중사회 속에서 과거의 농촌공동체를 대신할 수 있는 새로운 모임의 형태를 요구하였다. 사람들은 여러 가지 사적 모임을 만들어 즐거움과 이익을 함께 나누고 싶어 하는 것이다. 세계적으로 유례를 찾아볼 수 없는 기독교의 성장도 교회가 사람들이 만나 새로운 모임을 엮어나갈 수 있는 기회를 제공하였기 때문이다. 교회의 지속과 성장에 구역의 작은 모임이 중요하게 작용하였다.

구체적으로 어느 기업체의 사원이고, 결혼을 하여 아들이 하나 있는 김철수 씨의 경우를 생각해 보자. 김철수 씨는 많은 시간을 직장에서 보내고 주말에는 주로 가족들과 함께 보낸다. 연말이 되면 여러 가지 모임의 망년회에 참석하는데 고등학교와 대학교의 동창회, 고향친구들, ROTC 동기들의 모임 등이 주류를 이룬다. 평소에는 한 달에 한 번 정도 낚시를 즐기는데 그는 '청수회'라는 낚시 클럽의 회원이다. 김철수 씨는 평범한 한국인의 모임이 어떤 것들인지를 보여주고 있다. 가족과 직장 사이에 존재하는 모임은 주로 동창회와 향우회, 취미클럽 등이다. 취미는 꼭 낚시가 아니라 등산, 골프, 스키, 테니스, 사진, 음악감상, 조기축구가 될 수도 있다. 1996년 총선을 앞두고 중앙선거관리위원회가 보내온 편지를 보면 한국인의 전형적인 모임들이 어떤 것들이고 그것들이 선거철에 어떻게 작용하는지를 알 수 있다.

"친목회, 향우회, 계모임, 윷놀이 등 선거 구민들의 모임이나 행사 또는 산악회, 조기축구회 등 선거구민의 자생단체 또는 각종 직능단체가 금품을 기대하거나 요구하지 않도록 유권자 계도에 힘써주십시오."

김철수 씨의 부인인 이영희 씨는 오히려 남편보다 다양한 모임에 참여하고 있다. 우선 남편도 마지막에는 참석하지만 준비과정에서부터 관여해야 하는 생일, 결혼, 환갑, 제사, 장례 등의 가족모임이 한 달에 한 번 이상 있다. 그리고 일 주일에 한 번씩 모이는 교회의 구역모임이 있고, 고등학교와 대학교때의 친구들과 모이는 작은 동창회도 있다. 또 국민학교에 다니는 아들의 부모로서 참석하는 학부모회, 그리고 계모임과 함께 열리는 친목회가 있다. 요즈음은 가족의 건강을 위하여 농산물을 직거래하는 생협운동에 참여하고 있어 일 주일에 한 번씩 회원들과 모인다.

김철수 - 이영희 부부의 보기에서 보았듯이 한국인들의 모임은 학교와 고향 등 인생을 살아 오면서 한때 함께 생활하였으나 이제는 서로 떨어져서 다른 일에 종사하게 되었기 때문에 자주 만날 수 없는 사람들이 모여 정을 나누고 함께 상부상조하는 모임이 주가 되고 있다. 한국인들이 가장 많이 참여하고 있는 모임은 가족모임에서 출발하여 동창회, 향우회, 종친회 등의 귀속적 유형의 모임들이다. 그 가운데서도 일가친척들의 가족모임은 한국인의 모임 가운데 가장 중요한 모임이다. 설과 추석에 가족들의 모임을 위하여 고향으로 내려가는 차량의 행렬이 '민족대이동'으로 불린 지는 이미 오래되었다. 유명한 음식점의 현관에 서 있는 안내판을 유심히 살펴보면 "○○○씨 가족모임"이라는 안내지가 수없이 붙어 있는 것을 발견할 수 있으며 포토스튜디오로 이름을 바꾼 사진관의 진열창에는 결혼기념사진과 더불어 가족모임사진이 자랑스럽게 걸려 있기도 하다.

<표 1> 각 모임의 유형들

모임의 유형	비율(%)
참가하지 않는다	41.8
직장, 직업관계 모임	7.6
고향, 지연관계 모임	11.2
학교, 학연 모임	18.8
혈연, 인척관계 모임	3.4
지역생활관계 모임	7.2
취미, 동호인 모임	8.8
기타	1.2
합계	100.0

출처: 성심여대 사회과학연구소, 『부천시 시민생활 실태조사』, 1990.

　　가장 자유로운 상태에서 다양한 모임을 만들 수 있는 대학생들의 경우에도 고등학교, 중학교, 국민학교 동창회와 스키, 스킨스쿠버 등의 취미 서클이 주된 모임이다. 은퇴한 노인들의 경우에도 역시 가족모임, 향우회, 종친회, 동창회 등이 주가 된다. 우리들이 모르는 사람을 만났을 때 물어보는 질문은 '어디 사느냐,' '고향이 어디냐,' '지금은 어디에 사느냐,' '성은 무엇이고 본은 어디인가,' '몇 살이냐,' '어느 학교를 나왔느냐' 등인데 이는 모두 귀속의 기준을 밝혀 자신과 어떤 점에서 만나는가를 점검하는 과정이다. 일간신문의 인사 동정난이나 모임난에도 동창회를 비롯한 귀속적 모임들의 소개가 주류를 차지하고 있다.

　　한림대학교 사회조사연구소가 춘천시의 중간조직의 실태를 조사한 결과에 따르면 중간집단의 밀도는 415명당 1개로서 상당히 높은 편이었다. 개인에 대한 조사결과도 표본조사된 전체응답자 중 73.5%가 1개 이상의 조직에 가입하고 있으며, 이 가운데 48.5%는 2개 이상의 조직에 참여하고 있다. 그러나 참여하는 조직의 성격은 동창회, 친목회 등의 1차집단적 '연대추구형' 조직이 대다수를 차지했고, '목적추구형' 조직에 참여하는 경우는 소수인 것으로 나타났다(한림대 사회조사연구소, 1991: 103-156).

5. 강한 인연의 사슬과 모임의 문화

　　그렇다면 왜 한국인의 모임은 강한 귀속적 성격을 띠고 있는가. 왜 혈연과 지연, 학연 등의 인연의 사슬을 넘어서 보다 보편적인 뜻을 갖는 자원적 모임의 형태를 발전시키지 못하는가. 여기에는 여러 가지 요인이 있겠지만 우선 한국의 가치문화적 전통이 크게 작용하고 있다. 한 사회의 가치문화는 그 사회의 구성원들의 행위의 지향성을 규범적인 차원에서 규제하는 문화를 말한다. 한국인의 사회적 행위에서 가장 커다란 영향력을 행사한 것은 유교문화이다(홍승직, 1990: 22-29). 그런데 수신제가치국평천하(修身齊家治國平天下)라는 말에서 보듯이 유교적 가치문화에서 행위의 지향성은 개인과 가족을 넘어서 곧바로 국가와 천하로 가버리기 때문에 개인은 가족과 국가에 대한 도덕적 행위의 주체로서 효와 충이라는 도덕적 원칙을 실행하는 것을 이상적인 삶으로 보았다. 가족과 국가 사이에 사회라는 공간이 자리잡지 못하였던 것이다. 사회, 그것은 가족을 넘어선 사람들이 공동의 관심과 가치관, 이상과 이익에 따라 만나고 교섭하고 공동의 행동을 취할 수 있는 만남의 공간이다. 가치문화의 차원에서 보건대 사회라는 공적 모임의 공간이 적극적으로 인식되지 못한 것이다. 결과적으로 한국인의 모임은 가족과 가문을 중심으로 하여 이루어져 왔으며 모든 모임은 유사가족의 형태를 띠고 있다. 상하서열의 질서와 지도자의 존재, 모임의 구성원들 사이의 의리와 연대가 강조되는 것이 그것이다. 아버지와 아들, 남편과 아내, 형제와 자매들 사이의 관계망 속에서 이루어지는 가족생활의 양식이 모임의 문화에서도 재현된다.

한국인들은 기존의 인맥을 벗어나 공적인 목표의 실현을 위해 모인 자원적 모임을 운영하는 데 익숙하지 못하다. 여기에 나의 개인적 체험을 하나의 보기로 들어 보고 싶다. 몇 년 전 서로 아무런 인맥이 없던 사람들이 순수하게 공적인 목표를 위하여 모임을 하나 만든 적이 있다. 회사원, 건축사, 기자, 주부, 대학강사, 사회교육가, 자영업자 등의 다양한 직업적 배경을 가진 30~40대 사람들이 모여 경실련(경제정의실천시민연합)내에 시민조직으로 '풀뿌리 시민회'라는 것을 만들었다. 이 모임은 다른 모임과 달리 회장을 두지 않고 6명의 운영위원들이 협의를 거쳐 모임을 민주적으로 꾸려 나가기로 하였다. 그러나 대외적으로 대표가 있어야 한다고 해서 운영위원장을 한 사람이 6개월씩 돌아가면서 맡기로 하였다. 그런데 처음에 의욕을 가지고 출발한 이 모임은 1년을 넘기지 못하고 유명무실한 상태에 빠지고 말았다. 모임이 실패한 이유는 여러 가지가 있을 터이지만 누군가 확실하게 모임을 이끌어 나갈 구심점이 없었다는 것이다. 한 사람이 나서서 나머지 사람들을 챙기고 연락을 하고 모임을 지속시키지 않을 경우 모임이 지속되기가 어려웠던 것이다. 구성원 모두가 관심을 갖고 참여하는 것이 아니라 소수의 열성분자가 나머지 사람들을 챙기고 돌보는 방식으로 모임이 운영되는 경우가 많기 때문이다. 그러나 이 모임이 지속적으로 활동하지 못한 또 하나의 이유는 이 모임의 구성원들 사이에 어떤 공통의 요소가 없었다는 것이다. 학연, 지연 등 무언가 살아 오면서 어느 순간에 함께 지냈다는 공통의 체험이 있는 사람들끼리의 모임, 다시 말해 과거에 바탕을 둔 모임이 아니었다. 서로 모르는 사람끼리 뜻이 맞아 새롭게 모임을 만들어 나가는 미래지향적 모임으로서의 풀뿌리시민회는 구성원들 사이의 강한 유대감을 형성하는 데 실패한 것이다.

한국인의 모임은 이미 서로 알고 있는 사람들끼리 이루어지는 경우가 많다. 그리고 그러한 모임은 공통의 요소를 바탕으로 규제력을 갖고 있기 때문에 지속성을 갖기 쉽지만, 서로 모르는 사람들이 뜻을 위하여 함께 모임을 만들었을 경우에는 규제력이 약하여 모임이 오래 지속되기 어렵다. 다시 말해서 기존의 친지권의 범위 안에서 중요한 모임이 이루어진다. 이것은 미지의 타인에 대한 극도의 불신과 불안감에서 비롯된 것이다. 가족과 친지 이외에는 "아무도 믿을 놈이 없다"는 극한 상황의 체험이 사회적 모임의 성격을 특징지었을 것이라고 추측할 수 있다. 이미 아는 사람과 연결된 다른 사람이라야 마음 놓고 지속적 인간관계가 시작되는 것이다. 따라서 한국사람들은 처음 만나면 누구와 연결되는지를 캐는 관계 망 찾기의 순서를 갖는다. 혈연, 지연, 학연, 사업연 등 살아가면서 만난 사람들 중의 하나를 상대방과 공유해야만 '아! 그러세요' 하며 그 사람을 안심하고 대하게 되는 것이다. 이를 두고 이규태는 "우리 한국인은 외국사람을 포함한 전혀 낯선 사람을 만났을 때 일단 적의가 있는 것으로 가상한다. 나와 나의 가족과 친구, 동료 등 친지 사이 같은 그런 사이를 알지 못하는 사람 사이에 관계를 설정하는 데 너무나 서툴다"고 말한다(이규태, 1983: 338).

6. 모여서 놀자: 놀이로서의 모임

한국인의 모임은 함께 먹는 것을 중시한다. 함께 먹어야 우애가 다져진다고 생각한다. 오죽하면 가족을 식구(食口)라고 했을까. '다 먹자고 하는 일'이니까 일이 끝나면 모여서 함께 먹기를 좋아한다. 공식적인 행사 뒤에는 뒤풀이 행사를 마련하여 참가자들 사이의 정서적인 소통을 도모하는 것이다. 음식과 더불어 모임에는 꼭 술이 따르기 마련이다. "술이 있어야 분위기가 부드럽지," "사회생활을 하려면 술을 좀 마실 줄 알아야 해" 등의 말을 흔히 듣게 된다. 술이 한 잔 들어가고 분위기가 무르익으면 꼭 나오는 말이 "노래 하나 해야지"이다. 술과 노래는 모든 모임의 기본 요소이다. 그리고 술과 노래는 아무리 권해도 실례가 되지 않는다고 생각한다. "노래야 나오너라 쿵짜자 쿵짜 안 나오면 쳐들어간다 쿵짜자 쿵짜" 라는 협박형 청유의 전주곡이 자연스럽게 나온다. '전국민의 가수화'를 실현시킨 노래방 열풍은 이러한 모임의 문화와 밀접하게 관련되어 있는 것이다. 노래 뒤에는 춤이 따르기 마련이다. 예로부터 우리민족은 음주가무를 즐긴 민족으로 알려져 있다. 춤과 노래는 일상의 일이었다. 산과 들, 강가, 일터 그 어디에서도 춤과 노래는 빠질 수 없는 놀이였다. 전세 버스 안에서 중년 여인들이 한데 어울려 춤을 추고 있는 모습은 한국 특유의 것이다. 춤과 노래는 버스 안을 벗어나면 노래방, 디스코텍, 록카페 등에서 화려하게 펼쳐진다. 풀 코스라고 불리는 모임은 대개 음식점에서 시작하여 술집을 거쳐 노래방을 지나 디스코텍이나 나이트클럽에서 끝나게 되는 것이다. 1차에서 2차, 2차에서 3차, 3차에서 4차로 차수를 바꾸면서 모임구성원들 사이의 정서적 결속감은 더욱 진해져 가는 것이다. 이렇게 볼 때 한국인의 놀이로서의 모임은 디오니소스적 축제의 성격을 띤다고 볼 수 있다. 모임 속에서 개인은 공식 조직생활에서 억눌렸던 자신의 욕구를 분출하고 자신의 감정표현 범위가 확장되는 경험을 하는 것이다. 그런 점에서 한국인의 모임은 활기의 생산지라고도 할 수 있을 것이다.

7. 정을 나누자: 정서적 소통의 모임

사람들은 모임을 통해 무엇을 얻는가? 무엇 때문에 다른 사람들과 지속적인 사회적 관계를 유지하는가? 모임은 만남의 즐거움 제공, 개인적 문제 해결, 집단적 이익 추구, 공공선의 추구 등 다양한 기능을 가지고 있다. 그렇다면 한국사람들은 무엇을 위하여 모이는 것일까? 모임의 성격에 따라 모임을 통해서 얻는 것은 달라질 수 있지만 크게 보아서 모임을 통해 사람들은 정과 의리를 확인하고 싶어한다. 정보교환, 권익옹호, 친목활동, 봉사활동, 경제활동, 문화활동 등 다양한 모임의 영역을 꿰뚫는 공통의 요소가 바로 정서적 소통과 결합의 필요성이다. 그런데 한국사회에서 정서적 소통에 기초하는 인간관계의 강약은 실제적 접촉빈도에 비례한다. 접촉빈도가 낮으면 소외당하고 인간관계가 서먹서먹하여 그 관계가 원활하게 기능하지 못하게 된다. 지리적으로 거리가 멀어지거나 다른 이유로 얼굴을 맞댈 기회가 적어지면 인간관계가 소원해지고 변질된다. 한국사회처럼 접촉빈도가 친밀에 영향을 미치는 사회도 드물다(이규태, 1983: 114-115, 347). 정은 접촉빈도에 의해 배양되는 특성을 가지고 있어 접촉빈도가 적으면 식어버리는 것이다. 개인수첩의 12월을 어지럽게 채우고 있는 연말의 망년회 모임들은 최소한의 인간관계를 유지하기 위한 모임의 기회이다. 한 해 동안 만나지 못했던 학교동창과 고향친구들이 다시 한 번 우의를 다지는 기회를 마련하는 것이다. 대학 졸업후 18년만에 40대에 접어들어 만난 동창생들의 망년회의 풍경을 다음의 시에서 엿볼 수 있다.

   …

   그로부터 18년 오랜만에
   우리는 모두 무엇인가 되어
   혁명이 두려운 기성세대가 되어
   넥타이를 매고 다시 모였다
   회비를 만 원씩 걷고
   처자식들의 안부를 묻고
   월급이 얼마인가 서로 물었다
   치솟는 물가를 걱정하며
   즐겁게 세상을 개탄하고
   익숙하게 목소리를 낮추어

떠도는 이야기를 주고 받았다
모두가 살기 위해 살고 있었다
아무도 이젠 노래를 부르지 않았다
적잖은 술과 비싼 안주를 남긴 채
우리는 달라진 전화번호를 적고 헤어졌다
몇이서는 포우커를 하러 갔고
몇이서는 춤을 추러 갔고
몇이서는 허전하게 동숭동 길을 걸었다
돌돌 말은 달력을 소중하게 옆에 끼고
…
출처: 김광규, 「희미한 옛 사랑의 그림자」, 『우리를 적시는 마지막 꿈』,
　　　문학과지성사, 1979.

　한국인의 모임은 먹고 마시고 놀면서 정을 나누는 것을 중요시
한다. 물론 말하기도 중요하지만 서로 다른 의견을 가지고 주장하
고 토론하기보다는 그저 먹고 마시고 노는 데 도움이 되는 농담과
재담이 우선시된다. 논쟁적인 대화를 지속하려는 사람은 문제가 있
거나 모난 사람으로 여겨진다. 한말에 미국공사로 와 있던 알렌의
저서 『한국적인 것들(Things Korean)』에 보면 "한국인과 말하고 나
면 그것이 아무리 길더라도 알맹이가 없고 무의미하며 시간의 낭
비임을 알게 된다. 형식적이고, 회피적이며, 유예와 침묵이 잦은 데
다가 결단이 불확실하다. 그들에게서 진의를 말하게 하려면 부모
형제만큼이나 친밀해지지 않으면 안된다"고 말하고 있음은 일리
있는 관찰이다(이규태, 1983: 153). 함께 시간을 보내며 부대끼면
서 정을 확인하고 의리를 돈독히 하며 공동의 운명체로서의 일체
감을 확인한 사람들끼리만 중요한 이야기가 오고 간다. 이러한 모
임의 문화에 익숙하지 못한 사람은 한국사회에서 살아가고 출세하
는 데 많은 어려움을 겪는다. 왜냐하면 이해관계에 관련된 중요한

결정이 그러한 모임의 연결망 안에 들어가 있는 사람들 사이에서
이루어지기 때문이다.

8. 인맥이 힘이다: 편짜기와 줄서기의 모임

　그렇다면 한국인의 모임은 어떤 기능을 하고 있는가? 앞서 말했
듯이 모든 모임은 정서적인 만족을 일차적인 기능으로 한다. 같은
학교를 다닌 동창생들끼리의 훈훈한 모임과 같은 고향 사람들끼리
의 허물 없는 모임이 주는 즐거움이 바로 그것이다. 동창회의 규모
가 너무 크기 때문에 반창회가 열리기도 하고 대학생들의 경우 지
리적으로 근접한 남자고등학교와 여자고등학교의 같은 반 학생들
끼리의 합동 동창회 모임이 주선되기도 한다. 학기초나 학기말에
대학의 통행로에 나부끼는 모임을 알리는 현수막의 대다수가 동창
회 모임을 알리는 것이다. 그러나 한국인의 모임이 단순하게 정서
적인 기능만을 담당하는 것은 아니다. 모임은 인맥 형성의 계기가
되어 사회생활에서 실질적인 영향력을 행사하는 자원이 된다. 우
리사회에서 정치나 경제활동은 물론 교육과 문화의 영역에서도 인
맥은 중요한 역할을 한다. 경기고 - 연대 상대 출신의 동창이 재벌
대우그룹의 주축을 이루고 있다면 육사 8기생들은 5·16의 주도세
력이었다. 군대내의 장교들 사이에는 육사 출신, 3사 출신, ROTC
출신, 호남 출신, 영남 출신 등으로 갈라져 모이는 것이 일반화되
어 있다. 인맥은 가장 중요한 사회적 자본(social capital)이다. 혈연,
지연, 학연이 인맥 형성의 중요한 준거점이 됨은 널리 알려져 있다.
그런데 시간이 갈수록 혈연과 지연보다는 학연이 인맥 형성의 중
요한 거점이 되고 있다. 아무튼 원초적 유대감에 기초하여 만들어

진 인맥은 집단이기주의(group egoism)를 보이기도 한다. 지연과 학연에 따라 한 집단이 움직이며 그 집단의 이익이 되는 일은 옳고 그름을 묻지 않고 밀어붙인다. 자기 집단의 체면 내지 이익만이 관심의 대상이 될 뿐이고 타집단은 거의 고려되지 않는다. 예를 들어 얼마전 서울시교육청이 강남구 삼성동의 경기고등학교 터에 장애인을 위한 국립특수학교를 세우려는 계획이 경기고등학교 동창회의 반대로 무산되었다고 한다(≪한겨레신문≫ 1995. 11. 15). 경기고등학교의 막강하고 화려한 인맥이 우리사회에서 가장 그늘지고 소외된 삶을 살고 있는 장애인들을 위한 학교 설치에 반대하고 자기 집단의 좁은 이익만을 고려하는 집단이기주의로 나타난 것이다. 또 전직 대통령 전두환 씨가 구속되기 전에 경기여고 동창회가 어떤 도덕적 고려도 하지 않은 채 전 영부인 이순자 씨를 적극적으로 초청하여 화려한 동창회 행사를 주최한 것도 같은 맥락에서 이해될 수 있다.

인맥의 형성에는 어느 지역, 어느 고등학교 출신이냐가 모임 형성의 중요한 출발점이 된다. 많은 경우 고등학교 동창회가 대학 동창회보다 결속력이 강하고 더 강한 힘을 발휘한다. 대구 경북고 - 서울법대 출신들이 검찰의 주축을 이루었던 때가 있었는가 하면 부산 경남고 출신들이 그 자리를 탈환하였다. 우리가 한국사회를 이끌어 가는 실세 엘리트층을 이야기할 때 흔히 사용하는 티케이(TK)니 피케이(PK)니 하는 말들은 지연과 학연의 결합체들이다. 21세기 정보사회를 이끌어 나갈 우리나라의 대기업도 친족관계, 지역관계, 여기에 더하여 학교관계 같은 '귀속적 유대'의 틀 속에서 엮어져 움직이고 있으며 그러한 모습이 더욱 강화될지언정 결정적으로 약화될 것 같은 낌새는 보이지 않는다(박영신, 1995:

22-23). 우리나라의 30대 그룹이 기아그룹을 빼고는 모두 "믿을 건 가족뿐"이라는 생각에서 경영권을 세습하고 있다. "거의 모든 재벌이 예외 없이 회장은 아버지, 계열사 사장은 아들, 전무는 사위, 기획실장은 손자가 하는 식의 가족회사"이고 회사의 최고 의결기구는 가족회의이다(≪한겨레신문≫ 1995. 12. 7). 그리고 가족의 범위를 넘어서면 거기에 학연과 지연에 의해 고위의 직책들이 맡겨진다. 능력도 능력이지만 부산의 명문 집안 출신이라는 혈연과 지연상의 배경 때문에 45세의 나이에 대재벌의 계열사의 사장으로 고속 승진이 이루어지기도 한다(≪조선일보≫ 1995. 12. 7).

그러기에 나이 40에 이르러 본격적인 사회활동이 시작되는 시기가 동창회 활동이 가장 왕성하고 정열적으로 이루어지는 시기가 된다. 정서적 만족과 실질적인 연줄망의 형성이 그 곳을 통해 이루어지는 것이다. 『인맥만들기』라는 책이 베스트 셀러가 된 것은 우연이 아니다. 공부를 잘하고 박사학위를 받아도 인맥이 없으면 아무 소용이 없다. 공부 자체가 아니라 공부하는 과정에서 동료와 선후배, 교수 등과 친밀한 인맥을 형성하는 것이 더 중요한 일이다. 중학교 때 미국에 조기 유학하여 하버드 대학에 입학한 학생이 귀국 후 활동할 인맥을 만들기 위해 1년간 서울대학교에 교환학생으로 오는 경우도 있다. 그러기에 유치원에서부터 좋은 유치원을 가야 나중에 도움이 될 친구가 많다는 이야기가 나올 정도이다. 8학군을 고집하는 한 학부형이 "우리 애들이 공부 잘 하라고 8학군으로 이사 온 건 아니예요. 다른 곳이나 여기나 애들 성적에야 별반 차이가 있겠어요? 그렇지만 이 곳 아이들은 명문 대학에 많이 들어가니까 그런 친구들을 많이 사귀다 보면 우리 아이들이 사회에 진출했을 때 서로 서로 아무래도 도움이 되지 않겠어요?"라고 말하는 것은 우리사회에서 인맥형성이 얼마나 중요한가를 말해 주는 보기이다(류승호, 1994: 113). 고독을 즐기는 사람은 도태될 수밖에 없고 사교적이고 인맥만들기에 능한 사람이 출세하는 사회가 한국사회이다. 너도 나도 할 것 없이 모든 인맥을 총동원하여 힘과 돈이 있는 사람이나 인생에 도움이 될 만한 사람과 친화적인 관계를 맺으려고 경쟁하고 있는 것이다. 어떤 이는 한 사람의 출세는 그 사람이 하루에 주고 받는 전화의 통화 수에 달려 있다고 말할 정도이다. 또 컴퓨터 통신의 모임에서도 "지역과 동문 등에 기반을 두고 있다는 점에서 '끈끈한' 유대관계를 자랑하는" 사이버 향우회가 강한 결속력을 갖고 활발하게 활동하고 있다(≪조선일보≫ 1995. 12. 7). 모든 모임은 생활의 동반자로 시작하여 즐거움을 목적으로 하지만 그 모임이 지속되기 위해서는 모임의 인맥이 사회적 지위 향상에 도움이 되어야 하는 것이다.

한국인의 모임은 흔히 다른 집단을 배제하고 비난하는 배타적이고 이기적인 파벌로 발전하기도 한다. 패거리를 짓고 작당을 잘 하는 사람들이 사회의 중요한 자리를 차지할 가능성이 높기 때문이다. 두 명의 전직 대통령을 배출한 '하나회'라는 군부내의 사조직이 그 보기가 될 것이다. 대학의 교수자리를 놓고 벌어지는 암투도 자기 사람을 심기 위한 패거리들간의 싸움인 경우가 많다. 학벌, 재벌, 문벌, 군벌 등은 모두 어느 영역에서의 배타적인 지배집단이 존재함을 말하는 것이다. 장관의 임명에서 교수의 임용에 이르기까지 중요한 인사가 자격과 능력을 기준으로 한다고 표방하지만 내용적으로는 가족, 친척, 사제, 선후배, 동창, 동향 등의 연분이 크게 작용하고 있음을 누구나 알고 있다.

9. 사적 모임이 공적 기능을 수행할 가능성은 없는가

우리사회에서는 공적인 문제를 공적으로 해결하는 기제를 발전시키지 못한 편이다. 노인문제와 장애자문제, 육아문제와 건강의료문제는 모두 개인적으로 해결해야 할 문제로 인식되고 있다. 모든 사람이 함께 겪고 있는 문제이기 때문에 집합적인 관심을 가지면 더 효과적이고 인간적으로 처리할 수 있는 문제임에도 불구하고 개인적인 수준을 넘어서 공동으로 문제를 해결할 수 있는 기제를 만들지 못하고 있는 것이다. 결과적으로 한국인은 공동의 문제를 사회적으로 처리하기보다는 모두 개인적인 방식으로 해결한다. 공동탁아소의 운영이나 장애자를 위한 공동시설의 설치를 위해 노력하기보다는 각자가 겪는 어려움을 타인의 개인적 도움을 받아서 해결하는 것이다. <표 2>는 일상생활 속에서 어려운 문제나 고민거리가 생겼을 경우 이를 주로 상의하는 사람으로는 가족 등 혈연이 압도적으로 많았고 이어서 교연(성직자 및 교우), 학연(학교동창, 은사, 선배), 지연(동네사람, 고향사람), 직장(동료나 상사)의 순

<표 2> 개인적 문제의 상의 대상자

응답항목	빈도(명)	백분율(%)
혈연(형제, 자매 배우자, 친척)	138	48.2
학연(동창, 은사)	30	10.5
지연(고향사람, 동네사람)	20	7.0
직장	5	1.7
교연(교회, 사찰)	73	25.5
기타(점장이, 무당, 전문상담가 등)	16	5.5
무응답	4	1.4

출처: 「구리시민생활의식에 대한 설문조사」, 『전국YMCA 21세기 지역만들기 시민운동 보고서』, 2권, 1994, 826쪽.

으로 나타나고 있음을 보여준다. 결국 개인의 사회적 관계망이 특수한 연줄에 의해 구성됨을 알 수 있다. 동창회, 종친회, 향우회, 취미단체 등 어느 모임이든 모임의 구성원의 결혼식, 장례식 등의 경조사가 있으면 반드시 참석하여 부조금을 내는 것이 당연시되고 있다. 부조금은 큰 일을 당한 사람들을 모임의 구성원들이 개인적인 수준에서 돕는 행위이다. 기쁨과 슬픔을 함께 나누는 것이 모임 구성원들간의 최소한의 의무이다.

복지국가로 잘 알려진 스웨덴은 다양한 자발적 조직이 잘 발달된 나라이기도 하다. 성인의 80%가 자발적 단체의 회원이며 성인 1인당 가입단체 수는 1.63개이다. 우리나라 사람들의 수많은 사적인 모임이 공적인 기능을 수행하는 자발적 조직의 성격을 갖게 된다면 스웨덴에 못지않은 다양한 공적 영역이 활성화될 것이다. 이제 군부 쿠데타에 의한 권위주의적 정권이 사라지고 국민의 직접선거에 의해 대통령과 국회의원을 뽑고 기초와 광역의 지방자치가 본격적으로 시작된 오늘날에 와서 공적인 문제를 공적인 방식으로 해결하려는 공적인 모임들의 활성화가 절실하게 요구되고 있다.

1960년 5·16 군부 쿠데타 이후 1970년대의 유신체제를 거쳐 1980년대의 5·6공화국에 이르기까지 한국사회의 권위주의적이고 억압적인 정치적 상황은 개인들의 자발성에 기초한 모임을 장려하기보다는 억제하는 분위기를 자아내었다. 따라서 관변단체를 제외하고는 공적인 문제에 관심을 갖고 활동하는 자발적 모임이 발전되기는 매우 어려운 상황이었다. 그러나 1990년대에 들어서 이러한 분위기는 크게 변화하였다. 많은 사람들이 만남과 모임의 장소로 사용하는 다방의 공간적 변화가 상황의 변화를 단적으로 보여준다. 사람들은 1970년대에 흔히 볼 수 있던 지하의 칸막이가 처진 다방보다는 지상의 전면 유리창을 통해 밖의 풍경과 안의 사람들을 자유롭게 볼 수 있는 커피전문점을 선호하게 되었다. 이제 은밀한 사적인 모임이 투명한 공적인 모임으로 변화할 수 있는 분위기가 마련되고 있는 것이다.

이러한 상황에서 경실련, 환경운동연합, 여성단체연합, 소비자단체 등의 시민단체의 회원으로 활동하는 사람들이 늘어나고 있으며 노동조합의 조직률도 크게 신장되었다. 공동의 문제의식을 통해 시민들의 모임이 만들어지고 공동의 문제를 해결하기 위해 움직이고 있는 것이다. 여기에는 지역의 '과천시민의 모임' 같은 주민조직에서 시작하여 참교육을 위한 학부모들의 모임이나 환경보호모임, 노동조합 그리고 갖가지 이익단체에 이르는 다양한 모임들이 속한다. 이러한 모임들의 일차적 기능은 공동의 문제 해결에 있다. 그런데 민주화과정에 있는 한국사회에서 이러한 조직들은 매우 중요한 의미를 가지고 있음에도 불구하고 실질적으로는 크게 성장하지 못하고 있다. 일시적이고 형식적으로만 모이는 모임일 뿐, 사람들의 삶에 뿌리내리는 중요한 모임으로 자리잡지 못하고 있다. 환경운동단체나 경실련 등의 시민단체들의 회원이 1만 명을 넘어선다 하여도 사실상 회원들 사이의 자발적 모임은 매우 미약한 상황이다. 회원은 단지 서류상의 회원이고 회비를 내고 소식지를 받아보는 수동적 역할에 머무르고 있다. 전국조직이 아니라 지역조직의 경우에도 상황은 크게 다르지 않다. 그리하여 '시민 없는 시민운동'이라는 말이 생겨나기도 하였다.

우리사회에는 시민운동뿐만 아니라 자원봉사활동도 매우 약하다. 이것은 일본과 비교할 때도 두드러지게 나타나는 현상이다. 동정심과 측은지심이 가족과 친지의 울타리를 넘어서기 어려운 것이다. 자기 마을의 공공도서관이나 양로원에서 보람을 느끼며 일하는 자원봉사자의 모습을 찾아보기 어렵다. 때로 사적인 모임에서 수재의연금이나 불우이웃돕기 선금을 모아 내기도 하지만 그것이 지속적인 방식으로 이루어지는 경우는 보기 어렵다. 자원정신(voluntarism)에 입각한 민간단체의 확산이 이루어지지 않고 있는 것이다. 다시 말해서 권력의 논리로 움직이는 정부와 이윤추구의 논리로 움직이는 기업의 활동과 구분되는 제3섹터(third sector)의 영역이 미약한 것이다. 비영리(nonprofit), 비정부(nongovernmental), 비정당(nonpartisan)의 원칙을 지키면서 활동하는 민간단체의 활동영역인 제3섹터는 국가권력에 의한 강제나 시장상황에서의 이익추구의 동기가 아니라 자발적이며 상호의존적인 연대에 입각한 행동양식의 영역을 말한다. 제3섹터는 폭력의 사용이나 강제가 아니라 설득과 동의에 의해서 움직이면서 공공재나 공적 서비스의 생산을 목적으로 하는 사적인 조직과 활동을 말한다. 다시 말해 사적 행위자가 국가권력의 개입 없이 자발적인 방식으로 공적 서비스를 만들어 내는 활동영역이 제3섹터이다(<표 3> 참조). 박물관, 예술창작, 종교적 활동, 연구, 건강, 교육, 공동체 조직, 소수민 보호, 가난구제, 여론동원 등을 위해 자발적인 기부금과 시간을 바치는 활동이 그 보기

<표 3> 섹터의 구분

행위자	목적	섹터
사적 행위자	사적 목적	시장
공적 행위자	공적 목적	정부
사적 행위자	공적 목적	제3섹터
공적 행위자	사적 목적	부패

이다. 국민이 낸 세금을 가지고 정부가 사회복지정책을 펴는 방식과 달리 자발적인 방식으로 공동의 문제를 해결해 나가는 것이다. 제3섹터의 활성화는 이윤동기와 국가권력을 규제할 수 있는 도덕적 가치에 대한 믿음과 시민문화(civic culture)가 얼마만큼 뿌리 내리고 있는가에 달려 있다.

여기에서 우리는 한국인의 다양한 모임이 사적인 이익의 추구나 친목의 도모에 그치지 않고 공적인 자원활동과 시민운동에 기초한 제3섹터의 확장으로 전환될 수 있는 가능성을 모색할 필요성을 느낀다. 개인적인 의견을 자유롭게 이야기할 수 있는 사적 모임이 공공선의 확대를 위한 기초 조직이 될 수는 없는 것일까? 사회운동의 사회학이라는 관점에서 이 문제에 대한 답변의 실마리를 찾아본다.

기존의 사회운동에 대한 연구는 운동의 발생과 전개에 대한 사회구조적 조건과 정치적 과정에 초점을 맞추어 왔기 때문에 운동에 참여하는 사람들의 일상적 상호작용의 맥락과 의미구성의 과정을 소홀히 취급하여 왔다(정수복, 1994). 지난날 권위주의적 억압정치에 맞서는 사회운동은 스스로의 정체성과 문제상황에 대한 인식 그리고 적대세력에 대한 정의를 포함하는 사회운동의 의미세계를 구성하는 일에 큰 어려움을 느끼지 않았다. 정치적 대립관계가 분명했었기 때문이다. 그러나 오늘날에 와서 운동의 주체와 적대세력 그리고 문제상황에 대한 정의와 행동의 필요성에 대한 의미 세계의 구성은 과거처럼 자연스럽게 주어지지 않는다. 그만큼 의미구성이 사회운동의 형성에 중요하게 작용하는 것이다. 그런데 의미구성은 얼굴을 마주보는 소집단 상황에서 상호작용을 통하여 구성되는 경향이 높다. 한 개인이 지속적으로 참여하는 다양한 모임을 통해서 사회적 사건들에 대한 공동의 해석이 이루어지고 개인적 불만에 대한 사회적 정의와 집합적 행동의 가능성에 대한 논의가 이루어지는 것이다.

최근 들어 사회운동의 연구영역에서 거시적 과정과 미시적 과정을 잇는 개념으로 발전된 '미시적 동원맥락(micromobilization context)'이라는 개념이 사적 모임이 공적 기능을 담당하게 되는 과정을 설명해준다. 미시적 동원맥락이란 집합행동을 위한 동원을 자아내는 초보적인 조직형태와 더불어 집합적인 의미형성이 일어나는 소집단적 상황을 말한다(McAdam, 1988: 134-136). 사회운동의 미시적 동원맥락에 관한 연구들은 교회, 가족과 친척, 친구집단, 취미클럽 등의 사적인 성격을 띤 모임들이 특정한 문제가 발생한 경우 공적인 관심과 행동을 보이는 모임으로 전환됨을 보여주고 있다. 보기를 들어 노동조합의 경우에도 근속연수, 작업과정, 인종 등에 따라 모이는 작은 모임들은 공식적 노조활동과 독립적으로 자신들의 집합행동을 위한 기초적 맥락으로 작용한다. 또 미국민권운동의 초기에 남부의 흑인교회가 중요한 동원맥락으로 작용한 것은 잘 알려져 있다. 사회운동의 발전과 공공영역의 확대라는 측면에서 보았을 때 문제는 한국인의 모임이 귀속적 성격의 다수를 이루고 있다는 점에 있는 것이 아니라 그것이 공적인 관심을 가진 행동을 위한 동원맥락으로 연결되지 못한다는 데 있는 것이다. 여기에 우리는 사적인 모임이 공적인 기능을 수행하는 모임으로의 성격 변화 가능성을 모색할 필요성이 있는 것이다. 수많은 사적 모임이 공공영역에서 문제를 제기하는 공적 모임이라는 집을 짓기 위한 '벽돌(building blocks)'의 기능을 수행할 수 있는 조건의 탐색이 요구되는 것이다(Morris and Mueller, 1992: 13).

우리사회의 심층적 민주화를 위해서는 자생적으로 조직된 목적 지향적 조직들의 활성화가 필수적으로 요구된다. 특히 지방자치가 행정적인 권력의 분산으로 끝나지 않고 주민들의 참여가 보장되고 주민들의 요구가 반영되는 주민자치로 발전하기 위해서는 지역에 기반한 다양한 자발적 모임들이 활성화되어야 한다. 그러나 시민 사회내에 존재하는 다양한 중간집단들은 실질적인 민주화를 촉진시킬 수 있을 만큼 성장하였다고 말하기 힘든 상태에 있다. 그것은 오랫동안 지속된 중앙집권적이고 권위주의적인 발전과정에서, 주민의 자발적 참여에 기초한 공공적인 영역에서 활동하는 목적 지향적이고 자생적인 조직들이 형성될 수 있는 가능성이 차단되었기 때문이다.

앞으로 참여민주주의의 심화를 위한 다양한 모임들이 활성화되기 위해서는 우리의 가족주의적 가치문화에 대한 비판적 인식에 기초하여 시민의식의 세고가 이루어져야 하며, 시민들의 사발적 활동을 저해하는 각종의 법적·제도적 규제를 제거하고, 시민들의 모임을 장려하는 다양한 제도적 장치를 마련해야 할 것이다. 그리고 모임의 운영 자체가 민주적으로 바뀌어 나가야 한다. 시민들의 조직은 공식적·위계적 조직이 아니라 비공식적 네트워크 조직으로 변하여야 한다. '현대의 부족(部族)'이라고도 불릴 수 있는 자율적 소집단들이 자유롭게 활동하며 필요에 따라 다양한 형태의 그물망을 구성하는 조직원리가 새롭게 요청되고 있다. 소집단 속에서 개인은 자발적 주체로서 누구의 명령을 받는 것이 아니라 구성원들 사이의 상호작용(primary group interactions)을 통하여 공적 영역에 주체적으로 참여하는 동기를 부여받을 수 있고 공감대를 형성할 수 있으며 지속적인 활동을 위한 집합적 유대를 형성할 수 있기 때문이다. 사적이고 비공식적인 소모임이야말로 대중매체의 무차별적 여론조작에 맞서서 독자적인 여론을 형성할 수 있는 공간으로 작용할 수 있다. 지역에 뿌리를 내린 소모임들은 지속적인 상호작용을 통하여 지역의 관점에서 지역의 문제를 바라보고 문제를 제기하고 집합적 정체성(collective identity)을 형성하고 불만을 해석하고 여론형성의 기회를 만드는 의미구성의 장소가 되어야 한다.

10. 미시적 동원맥락으로서의 모임을 위하여

한국인의 모임 가운데 지배적인 것은 귀속적 유형의 모임이며 그것의 주요 기능은 정서적인 만족감과 사적 이익의 극대화를 위한 연줄망의 형성이다. 한국인은 그야말로 자기 인생에 도움이 되는 모임이 아니면 시간 낭비라고 생각하는 것이다. 우리지역과 우리사회의 문제를 함께 해결하려는 모임보다는 1차에서 2차, 2차에서 3차로 자리를 옮기며 스트레스를 해소하고 또 그러면서 모임 구성원들 사이의 정을 돈독히 하고 유사시에는 상부상조할 수 있는 모임이야말로 인생에 영양가 있는 모임인 것이다. 영화관과 노래방, 술집과 다방이 수많은 사람들의 모임으로 붐비고 있지만 그것의 대부분은 귀속적 유형의 모임이지 자원적 유형의 모임은 아니다. 시간은 금이다. 그 시간을 즐겁고 의미 있게 보내기 위해서 한국사람들은 오늘밤에도 1차에서 2차, 2차에서 3차로 자리를 옮겨가며 엄청난 소란을 피우고 있는 것이다.

　한국사회에서 공적인 뜻을 위해 만나는 모임이 활성화되지 않는 이유는 공적인 자원 모임이 갖는 공공선의 확립이라는 목표가 호소력이 약하고 매우 약한 방식으로만 사람들을 불러 내기 때문이다. 그럼에도 불구하고 1990년대에 들어서면서 환경, 교육, 교통, 소비자, 언론, 여성 등의 영역에서 생활상의 문제들을 시민의 이름으로서 공적인 문제로 제기하고 공적 해결을 추구하는 시민운동이 출현하였다. 사회운동이 성공하기 위해서는 '기존의 연결망(pre-existing network)'이 미시적 동원맥락으로 전환됨으로써 참여 주체의 확장이 일어나야 한다. 한국사회는 1990년대에 들어서 시민들의 자발적인 집회와 결사가 비교적 자유롭게 이루어지고 사회의 공적인 문제에 대해서 자유롭게 의견을 표현할 수 있는 시기를 맞이하였다. 앞으로 시민운동이 제기한 문제들이 얼마만큼 해결될 수 있는가는 여기에 크고 작은 모임들이 얼마나 적극적으로 참여하느냐에 달려 있다. 현재 한국의 시민단체들이 부딪히고 있는 가장 근본적인 문제가 밑으로부터의 참여 부족이라고 할 때, 어떻게 하면 한국인의 사적 모임들이 공적 관심을 갖는 모임으로 전환될 수 있는가라는 문제는 이론적으로 뿐만 아니라 실천적으로도 매우 중요한 문제라고 할 것이다.

참고문헌

김문겸. 1993, 『여가의 사회학』, 한울.
김용운. 1981, 『일본인과 한국인』, 뿌리깊은나무.
달레, 샤를르. 1975, 『조선교회사서론』(정기수 역), 탐구당.
류승호. 1994, 『한국사회 이야기주머니』, 녹두.

문은희. 1994, 「우리의 문화 현상과 행동 특성」, ≪현상과인식≫ 여름호.

박영신. 1995, 『우리사회의 성찰적 인식』, 현상과인식.

박재환 편. 1994, 『일상생활의 사회학』, 한울.

신용하 편. 1987, 『공동체 이론』, 문학과지성사.

정수복. 1994, 『의미세계와 사회운동』, 민영사.

최재석. 1979, 『한국인의 사회적 성격』, 개문사.

한림대 사회조사연구소. 1991, 『춘천리포트』, 나남.

홍승직. 1990, 「바람직한 한국인의 정체성 모색」, 『한국사회개발연구』 (고려대학교 아세아문제연구소 사회개발연구총서 25).

McAdam, Doug. 1988, "Micromobilization Context and Recruitment to Activism," *International Social Movement Research*, vol.1.

Morris, Aldon D. and Carol McClurg Mueller(eds.). 1992, *Frontiers in Social Movement Theory*, New Haven and London: Yale University Press.

만남의 미학

이상훈

1. 프롤로그

비극적 사랑과 불멸의 만남의 상징인 로미오와 줄리엣, 광기와 숙명으로 점철된 로뎅과 까미유 끌로델, 한 젊은이의 끊임없는 야심을 운명적 만남 속에 위치시키고 있는 줄리앙 소렐과 레날 부인, 파국적 사랑의 만남인 베르테르와 로테, 스칼렛 오하라와 레드 버틀러의 로맨스, 히드크리프와 캐서린이 보여주는 처절하고 끈질긴 만남의 연, 잘 알려진 영화 빠삐용에서 가슴저린 두 남자의 우정과 운명적 헤어짐을 보여주는 스티브 매퀸과 더스틴 호프만의 만남, 이들 모두 '만남'을 생각할 때 언뜻언뜻 스쳐가는 장면들이다. 요즈음은 어떤 만남을 떠올릴 수 있을까. 사람들의 얼을 빼놓을 듯이 숨가쁘고 어지럽게 돌아가는 최근의 상황들에서 생각해봄직한 정치인들의 운명적으로 '잘못된 만남(?)'일까. 얼마전에 우연히 보게 되었던 영화 <하워즈 엔드>에서처럼 우연과 필연이 실타래처럼 얽혀 있는 그런 만남은 또 어떨까.

사실 만남을 묘사하는 그리고 만남이 만들어 내는 장면들을 열거한다면, 사전에 나와 있는 형용사의 수만큼이나 많을 것이다. 또 그렇게 우리가 하루하루를 살아가며 부딪히고 경험하는 만남의 모습은 다양하고 수많은 의미를 가지고 있는 것이다. 그러나 그러한 만남이 개인들간에 이루어지고 있다고 하더라도, 둘 이상의 개인이 만들어 내는 관계이기 때문에, 그리고 그들을 둘러싸고 있는 다양한 환경적 조건들이 이 만남을 이루어 내고 있기 때문에 사회적인 것이다. 이 환경적 조건들은 사회적 관계로서의 만남의 형태를 결정지으며, 따라서 이러한 만남은 개인적 차원에서의 심리적 공간과 함께 사회적 공간에서 이루어지게 된다. 다시 말해서 만남을 단순히 심리적인 차원으로만 환원시킬 수 없으며 그것은 항상 사회적인 차원과 공존의 관계에 놓인다. 요컨대 여기서 만남이라고 하는 삶의 장면장면들은 각 개인과 그의 주관성 속에 집중되고 있지만 그와 동시에 한 사회의 집합적인 경험들에게로 향하는 사회성을 지니게 되는 것이다.

그리고 이 사회성, 즉 간단히 말한다면 사회를 구성하고 있는 기능적인 요건으로서라기보다 감정과 열정 그리고 욕망이 작용하면서 개인들을 집합적인 전체로 묶어주는 그런 사회성의 전형들을 우리는 만남이 이루어 내는 다양하고 복합적인 장면들을 통해서 찾아볼 수 있는 것이다. 따라서 만남이란 어떤 의미에서 각 개인들이 지니고 있는 차별성을 용인하고 이해하면서 그 차별성을 뛰어넘어 하나의 사회적 몸체를 이루어서 같이 살아가려는 또 다른 욕망의 형태이며 과정이라 할 수 있다.

사소하고 평범하게 반복되는 일상의 삶에서 우연히 일어나는 마주침, 남녀간이나 동성간에 일어나는 사랑이나 우정으로 이루어지는 만남, 단순히 개인의 관계가 아닌 보다 넓은 사회적 관계를 형성하게 되는 결혼과 같은 사람들의 맺어짐, 다양한 형태의 공식적인 대면이나 그 과정을 관통하고 있는 순간순간 이루어지는 만남의 장면, 축제 혹은 사교 모임 등에서 볼 수 있는 보다 확대된 집합적인 만남, 이러한 것 모두가 수많은 형태의 사회적 연관관계를 이루어 내는 삶의 현실이며 사회성을 이루고 있는 것이다(Maffesoli, 1985a).

특히 평범한 일상생활 속에서 고정적인 형식을 갖추고 있지도 않고 별 중요한 의미도 갖지 않은 만남이라 할지라도 일상의 시간과 공간 속에서 존재의 표현이 될 수 있으며, 그래서 사회적 그물망 속에서 끊임없이 일상을 통해 반복되면서 자신의 존재점을 만들어 내고 있는 것이다.

이러한 의미에서 우리가 익히 잘 알고 있는 로빈슨 크루소의 이야기는 일상의 삶에서 만남이 가지는 여러 의미들에 접근하여 이해해줄 수 있을 것 같다. 로빈슨 크루소의 모습은 소설적 허구를 통하여 우리에게 일상의 삶, 그리고 육체의 의미가 타인의 존재에 깊게 뿌리 내리고 있음을 보여주고 있다. 무인도에 홀로 사는 로빈슨 크루소는 현실에 대한 그의 인식이 점점 불안정해지고 흐려짐을 느낀다. 그에게 있어서 현실세계는 이제 순전히 자기자신만의 존재로 축소되어 버린다. 다른 사람이 웃는 것을 본지가 너무 오래되어 웃음을 잃어버린 그의 얼굴을 생각해 보자. 고독, 타인의 부재는 세상을 무(無)로 만들고 있다. 그에게 시간과 공간의 차원마저 흐릿하게 만들고 있으며 그의 고독은 자신이 가지고 있던 기억마저 지우고 있는 것이다. 여기서 의미들은 점점 사라지고 있음을 본다. 오랫동안 계속되는 타인의 부재는 자신이 속해 있는 문화의 정당성을 통해 의미를 창출하고 또 해독하는 데 필요한 집합적인 준거들, 집단이 공유하는 표식들의 소멸을 가져온 것이다. 그래서 앞서 언급한 사회성이라는 것이 관계를 떠나서는 너무도 허약한 것으로 드러난다. 그 때문에 사회성은 끊임없이 사람과 사람들 사이에서 가장 기초적이며 본질적인 만남의 과정을 필요로 하는 것이다. 따라서 만남이란 사회성의 원인이며 동시에 결과가 된다. 그리고 여기에서 개개인의 미시적 세계는 사회적인 것과 서로 엮어지게 되는 것이다.

다음으로 만남은 육체가 매개가 되는 커뮤니케이션의 과정으로 볼 수 있다. 이 커뮤니케이션도 상식, 공유된 경험, 감정의 나눔 등을 통한 사회적 삶의 기초가 되는 것이다. 특히 '침묵,' '숨어 있거나 드러나지 않고 뭔지 모르게 왜곡되고 있는' 그런 것들, 혹은 작은 몸짓, 눈빛만으로도 통하는 그런 커뮤니케이션을 들 수 있다. 사실 흔히 이야기되고 있는 커뮤니케이션 현상이 현대사회에서 TV는 말할 것도 없거니와 위성방송, 멀티미디어, 인터넷을 통한 무한한 정보의 유통 등을 통해서 이루어지면서 오히려 더욱 추상화되고 있음을 알 수 있다. 첨단의 분석기법을 사용한 여론조사를 통해서 마치 전혀 듣고 보지도 못한 사람들, 누군지 전혀 알지도 못하는 사람들의 속마음까지 다 알 수 있는 세상에 사는 것 같으면서도 막상 같은 아파트의 바로 옆집에 누가 사는지, 뭘 하는지, 집 앞 골목에서 무슨 일이 일어나는지도 모르고 하루하루를 지내는 이러한 현실이 바로 추상화되고 있는 커뮤니케이션의 양상들이 아닐까.

이러한 측면에서 보면, 순간적이든 지속적이든, 대화를 하든 침묵을 지키든, 언뜻 눈길만 마주치는 그런 만남 역시 육체를 통해 이루어지는 가장 구체적인 커뮤니케이션이 된다. 그리고 이런 커뮤니케이션은 궁극적으로 각 개인을 하나의 사회적 몸체로 이룰 수 있게 해주는 연결고리, 혹은 접착제의 구실을 하고 있다. 그리고 그 속에서 열정의 게임, 즉 욕망의 육체가 작동하고 있으며 서로서로 친밀감, 가까움을 느끼게 하며 심리적·사회적 거리를 느끼게 하는 결합과 분리의 상징적 체계가 형성되고 있는 것이다.

2. 만남 I : 만남과 일상의 리듬

오전 6시 35분. 아파트 엘리베이터를 빠져 나오면서 매일 아침 약수터에 가는 1110호 할머니가 저 만치서 물통을 작은 손수레로 끌면서 걸어오는 모습을 봄. 오늘은 내가 조금 늦을 것 같군. 입구에서 주차장의 차들을 이리저리 정리하고 있는 관리 아저씨와 눈이 마주쳐서 가볍게 목례를 서로 주고받음. 내 옆을 막 지나가던 할머니가 말을 건넨다. 교회 언제부터 나올 거야? 아, 안녕하세요. 예, 이번 일요일엔 꼭 나가 보려고 하는데... 말꼬리를 흐리면서 종종 걸음으로 버스 정류소로 향함. 6시 50분에 도착하는 직행버스를 타야 하는데 그러기 위해서는 서둘러야 한다. 특히 가는 길 중간쯤에 있는 건널목 신호등을 잘 맞추어야 함. 왜냐하면 차량 통행이 많은 관계로 건널목의 빨간 신호가 너무 길기 때문임. 건널목에 막 다다르니 신호등이 초록색으로 바뀌면서 바로 통과. 웬 재수. 가뿐한 마음으로 길을 건너면서 우연히 뒤쪽으로 고개를 돌려 힐끗 쳐다보니 긴 머리에 청바지를 입은 한 여자가 헐레벌떡 뛰어오고 있는 모습이 눈에 들어옴. 언뜻 봐도 한 손에는 우산이 다른 한 손에는 노트와 책을 들고 있는 것이 여대생이 틀림없음. 그 정도 거리에서 아무리 뛰어 봐야 신호 바뀌기 전에 건너기가 힘들 걸? 어쨌든 열심히 뛰었음에도 불구하고 깜박깜박 거리다 확 빨간색으로 변해 버리는 야속한 신호등을 쳐다보고 헥헥거리며 짓고 있을 그 여학생의 머쓱한 표정을 떠올리며 괴물 같은 육교를 건너 정류소에 도착함. 얼마 전에 줄을 새로 갈았던 손목시계를 보니 분침이 10자 조금 못된 곳을 가리키는 것 같기도 하고 어찌 보니 50분이 넘은 것 같기도 한데, 싸구려 시계가 그렇지. 그건 그렇고 도대체 버스는 벌써 지나갔나, 아직 안 온 건가? 약간은 불안한 심정으로 주위를 두리번거리다 늘 같은 시간에 같은 버스를 타는 새치가 꽤 많이 난 큰 머리의 아저씨와 아침부터 유난히 더운 기가 느껴지던 지난주 어느 날인가 아주 짧은 흰색 반바지가 인상적이었던 젊은 여자가 눈을 가늘게 뜨고 멀리서 오는 버스들 번호를 이리저리 확인하고 있는 것을 발견함. 음, 아직 버스는 안 지나갔구만. 55분쯤에서 버스가 도착함. 버스에 오르니 저 안쪽까지 눈에 익은 광경이 앞에 펼쳐짐. 한쪽에 두자리씩 되어 있는 좌석에 왼쪽에는 여자들만 일렬로 앉아 있고 오른쪽에는 창가로 줄맞춘 것처럼 남자들만 앉아 있음. 오늘도 내 이럴 줄 알았지. 좀 튀겠지만 그렇다고 내가 아침부터 잠이 들깬 부시시한 얼굴을 한 남자들 옆에 가서 앉을 수 있나. 대충 다 눈에 익은 사람들이겠다, 괜찮다 싶은 여자들 옆에 가서 앉아야지. L씨의 하루는 오늘도 이렇게 시작됩니다.

육체들간의 끊임없는 부대낌은 아주 특수한 상황에서나 아니면 평범하고 사소한 늘 그렇고 그런 상황에서든지 일상적 삶의 생산, 재생산을 담당하고 있는 것이다. 그리고 이러한 과정 속에서 하루의 평범함을 구성하고 있는 모든 행위는 육체의 매개적 기능을 함축하고 있다. 행위자들간의 가장 보편적인 교환은 수많은 몸짓, 자세, 감정의 조절 등을 포함하고 있다. 일상생활은 어떻게 보면 표식들 위에서 이루어지고 있다. 그리고 이러한 표식들은 개개의 행위자들에게 알지 못하는 새로운 상황에서 가질 수 있는 공포와 두려움으로부터 보호해 주며 집합적 삶 속에서 부대끼며 살 수 있도록 해준다. 하루하루 엮어 가는 일상의 삶에서 만남이 만들어 내는 각각의 장면은 서로 다양하게 얽혀 있는 생활의 그물망 속에서 이루어지고 있다. 누구를 왜 만나는가는 중요치 않다. 아파트 입구에서, 길을 건너다가 혹은 매일 타는 버스 정류소에서 그냥 알고 지내는 사람과 간단한 목례나 인사말을 주고받는 것이 전부다. 그냥 얼굴만 마주치며 지나칠 수도 있고 그저 몇 마디 건내는 것과 같은 사소한 몸짓이나 말을 서로 주고받는 교환의 모습들은 반복되면서 익숙해지는 일상의 과정이다. 출근길에 처음 마주치는 사람을 보고 대략 몇 시인가를 알 수 있다든지 정류소에서 늘 만나는 사람을 통해 버스가 아직 지나가지 않았다는 것을 알아차린다든지 하는 것 등은 아주 의미 없이 스쳐 가기만 하는 순간적인 만남일지라도 동일한 공간과 시간에서는 자신을 일정한 흐름 속으로 인도해 주는 표식과도 같은 것이다. 그것은 결국 일상의 리듬화라고 할 수 있을 것이다. 공식적으로 혹은 의식적으로 짜여져 있는 리듬과 다른, 자신의 일상의 리듬을 만들어 내고 있다(Lefébvre, 1981; 1968). 그리고 그것은 합리적으로나 논리적으로 세워놓은 계획되고 계산된 삶과 함께, 오히려 일상에서 빈번히 일어나는 '호기심'이나 그저 이리 저리 자유롭게 '배회'하는 움직임이 만들어 내는 상황이 삶 속에서 가지는 의미를 보여주는 것이다. 합리성으로 재단되어 있는 삶에 새로운 '현실'들이 끊임없이 추가되고 발견되는 가운데 살아가는 모습이 아닌가. 호기심, 우연, 상상, 배회 등이 가지는 또 다른 논리에 의해서 마치 현실을 살아가는 것이 미로 속에서 이리 저리 헤메다가 조금씩 자신의 갈 길을 발견하고 인식해 나가면서 그 순간의 현실적 공간을 구성해 나가는 모습, 또 기기서 나름대로의 지도를 그리면서 앞으로 나아가는 데 필요한 계산법을 마련해 가는 것은 합리적인 논리와는 또 다른 논리 위에서 이루어지는 것이다(Mole & Rohmer, 1982). 그 과정에서 만남은 어쩌면 계속 삶의 지식을 제공해 주는 원천이 되며, 이 지식은 평범하고 사소하지만 바로 삶을 살아갈 수 있도록 해주는 삶의 지혜, 살아가는 의지에 다름아닐 것이다. 우리가 일상의 삶을 살아가고 있다는 것이 바로 그 삶에 그리고 그 삶이 제공하는 다양한 상황들에 지속적으로 길들여져 가고 있으며 또 길들이고 있다고 말 할 수 있다면 바로 이런 모습들이 아닐까.

3. 만남 II: 드러냄과 유혹의 게임

적당히 뜨거운 물로 샤워를 하고 난 뒤 바디 로션을 대강 몸에 바르고 속옷을 고른다. 도대체 속옷은 나를 위해서 입는 거야 아니면 누구에게 보여주기 위해서 입는 거야. 혼자 투덜대며 일단 간단히 걸치고 화장대 앞으로 가 앉는다. 물론 여기서 그 뒤의 상황을 자세히 설명할 필요는 없을 것이다. 어쨌든 K양은 오늘 중요한 약속이 있다. 그래서 아침 일찍부터 서둘러 외출 준비를 하고 있는 것이다. 나이보다 약간은 어려 보인다는 말을 주위로부터 듣는 터라 오늘 약속처럼 소위 좀 점잖은 공식적인 자리에 나갈 경우는 여느 때 보다 머리 모양이나 루즈 색깔 그리고 옷차림에 신경을 쓰지 않을 수 없다. 이런 저런 고민 끝에 좀 넓은 기분이 드는 깃의 엷은 아이보리 색의 블라우스에 짙은 감색 쟈켓, 그리고 약간 짧은 듯한 타이트 스커트를 입는다. 꽤 세련된 분위기를 풍기는 캐리어 우먼 티가 난다. 이제 검은 색의 얇은 스타킹에 하이힐이면 완벽하다. 스스로가 봐도 청바지에 편한 차림으로 작업을 할 때와는 전혀 다른 분위기를 느낀다. 가슴이 살짝 보일 정도로 블라우스 윗단추를 풀었으니 섹시함 마저 느낄 수 있다. 이번 홍보물 기획안은 그 규모도 그렇고 회사 차원에서도 꼭 통과되어야 한다. 특히 이번 설명회에는 의뢰 기업에서 까다롭기로 소문난 홍보 담당 이사가 직접 참석한다니 더 신경이 쓰이는 것이다….

M씨는 그다지 남의 눈에 얼른 띄는 외모는 아니지만 어느 정도 세련됨을 갖춘 29세의 총각이다. 가끔 거울에 비친 자신의 얼굴을 바라보며 이 정도면 괜찮은 편 아냐? 그다지 숏다리도 아니라고 생각하면서 괜히 한번씩 웃어 본다. 직장 일로 항상 정장 차림으로 다니지만 오늘은 일요일, 게다가 몇 달 전부터 사귀기 시작한 자기보다 5살 어린 대학 4학년 졸업반 여학생과 만나기로 했으니 최소한 그녀의 분위기에 맞추어야 할 의무감마저 느낀다. 그래서 이 옷 저 옷 고르다 아주 캐주얼하게 반소매 티셔츠 위에 밝은 색 스웨터를 걸치고 양손에 무스를 잔뜩 묻혀서 머리를 만진다.

어려 보이지만 뭔가 좀 있어 보이도록. 이 정도면 어린애들이 잘 다니는 카페에서 만나더라도 그리 꿀리지는 않겠지. M씨는 가뿐한 마음으로 약속 장소로 향한다.

여기서 K양과 M씨가 보여주고 있는 것은 무엇인가. 그것은 만남이 가지고 있는 연극성이라 말할 수 있을 것이다. 이 연극성에서 우선 개인들을 연결시켜 주는 데 기초가 되고 있는 상징적인 물신성을 들 수 있다. 만남이 이루어지는 상황과 시간에 따라 모양새 내기, 즉 옷차림이라든지 얼굴 화장, 자신이 풍기는 분위기 등을 변화시킨다. 그것은 마치 배우가 연극의 상황, 배역에 따라 무대 의상, 분장을 하는 것과 같다. 구태여 인생은 연극과도 같다라는 말을 않더라도 우리는 늘 변하는 상황과 시간 속에서 만남을 이루어 가고 또 그 속에서 살아가고 있는 것이다. 옷을 어떻게 입는가에 따라 돈이 많아 보인다든지, 성실해 보이게 한다든지, 믿음이 가게 보인다든지, 혹은 만남에 있어서 첫 인상이 중요하다라는 표현이 가지는 의미라든지 하는 이러한 것들은 모두 일차적으로 그 사람의 외모, 옷차림, 말투 등을 통해 느낌을 전달하며 그러한 것이 타인과 연결하거나 분리하는 물질적 실체가 되는 것이다. 따라서 꾸밈이란 것은 만남의 장면을 서로 공유하고 그 분위기를 함께 만들어 가는—물론 그 반대의 경우도 마찬가지다—기초가 되며 이 끌림과 밀쳐냄의 게임이 시작되는 곳이기도 하다.

두 번째로 만남의 상황과 시간에 따라 외모를 꾸미는 것은 단순히 만남에 관련된 사람이 사회적 기능에 따라 그 모습이 확정 지어지는 개인(individual)으로서가 아니라 장면 장면마다 바뀌면서 다양한 역할을 수행하는 한 인물(persona - 가면의 의미로서)로서 중요한 의미를 지니고 있음을 보여주고 있다(Maffesoli, 1985). 상황에 따라 가면을 바꾸어 써 가며 다양하고 복합적인 관계를 만들어 가는 만남의 사회성에 다름 아닌 것이다. 그래서 이 만남의 사회성은 다양한 상황 속에서 여러 가지 가면을 쓸 수 있는 대상들간에 작은 에피소드를 서로 나누기도 하고 기억들을 공유하기도 하면서 사소하면서 부분적인 관계를 상상과 즐거움 혹은 공감을 통해서 현실의 이미지를 통합시켜 나가고 있다. 결국 만남이란 한 개인의 고정된 정체성보다 관계의 다양성 속에서 수많은 역할을 수행하면서 자신의 정체성을 만들어 내는 정체화의 과정이 문제가 되는 것이며 그것은 결국 사회 속에서 사람들을 서로 함께 묶어 주는 사회적 구조화의 한 양상인 것이다..

여기서 또 한 가지 덧붙여 생각해 본다면, 모양새, 꾸밈에서 볼 수 있는 '외부로 드러냄'이 가지는 의미일 것이다. 겉모습으로 자신을 드러내고 타인을 끌어들이며 서로 서로 관계가 맺어지는 형형 색색의 만남이며 끊임없는 유혹의 게임이다. 겉모습을 통해 지속적으로 상징적 교환이 이루어지고 관계의 다양성이 형성된다. 이러한 상징적 교환과 관계의 다양성은 바로 사회의 그물망을 짜 나가는 모습이며 그것이 가지는 분위기는 사람을 서로 연결시키는 신비한 힘을 연상케 한다(Durkheim, 1968). 따라서 육체와 그 육체의 겉에 치장되어 드러나고 있는 외관은 가장 직접적인 커뮤니케이션의 매체로서 작용하고 있는 것이다.

4. 만남 III: 만남의 형식

… "그리고 오늘 이렇게 현장에서 직접 학생들과 상담을 하시는 선생님들 나와 주셔서 감사합니다." 저거 이모 씨 목소린데 뭐가 또 그다지도 감

사하다는 건지. 옛날부터 알아주는 호들갑하고는 하면서 TV 쪽으로 고개를 돌리니 화면에는 외모에서도 모범생 티가 나는 중고등학교 남녀 학생 몇 명, 그리고 그 맞은 편에는 소위 전문가 분들이 방청석에 자리를 함께한 부모님들을 배경으로 앉아 있다. 응, 청소년 문제로구만. 그런데 이번에는 또 무슨 내용일까 하고 궁금해 하는데 서로 소개하고 인사하고 하는 통에 깜빡 잠이 들었다가 한 어느 여학생의 맑은 목소리에 다시 잠이 깬다. "네, 중학교 다닐 때 폰팅을 몇 번 하기는 했어요." 옆자리에 앉은 여중생이 끼여든다. "요즈음 폰팅은 촌스럽다고 애들이 잘 안해요. 한물 갔어요. 저도 그런 건 안해요." 그러면 요즈음은 어떻게 하죠? "요즈음에는요 헌팅이라는 걸 해요." 헌팅은...? "그냥 길가다 마음에 드는 남학생이 지나가면 가서, 얘 우리 한번 사귀어 볼래?라고 물어 보고 좋다면 시작하는 거죠. 그냥 몸으로 부딪히는 거죠 뭐." "와, 미팅. 정말 아무 것도 바라지 마세요. 그냥 하루 즐겁게 보내는 거예요." 사회자가 한 마디 거든다. "벌써 여기 중학생과 고등학생 사이에도 세대 차가 존재하는군요" '야! 정말 세대차 느껴지네. 흔히 말하는 신세대들 중에는 '야, 타! 족'이 있다는 말은 들었는데. 하기야 지금처럼 자가용 타고 다니는 사람들이 흔치 않았던 시절에도 다 떨어진 포니만 타고 다녀도, 외국에서도 젊은이들이 선글라스 끼고 고급 스포츠카 끌고 나와 돈 있는 냄새만 풍겨도 그보다 더 한 일도 있는데 뭐'라고 대수롭지 않게 여길 수도 있고, '자식들, 아버지 차 몰고 다니면서 호기 부리기는. 그것도 다 한때지'라고 무시해 버릴 수도 있지. 차라리 형식만 조금씩 다를 뿐 예나 지금이나 길거리를 다니면서 지나가는 여자를 유혹하는 일은 너무도 흔한 일상사가 아닐 수 없다고 치부해 버릴 수도 있는 것 아닌가?

그러나 우리는 여기서 만남이라는 상황이 만들어 내는 가장 원초적인 모습, 즉 서로 전혀 모르는 두 사람이 마주치면서 가깝고 밀접한 관계로 맺어지는 상호작용의 과정을 볼 수 있다. 그리고 그것은 어찌 보면 확률의 게임이고 유혹의 게임이다. 특히 남자가 여자를 우연히 만났을 때, 흔히 상대방을 유혹하려고 시도하는 것은 사실 서로 모르는 두 사람이 만나서 가까워지기 위하여 벌이는 상호작용의 모든 일상적인 과정—그것이 무미건조하고, 공격적이고, 저속한 방식이든 혹은 그 반대로 흥미진진하고 비위를 맞추어 가는 방식이든—의 기본적인 형식을 포함하고 있는 것이다. 한 사람이 다른 한 사람의 개인적인 공간으로 침투해 들어가면 자신의 공간을 침투당한 사람의 반작용을 불러일으키게 된다. 그리고 그것은 바로 상호작용의 상황으로 이어지게 되는 것이다. 여기서 호혜적 상호작용이 일어날 경우 이 관계는 그 후의 미래의 상황으로 연결된다. 그래서 길을 걸어가다 헌팅을 하든지 '야, 타!'를 하든지 아니면 점잖게 앉아서 미팅을 하든지 최초의 단계는 바로 두 개인의 만남의 형태 그 자체이다. 다시 말해서 최소한 상대를 원하는 사람과 그 원함을 평가하는 또 다른 사람이 보다 밀접한 관계로 들어가게 되는 그런 과정인 것이다. 이와 함께 이러한 만남에서는 시간의 의미도 같이 생각해 볼 수 있는데 그것은 아주 짧은 시간의 소비라고 할 수 있다. 서로 상대방의 공간을 같이 점유함과 동시에 이들은 만남의 시간을 순간화하면서 소비하고 있다. 다시 말해서 보다 밀접한 관계로 들어가든지 아니면 그 관계를 거부하는 것을 그 순간 즉각적으로 결정하게 되는 것이다. 여기서 그 관계가 보다 길게 지속이 되는가 아닌가 하는 것은 문제가 되지 않는다. 오히려 어떠한 목적성이나 결과가 중요하지 않은, 순간성과 우연성, 확률이 지배하는 공간과 시간을 즉각적으로 소비하는 모습이 강조되는 것이다.

실제로 외국의 어느 학자들은 이러한 순간적이며 우연성이 지배하는 만남의 모습에서 남자는 "끊임없이 모험을 시도하는," 그리고 여자의 경우 "모험을 기다리고 있는" 행동의 전형이라고도 했고, 또 길이나 골목안을 어슬렁거리면서 여자를 찾아 다니는 모습을 마치 탐정이나 배회자로부터 느낄 수 있는 현대적이며 도시적인 형식으로 설명하기도 한다. 어떻든, 이같은 거리 혹은 밤의 풍경 그리고 이 속에서 일어나는 남자와 여자의 만남은 '멀쩡한 정신'으로 혹은 '제대로 계획된,' 그래서 '제한되고 한정적인' 행위라기보다 특히 약간은 취한 채(여기서는 분위기에 취한 것, 술에 취한 것 역시 같은 의미일 것이다) '제 정신이 아닌,' '앞 뒤 재고 가릴 것 없이' 서로가 내뿜는 매력과 분위기에 휩싸여 한정없는 행위로 이어지고 있다.

그러나 그 속에서도 서로 먹고 먹히는, 혹은 가지느냐 못 가지느냐라는 기본적인 갈등적 상황 역시 도사리고 있기도 하다. 사실 이와 관련하여 이같은 형식의 만남에서 일상적으로 사용되고 있는 언어들을 함께 생각해 볼 수 있다. '죽인다,' '탐색하다,' '노리다,' '함락시키다,' '쳐들어가다,' '낚는다,' '먹이,' '끝장내다' 등 등의 공격적이며 전투적이고 허풍에 가득찬 용어들이 난무한다. 그리고 갈등은 이렇게 분위기에 고무되고 목표물이 생기면서 그 자체로서 불확실한 목표물과의 불확실한 관계 속에서 과장되어 작용한다. 그러나 여기서 생겨나는 갈등은 지배와 소유의 과정에 따른 갈등이지만 기본적으로 위험이 존재하지 않는 갈등이다(Simmel, 1988). 그리고 이 갈등은 명확하지 않은 목표물에 의해 거부되거나 그것에 다다를 수 없게 될 때까지만 지속되는 것이다. 우리는 이러한 순간성과 우연성이 지배하는 공간에서 일어나는 얼마나 많은 만남들이 난처함, 불쾌함, 부끄러움 같은 감정들로 끝을 맺는지를 잘 알고 있다. 비록 어떤 목적 달성(?)을 한 이후에도 말이다. 그러나 이러한 감정은, 그리고 갈등은 그 목표물에서 멀어지고 금방 또 다른 만남의 대상에 얽히게 되면서 소멸된다. 결국 이러한 모습 역시 만남이 내포하고 있는 시간과 공간의 관능화의 한 과정이며 끊임없는 유혹의 게임을 통해 스스로를 드러내고 상대를 통해 자신을 비추어 보는 순간들을 통하여 새로운 시간과 공간을 창조해 내고 있는 것이다.

위에서 순간적인 만남의 형식들을 언급했지만, 현대 사회에서 기술의 발달, 특히 컴퓨터 네트워크의 발달에 따른 새로운 유형의 만남을 고려해야 할 필요가 있다. 굳이 이름을 붙인다면 '사이버 인카운터(cyber encounter)'라고나 할까. 최근 컴퓨터 통신을 통한 다양한 만남의 형태들은 '비 대면적 만남'의 극단적인 형태라고 할 수 있다. 그것은 완전히 익명적인 만남이며 공간과 시간의 개념도 중요치 않으며, 일반적인 '대면적 만남'에서 볼 수 있는 태도나 접촉성의 의미도 사라져 버린다. 최근 가상 현실을 다루고 있는 영화에서 볼 수 있듯이 남녀간의 육체적인 사랑조차도 실제 육체의 접촉 없이 가능해지는 세계다. 이와 관련하여 얼마전 컴퓨터 통신의 한 대화방에 올라와 있던 학생들의 미팅에 대한 글을 한번 예를 들어보자.

"…미팅에 예쁜 여자 나오는 것은 하늘에 별 따기임. 가끔 귀여운 애들이 나오지만 예쁜 것은 아니고 그리고 한 몇 번 나가야 한 번 그래도 괜찮은 애 걸릴까 말까…. 그리고 용돈 문제도 그렇죠. 커피 전문점에서 만나 일차로 소개하고 좀 마시다 이차로 호프나 나이트라도 가게 되면 수만 원 깨지기는 우습죠…. 물론 한 명이라도 건지면 다행이지만… 차라리 채팅하는게 나요…. 물론 전화비는 나오겠지만, 얼굴을 모르니 심은하나 채시라처럼 생긴 여자라고 생각하고 미지에 그녀와 만나시기를..히히.."

실제로 만남의 관계는 '나'로부터 '타인'으로 향하는 끊임없는 일종의 반항이 필요하다. 그렇지 않으면 모든 의미는 관계의 부재

속에서 사라지게 된다. 타인 역시 그 자신의 현존 때문에 육체를 통해 상관관계적으로 상대와 그를 관통하는 상징적·물리적 체계와 의미체계의 영속적 조건이 되는 것이다. 따라서 나의 육체는 한편으로는 나 개인의 일상적 역사의 자취를 지탱해 줌과 동시에 또 다른 한편으로는 행위자로서의 나 자신으로부터 벗어나 내가 속한 사회와 연결되는 차원을 지닌다. 그래서 만남이라는 관계 유형은 시간과 상황에 따라 그 관계를 실현하는 행위자로부터 벗어나 존재하는 순수한 의미체계의 형태로 남게 되는 것이다.

이러한 의미에서, 위에서 본 컴퓨터 통신을 통한 채팅의 경우, 만남이 가지는 순수한 의미체계가 극대화된 상황이라 말할 수 있다. '나'와 '타인'의 구체적 모습은 존재하지도 필요하지도 않다. 사실, 컴퓨터 채팅을 통한 만남에서는 상대방의 이름도 몰라도 되고 어떻게 생겼는지도 중요하지 않다. 그냥 내가 좋아하는 영화배우나 이상형 등 그 누구와도 만남이 가능하다. 공상과 환각, 환영과 거칠 것 없는 상상이 가능한 만남이다.

그렇다고 해도 이러한 경우 역시 만남이 가지고 있는 가장 순수한 의미체계는 그대로 존재하고 있는 것이다. 다시 말해서 만남이 이루어지는 구체적인 외적 환경, 예를 들어 나이, 성별, 사회적 조건 그리고 격식, 만남 그 자체가 지니고 있는 특정한 형식만으로 존재 가능한 것이다. 그래서 여기서는 만남의 내용이 문제가 되는 것이 아니라 만남의 형식성이 문제가 되고 있다. 뿐만 아니라 앞서 말한 로빈슨 크루소의 잃어 버린 웃음을 찾고자 하는 과정을 생각해 보더라도 '사이버 인카운터'는 기본적인 만남의 형식과 만남을 통한 사회적 관계의 과정을 보여주고 있다고 말할 수 있다. 자신의 사회적 반영, 사회적 그림자를 잃어버린 로빈슨 크루소는 결국 표정을 잃어 버렸다. 그가 웃음을 다시 찾기 위해서는 타인의 웃는 모습이 필요하고 또 그것을 볼 수 있어야 했다. 그래서 어떻게 보면 컴퓨터 채팅을 통한 만남은 자신의 사회적 그림자를 끊임없이 찾는 과정, 그리고 그 과정을 가능하게 해 주는 만남의 가장 순수한 형식을 우리에게 제공해 주고 있는 것이 아닌가.

5. 만남 IV: 은밀함의 미학

만남의 이미지가 그 어느 때보다도 강렬하게 드러나는 곳, 그 곳은 아마도 남녀간의 사랑이 이루어지고 있는 순간이 아닐까. 게다가 그 사랑이 금지된 것이거나 남의 눈을 피해 비밀스럽게, 은밀하게 진행되고 있는 경우 그 강렬함의 강도는 더욱 고조되리라는 것은 그 상황에 미루어 쉽게 짐작할 수 있다. 사회면 가십 기사를 통해 일상적으로 접할 수 있는 이러저러한 사람들의 불륜 관계로부터 오락 연예면의 한 면을 화려하게 장식하며 세상을 발칵 뒤집어 놓는 누구도 전혀 예상치 못했던 유명인들의 스캔들이나 세기적 로맨스(?)에 이르기까지 들 수 있는 예들은 수없이 많다. 그러나 그들의 관계가 파국이나 비극적 결말로 끝나든지 아니면 그들이 그렇게 간절히 원했던 행복한 결합으로 이어지든지, 그게 뭐 그리 중요한가. 실제로 사람들이 관심을 가지는 것은 그러한 만남의 결과나 앞으로 어떻게 그 관계가 진행될 것인가에 대한 것이 아니다. 오히려 그들이 어떻게 사람의 눈을 속이면서 관계를 지속할 수 있었는지, 아무도 모르게 어떤 식으로 관계를 맺었는지, 왜 사람들이 일찍 눈치를 챌 수 없었는지, 혹시 다른 공범은 없었는지가 더 궁금한 것이고 거기에 관심을 기울이게 된다. 다시 말해서 그 둘만의 은밀함에 어떤 의미에서는 같이 '참여'하고 싶어하는 것이 아닐까.

결국 은밀함이라는 것은 그들과 관련되지 않은 사람들의 참여를 배제하면서 만남의 시간과 공간을 자기들만의 것으로 구체화시키는 한 방식이며 그를 통하여 둘의 관계가 보다 밀접해지는 것이다. 그리고 그 은밀함은 만남의 순간순간에 당사자들의 결합을 더욱 강화시킨다. 그 때문에 은밀한 만남이 일반적으로 끈끈한 육체적 관계로 지탱되고 있으며 은밀한 관계가 외부로 드러났을 때 그 관계의 밀도가 약화될 가능성이 큰 것도 우연한 일은 아니다. 육체적 관계로 형성되는 관능화된 상황은 은밀성과 순간적 욕망의 공유가 극대화되는 순간이기 때문이다. 서로 뒤얽힌 육체의 결합과 그 순간의 관능화, 그리고 그 상황을 남으로부터 침범을 받지 않고 은밀함 속에서 쾌락을 공유하고 즐기며 열정을 나누어 가지는 것, 그것을 통하여 관계의 의미는 보다 강렬해진다. 비밀을 서로 나누고 그것에 대해서 침묵을 지킴으로써 자기들만의 연결망을 구축하는 것이 은밀성이 가지고 있는 힘이 아닐까(Maffesoli, 1985a).

물론 이러한 모습이 단순히 개인들간의 사적인 관계에 국한되는 것은 아니다. 오히려 개인들의 은밀한 만남의 의미는 보다 확대된 사회적 관계에서 작용하고 있는 결합과 연결 그리고 응집의 메커니즘을 이해할 수 있도록 해주는 하나의 특정한 형식을 제공해 주고 있다. 사실, 친구들 사이에서 자신만이 아는 비밀을 서로 이야기하면서 다른 누구보다 자신들이 친한 사이라는 것을 확인하는 평범한 일상의 대수롭지 않은 상황들로부터, 학창시절에 한 번쯤 겪음직 했던 비밀스런 지하서클(대학의 운동권 서클이라든지, '죽은 시인의 사회'라는 영화에서 볼 수 있었던 학생들의 치기어린 비밀모임이라든지 그 유형은 다양하다), 기업활동중에 흔히 일어나는 은밀한 거래의 모습, 얼른 떠올릴 수 있는 마피아 같은 범죄조직, 조직 폭력배들의 움직임, 그리고 박해를 피해 목숨을 걸고 행했던

기독교 신자들의 비밀집회 같은 역사적인 사건에 이르기까지 우리
가 살고 있는 현실에서 은밀함, 비밀의 공유를 통해 이루어지는 만
남의 예들을 찾아보기란 그리 어렵지 않다. 물론 여기서 그러한 만
남이 대수롭지 않고 사소하든지 실제로 존재하지 않는 것이든지
하는 따위는 별 중요치 않다. 하지만 이런 은밀함이나 비밀의 공유
가 비록 상징적이거나 심리적인 것이라 하더라도 한 집단에 처음
들어갈 때 무엇인가를 같이 나누고 있다라는 상황이 꼭 필요한 것
이며 또 그것이 그 후 그 집단 안에서 지속적으로 활동을 할 때 역
동적 힘을 제공해 주는 것이 된다. 은밀함을 통해 '집단적 사생활'
을 이루는 것은 그래서 그 집단의 응집력과 결속을 강화시킴과 동
시에 그 외부의 존재에 대항하는 배타적인 힘을 가질 수 있도록 하
는 것이다. 그리고 이 은밀함, 비밀의 공유는 바로 '믿음'의 기초가
되는 것이다. 손가락을 찔러 나오는 피를 서로 문지르면서 친구들
간에 '의형제'의 결의를 한다든지, 혹은 마피아같은 범죄조직이 각
각의 파벌들을 '패밀리'로 부르는 것은 결국 이러한 은밀함이 사
랑, 믿음 등의 감정으로 연대감과 친밀감을 형성하고 궁극적으로
그 집단을 유지 보존하는 통합의 강력한 체제로 작용하고 있음을
보여주는 한 예라고 할 수 있겠다. 그리고 그것은 드러나 있는 사
회 옆에 드러나지 않는 또 다른 사회가 존재하면서 교묘하게 공존
하고 결합되어 현실적으로 눈에 보이는 사회 통합과 구조화의 과
정에 필요한 요건들의 원천을 제공해 주고 있는 것이다.

6. 에필로그

순간적이든 지속적이든 모든 형태의 육체적 접촉, 정감적인 관

계의 맺음, 감정의 나눔, 우연이든 혹은 필연이든 갖가지 상황과의 맞닥뜨림, 또는 오랫동안 찾아 다녔던지 어쩌다 이끌리게 되었던지 마음을 사로잡는 그리고 소유하고 싶은 그 무엇과의 조우, 이 모든 것들은 우리가 꼭 어떠한 것이라고 확실히 설명하고 단정지을 수 있는 일정한 구도로 축소시킬 수는 없지만 그러나 특수한 의미와 사연들을 지니고 있는 관계의 맺음, 즉 만남의 모습이 아닐까? 모든 그리고 각각의 관계들은 특정한 시간과 공간 속에서 우리에게 무엇인가 특별하고 다른 것과 바꿀 수 없는 어떤 것을 제공해 주고 있는 것은 아닌가? 그럼에도 이 서로 다른 관계들, 만남들을 통해서 우리가 살아가는 방식을 설명해 줄 수 있는 어떠한 공통의 메커니즘이나 형식들을 찾아볼 수 있지는 않을까? 그렇다면 만남이란 도대체 어떤 의미를 가지고 있는 것인가?

우리는 항상 누구 혹은 무엇과 만난다. 이 만남이 의도된 것이든지 그렇지 않은 것이든지 그것은 중요치 않다. 무엇 때문에 만나고, 누구와 만나고, 언제 만나는가? 중요한 것은 우리가 삶을 영위하고 있는 한 끊임없는 만남의 과정 속에 존재하고 있다는 것 아닐까? 바로 살아 있기 때문이다. 그리고 우리는 함께 살고 있기 때문이 아니겠는가. 다시 말해서 만남 그 자체는 사회적인 삶의 원인이자 결과이며, 따라서 우리는 누구 나가 어떠한 상황, 어떠한 조건 속에서도 이 만남이라는 끈의 말미를 붙잡고 살아가는 것은 아닌가?

그래서 우리는 언제나 만나기 위해서 이리저리 돌아다니고 또 여기저기를 다니면서 누군가를 그리고 무엇인가와 만난다. 백화점이나 시장 통을 어깨를 서로 부딪혀 가면서 수많은 사람들을 헤집고 다니면서 돌아다닐 수도 있다. 좀 수상쩍기도 한 묘한 느낌을 주는 밝은 빛 안쪽의 어둡고 축축한 홍등가 같은 곳을 기웃거리고 흘끔흘끔 훔쳐보면서 환각에 취한 듯 어슬렁거릴 수도 있다. 상쾌한 공기를 들이쉬면서 짐짓 여유 있게 뒷짐지고 산책을 하는 것도 가능하다. 헐떡이며 급히 뛰어 가기도 하며 어디론가 찾아가는 듯하면서도 길을 잃어 버린 것처럼 그 자리를 계속 맴돌기만 할 수도 있다. 그럼에도 그 속에서 우리는 원하든 원하지 않든, 기억을 하든 기억하지 못하든, 의도하든 의도하지 않든 누군가를 무엇인가를 만난다. 그리고 만날 것이고 만났을 것이다. 그가 누구이든 그것이 무엇이든 중요한가? 끊임없는 움직임일 따름인데 말이다.

그래도 그러한 만남에는 언제나 원인적 상황이 있기 마련이다. 만남을 부추기고 자극하는 생각, 그 만남을 가능케 하는 느낌이 있으며 그리고 만남 그 자체와는 구별되어 일어나는 즐거움 혹은 고통이 존재할 것이다. 또한 그 만남을 이끄는 생각이나 느낌의 외부에 관계가 엮어지며 그것은 직접적이며 순간적인 것이다. 그와 동시에 그 같은 관계 속에서도 같은 방식으로 그러나 또 다른 느낌이나 특성들과의 결합으로 이루어지는 만남, 즉 간접적이며 복합적인 만남이 형성될 것이다. 왜 간접적이라고 부르는가? 최초의 만남의 상황은 느낌을 불러일으키고 이 느낌은 타인, 대상에 연결되면서 여기서부터 또 다시 느낌의 성찰이 연결되기 때문이다. 직접적이고 의도적인 만남이 발생하고 그것과 함께 간접적이며 상황적인 만남이 야기된다. 의심할 여지없이 직접적인 만남 그리고 간접적인 만남, 이 두 차원의 만남은 서로 분리되고 배제할 수 없는 것이며 각각이 지니고 있는 법칙들은 서로 결합하고 화합을 이룬다. 이러한 모습을 우리는 낮의 만남과 밤의 만남이라고 부를 수 있을까? 낮은 성찰이며 밤은 유혹에 다름 아니다. 그리고 이 낮의 만남과 밤의 만남의 차이를 만남의 이원성이라고 부를 수 있을까?(Durnad, 1984) 자! 이것이 바로 만남과 관계의 인과성이 아닌가? 왜냐하면 서로 다른 법칙들은 너무나 선별적이고 선택적인 것이기 때문이다.

　만일 우리가 만남에 있어서 쾌락과 고통, 싫음과 좋음의 감정이 존재한다는 것을 인정한다면, 그리고 이러한 느낌이 우리와 혹은 타인(다른 사물)과 연결된 상황이나 대상으로부터 기인하는 것이라는 것을 받아들인다면, 이끌림과 혐오, 그리고 그것들로부터 파생되는 감정들이 있을 것이라는 것을 부인할 수 없으며, 그 과정은 또 다른 사랑과 미움의 감정을 불러일으키게 되는 것이라고 말할 수 있을까? 우리를 타인, 대상에 연결시키거나 분리시키는 이끌림과 혐오(혐오 역시 이끌림의 또 다른 표현이다)는 항상 계속해서 작용하며 그러나 그것은 만남의 직접적인 것과 간접적인 것, 낮의 그것과 밤의 그것이 형성하는 이원성의 연결 속에서 나오는 감정과 함께 묶어져서 작용하고 있는 것이 아닌가.

　이제 이러한 만남이 지속적이기 위해서는, 최소한 어느 순간까지 이 만남이라는 결과를 가져오는 이끌림, 쾌락이 그 원천을 우리와 연결되어 묶어 주는 대상으로부터 찾아낼 수 있어야 할 것이다. 그리고 그 원천은 우리에게로 전이되지 않고서는 서로 서로의 관계에 어떠한 영향도 끼칠 수 없다. 감정이입과 공감, 취향 그리고 자유분방한 상상, 환각과 집착, 그것들은 현재와 미래를 구성한다. 우리는 이러한 느낌에 결코 무관심힐 수 없다. 현재는 현실이고 미래는 가능성이 열어 놓고 있는 세계다. 그리고 이것들은 또 다른 감성들을 불러일으키고 결합시키면서 우리와 타인, 대상과의 간격을 점점 더 좁혀 주며 만남과 관계를 보다 연장시켜 준다고 말할 수 있지 않을까? 간접적 만남, 밤의 만남은 근접성과 선택에 의해 촉진되는 연결의 과정을 통해서 그 효력을 발생한다. 만남은 그래서 느낌의 연결이고 소유와 육체의 결합으로 이어진다. 밤의 만남은 낮의 만남과 또 다른 효과, 즉 보다 내밀하고 격렬함을 동반하며 따라서 영속적이거나 극적으로 파국을 맞는다. 그러나 그 파국은 극도로 자유스러운 감성과 쾌락의 표현이 야기한 결과일 뿐이다. 그래서 파국은 끝일 수 없으며 오히려 영속성을 보장한다. 또 다른 만남을 통해서.

만남의 공간은 그래서 공유된 공간이다. 우리와 타인, 만남의 대상에 의해서 공유되며, 종종 이 공간은 제삼자에 의해 중재되고 결합되기도 한다. 제삼자가 타인에 대하여 이야기하고 그 대상에 연결되는 통로를 제공한다. 이러한 의미에서 만남의 관계는 제삼자에 의해 보다 공고해지며 따라서 만남은 우리와 대상 그리고 제삼자와 더불어 완성된다. 따라서 만남의 공간은 이 세 부분이 가지는 느낌과 감성 그리고 열정의 융합이 지배하게 되는 차원으로 존재한다. 그리고 이렇게 융합된 공간은 시간 속에 각인된다. 생각을 통해 이미 이루어진 만남이라 할지라도 그 만남을 궁극적으로 실현시키는 것, 그것이 만남의 시간이 아닐까? 아주 순간적이며 섬광과도 같은 짧은 만남, 그래서 어떠한 감정이나 열정이 드러날 만한 여유조차 없는 순간에서도 만남이 실현되는 곳은 바로 현재의 시간, 그 순간이라고 하는 공간이 아니겠는가.

참고문헌

Durand, G. 1984, *Les Structures anthropologiques de l'imaginaire*, Bordas.
Durkheim, E. 1968, *Les formes élémentaire de la vie religieuse*, Puf.
Lefébvre, H.1968, *La vie quotidienne dans le monde moderne*, Gallimard.
______. 1981, *Critique de la vie quotidienne*, Ⅰ.Ⅱ.Ⅲ., L'Arche.
Maffesoli, M. 1985a, *L'ombre de Dionysos —Contribution à une Sociologie de L'orgie*, Méridian.

______. 1985b, *La connaissance ordinaire*, Paris.

Mole, A. & E. Rohmer. 1982, *Labyrinthes du vé-L'Espace: matière d'action*, Paris: Méridienns.

Simmel, G. 1988, *Philosophie de l'amour*, Rivages.

2

욕망·믿음·사고방식

한국인의 사고방식

민문홍

1. 들어가는 말

최근 10년 동안에 한국사람들의 사고방식의 독특함을 보여주려는 다양한 시도들이 있어 왔다. 전문적 저서에서 만화에 이르기까지 이 분야의 작업들은 거론하기 힘들 정도로 많다. 필자는 이 논문에서 이 연구들을 종합하는 하나의 거대한 작업을 할 생각은 없다. 그리고 어떤 특정한 이론적 시각을 가지고 이 작업을 할 생각도 없다. 다만 서구인들이나 다른 동양인들과 구분되는 한국인의 독특한 사고방식이 있을 것이라는 가정을 가지고 이러한 사고방식이 어떤 점에서 한국의 전통적 사고방식을 계승하고 또 다른 점에서는 현대 사회에 어울리게 역동적으로 바뀌어가는가를 일상생활 속에서 쉽게 만날 수 있는 일화들을 중심으로 살펴보려고 한다. 이 것을 사회학의 장르로 표현하면 일상생활의 사회학이 될 것이다. 따라서 이 글은 어떤 형식적 논리 체계를 전제하고 쓰는 것도 아니요, 서구의 사회학자들처럼 포스트모던적인 독특한 철학체계를 밑에 깔고 있는 것도 아니다.

필자가 이러한 주제에 관심을 갖기 시작한 것은 1981년 프랑스 유학시절부터이다. 그 때 필자가 새롭게 배운 것은 우리가 일상적으로 한국인의 특성으로 알았던 것이 외국 생활을 오래 해보니 어떤 점에서는 인간 심성의 보편적 특징이었다는 점을 알게 된 것이다. 이러한 관심에서 필자는 1960년대부터 본격적으로 논의된 한국인의 사고방식에 대한 논의들의 특징을 이어령(1986, 1992), 이규태(1983, 1995), 김태길(1982), 최재석(1976), 윤태림(1979), 김재은(1983) 등의 논의를 통해서 간단히 살펴보았다. 그리고 이들의 논의가 현대 한국인의 사고방식을 표현하는 데 더 큰 적실성을 가지기 위해서는 일상생활의 사례와 관련하여 보완적인 설명이 필요하다는 것을 알았다.

어떤 민족의 사고방식을 연구하는 것은 사회학의 연구영역에서 거의 없어진 그 나라의 민족성을 찾는 것만큼이나 어렵다. 이 글에서 필자는 이 개념을 지나치게 이론적·학문적으로 다루는 것을 삼가려 한다. 대신에 일상생활 속에서 한국인들이 문제를 풀어나가고 관계를 맺어나가는 데 다른 나라의 사람들과는 구분되는 어떤 고유한 사고방식을 가지고 있는가를 몇 가지 특징적인 사례를 중심으로 서술하고 설명하려고 한다.

필자는 이 작업을 위해서 두 가지 방법론을 선택했다. 우선 기존의 한국학 연구들이 한국인의 사고방식의 특징을 어디에다 초점을 맞추어 기술하고 있는가를 살펴보았다. 그리고 필자가 보기에 한국인의 사고방식을 전형적으로 보여주는 일화를 분석함으로써 우리 한국인의 사고방식의 문화적 특징을 설명해 보려고 했다.*

이 중 전통적 특징으로 생각되었지만 80년대 이후에도 한국인의 사고를 여전히 지배하는 연속적 특징은 순응적이다, 여유가 없다, 혼탁하고 은밀하다, 체계적이지 못한 사고, 공동체의식 등의 다섯 가지이다. 따라서 아래의 논의에서는 시대에 따라 변하고 있는 한국인의 사고방식보다는 90년대에도 여전히 우리민족의 사고방식을 표현한다고 생각되는 위의 다섯 가지 특징들을 구체적 사례와 함께 차례로 검토하기로 한다.

2. 한국인의 전통적 사고방식

1) 집단 순응주의

우리민족의 사고방식은 서구인들의 그것에 비해서 상당히 순응적이다. 그리고 집단지향적이다. 이 점은 우리사회를 연구하는 데 고전으로 삼고 있는 막스 베버의 저서 『유교와 도교』(1990)에서도 지적하고 있다. 15대 총선 당시 각 정당에서 국회의원 공천을 한 것을 보면 이 점을 쉽게 알 수 있다. 우리사회의 공천은 각 정당의 주요 책임자들에 의힌 합리적 토론과 민주적 절차에 의한다기보다는 각 정당의 보스들에 의해서 이미 내정되거나 내부 심사가 끝난 후에 형식적으로 공천 심사 위원회가 구성되는 것이 보통이다. 그리고 이 점은 우리사회에 많은 문젯거리가 되고 있는 교수나 전문직 채용 과정에서도 마찬가지이다. 가끔 이러한 선발 과정

---

* 기존의 한국학 관련 문헌들을 통해서 한국인의 사고방식을 기술하는 개념들을 찾아 보니 대체로 25개 특징들이 부각되었다. 그것은 ① 슬픔 또는 한, ② 당파성, ③ 비상식성, ④ 적응주의, ⑤ 비자율적, ⑥ 불신, ⑦ 감정적, ⑧ 직관적, ⑨ 공동체 지향적, ⑩ 은밀하며 혼탁함, ⑪ 감투 지향성, ⑫ 현상유지적, ⑬ 조급성, ⑭ 비성실성, ⑮ 비실증성, ⑯ 비전문적, ⑰ 비사유적, ⑱ 무속적, ⑲ 순응적, ⑳ 여유 없음, ㉑ 부정적이며 불만적, ㉒ 가족지향적, ㉓ 집단지향적, ㉔ 친소의식, ㉕ 상하서열을 강조하는 것 등이다.

에 반발을 하는 사람들이 있지만 대부분의 사람들은 이러한 밀실 결정과 그 집단을 대표하는 사람에 의한 낙점에 문제제기를 하지 않는다. 비록 그 절차와 기준에 심각한 문제가 있더라도 한국인들은 대부분 그 절차에 승복한다. 최근에 나오는 신문들을 보면 아주 소수의 사람들만이 공천에 반발하면서 탈당하거나 구체적인 반발 행동을 보일 뿐, 대부분의 사람들은 이러한 결정에 말없이 승복한다. 심지어 어떤 경우는 자신을 배제하는 결정을 미리 알고 자신이 그 자리에서 먼저 사퇴를 하는 덕있는(?) 행동을 하기도 한다. 이러한 행동은 우리사회에서 어떤 집단에 소속된 사람이 그 집단을 떠나는 진정한 이유를 밝히지 않고 그럴듯한 명분을 내세우면서 떠나는 것과 그 행동을 지배하는 원리가 같다.

직장에서 동료들이나 상사로부터 부당한 경우를 당할 때, 한국인들은 이 문제를 공개적으로 논의하지도 않고 또 자신의 문제를 해결하는 데 동료의 도움도 받지 못한다. 이것은 어떤 점에서 우리 한국인의 순응적 사고방식을 대표적으로 보여준다. 그리고 이러한 행동양식의 뒤에는 서구인들의 합리적·개인주의적 사고방식과는 다른 어떤 논리가 지배한다.

필자는 이러한 행동양식의 동기를 우선 종교적인 요인으로 설명할 수 있다고 생각한다. 우리사회는 비록 서구화되고 현대적 교육 제도가 도입되었으며 국민의 25%가 기독교인이 되었다고 해도 여전히 유교적 사고의 영향을 크게 받고 있다. 일상적 삶에서 '군자를 닮는 것'이 삶의 목표라고 할 수 있는 우리의 유교 문화에서 그러한 작은 일에 대한 심각한 문제제기는 자신이 앞으로 다른 사람들을 지도할 자질과 덕이 없음을 남에게 적나라하게 보여줄 수 있다.

둘째, 우리사회의 이러한 고유한 행동양식의 기원은 역사적인 데서 그 원인을 찾아볼 수 있다. 우리의 근·현대사를 볼 때, 사회현실에 대한 부정의를 고발하거나 개혁운동에 참여하는 사람들의 행위는 그 동기가 무엇이든지 간에 나중에 실권을 잡은 집단으로부터 크게 징계를 받아왔다. 이러한 맥락에서 사람들은 현실 속에 심각한 문제가 있을 때, 그것을 공론화해서 해결하기보다는, 가능한 한 참으면서 상황이 자신에게 유리해지기를 기다리거나 개인적인 은밀한 해결방식을 선호한다. 최근에 교육부가 주관하는 교육개혁운동이 일선 현장에서 거의 호응을 얻지 못하는 것은 교육 개혁을 주관하는 사람들의 동기가 순수하지 못해서라기보다는, 과거의 정권에서 그러했듯이, 나중에 정권이 바뀌고 각 조직의 실권자가 바뀔 때, 거기에 적극적으로 참여했던 사람들이 기존 집단의 구조를 흔들어 놓았다는 이유만으로 집단적 배척의 대상이 되어서 어떤 형태로든지 집단적인 불이익을 받을 것을 두려워해서이다.

셋째, 서구식 교육과 현대화에도 불구하고 우리사회가 유교적 전통문화의 가부장적인 사고의 영향을 아직도 심각한 수준으로 받아들이고 있다는 점이다. 우리는 사법고시나 행정고시 같은 중요한 공무원의 공채를 제외하고, 어느 정도 사회적 위세를 갖는 전문직의 자리를 구할 때 윗어른들이나 사회 지도층 인사의 추천에 의한 경우가 많다. 우리사회에서 이러한 추천은 필수적이다. 왜냐하면 이것은 일자리에 들어가는 사람을 믿고 쓸 수 있는 신용장의 역할을 할 뿐만 아니라, 그 사람을 고용하는 직장의 입장에서는 그 사람을 매개로 다시 새로운 연줄망을 활용할 수 있기 때문이다. 이때 이러한 추천은 엄격한 의미에서 서구적 의미의 추천이 아니다. 그것은 차라리 새롭게 전문직에 들어가는 사람의 권력과 힘의 배경을 상징적으로 과시하는 데에 있다.

넷째, 한국처럼 가부장적인 사고와 유교적 집단지향적 사고를 가진 나라에서 순응주의적 사고는 개인적인 보상이 크다(임태섭,

1995).* 우리는 어렸을 때부터 비공식적인 교육을 통하여 우리사회에 적합한 인물은 성격이 원만한 사람이라는 말을 많이 듣고 자랐다. 우리사회는 어느 곳에서나 뛰어나거나 튀는 사람을 경계한다. 대학원 재학 시절의 어느 교수님 말씀에 의하면, 젊은이들 중 군대를 갔다 온 사람은 다녀오지 않은 사람들보다 사회에 대한 적응능력이 훨씬 강하고 사회에서 더 빨리 출세한다는 비공식 연구 보고가 있었다고 한다. 그 이유는 군대를 다녀 온 학생이 그렇지 않은 학생들보다 나이 차이라는 변수 외에도 주어진 상황과 집단에의 적응능력이 훨씬 앞서기 때문이라는 것이다. 우리사회는 아무런 부담 없이 포용하고 교제할 수 있는 사람을, 자신의 전문 분야에서 능력있고 성실한 사람보다 항상 선호해 왔다. 전자는 선출되고 후자는 탈락된다. 이러한 상황을 고려하여서 우리나라 사람들이 일상생활의 수양서로 읽는 『채근담』은 다음과 같은 교훈을 말하고 있다. "군자(君子)는 재주를 감추어라." "총명(憁明)한 사람은 과묵(寡默)하다."(『채근담』, 1983)

2) 철저하지 못한 직업의식

한국인의 사고방식의 두 번째 특징은 일을 대충할 뿐만 아니라, 그 일을 하는 데 정신적 여유가 전혀 없다는 것이다. 이러한 행동양식이 우리 조상 때부터 있어온 특징인지 아니면 일제 식민지와 해방 이후 계속되는 비정상적인 사회·정치적인 상황에서 살면서 자신들도 모르게 배운 후천적 행동양식인지는 분명하지 않다. 그러나 적어도 박정희 대통령 시절을 기준으로 해서 본다면, 우리나라에서는

---

* 유교가 순응주의적 성격만을 가진다고 주장하기는 어렵다. 유교 역시 자연을 지배하는 원리에 입각해서 기존사회의 관계와 현실의 불합리성에 도전할 수 있다는 주장은 여러 학자들에게서 찾아볼 수 있다. 황준연, 『율곡 철학의 이해』, 서광사, 1993, 118쪽.

어떤 일을 성심 성의껏 자신의 직업의식을 가지고 책임있게 하는 것보다는 그 일을 요령있게 빨리 해치우는 사람에게 항상 더 큰 보상이 주어져 왔다. 필자가 보기에 이 점은 박정희 대통령의 오랜 통치기간에 자연스럽게 익힌 군사문화의 영향과 밀접한 관련이 있다. 군대에서 벌을 받을 때 선착순 집결을 도구로 집단구성원들을 벌 주듯이, 사회 내 대부분의 일들은 이러한 군대식 기준으로 이루어지고 평가되는 경우가 많다. 그러니까 일은 항상 서둘러서 빨리 하는 것이 중요하고, 일의 과정보다는 결과가 중요하며, 이것이 극에 이르면, '결과 지상주의'가 모든 수단과 비인간적인 행동양식을 정당화한다.

필자는 1970년대 후반에 어느 유엔기관에서 일을 하던 시절에, 우리나라 새마을사업을 지역사회개발사업의 모범 사례로 개발 도상국의 16개국 대표에게 보여주었던 일이 있었다. 그러나 막상 내무부에서 모범 부락으로 정해준 곳을 사전 답사를 하러 가보니까 현지에는 활동중인 새마을운동단체나 지역주민들의 협동단체는 하나도 없었다. 단지 정부의 지원으로 이루어진 새로운 도로와 개량된 서양식 주택과 현란한 양철 지붕만이 사람 없이 새마을운동을 사랑하고 있있다. 자신있게 전국 네 곳의 모범 새마을을 선정해 준 내무부 새마을과는 아무런 책임도 지지 않았다. 결국 우리는 서울의 모대학 법대 교수님께 부탁해서 그 지역 청년연합회 청년들을 동원해서 마치 연극을 하듯이 필요한 새마을운동단체를 만들고 새로운 프로그램을 즉흥적으로 만들어서 가까스로 국제 세미나를 마쳤던 기억이 난다.

이러한 사고방식은 20년이 흘렀어도 별로 달라진 구석이 없다. 우리 주변의 대학교수들과 연구소의 연구원들이 연구를 하는 것을 보아도 그대로 드러난다. 원래 연구를 위해서는 사전에 그것에 대한 상당한 기초 연구와 자료수집이 되어 있어야 하며, 충분한 연구 기간을 보장받아야 한다. 그러나 우리는 주로 원로교수나 중견교수를 중심으로 연구비를 받는데, 이 경우 이들이 연구를 위한 많은 시간과 사전의 연구업적이 있어서라기보다는 이들에 대한 예우 내지는 배려 차원에서 연구계획서가 받아들여진다. 그리고 연구의 선진국인 미국이나 유럽에서처럼, 책임자급인 중견 연구가가 연구원들을 통솔하고 연구결과를 종합하는 것이기보다는 연구팀의 제일 막내격인 박사과정 학생 및 박사, 강사, 연구원이 혼자서 이 연구를 끝내는 경우가 많다. 건축 현장에서나 존재하는 일종의 하청 현상이 연구 현장에서 무책임하게 이루어지고 있는 것이다. 결과적으로 이러한 상황에서 이루어진 '형식적인' 협동 연구는 서구 선진국의 연구기관에서 한 연구들과 비교해 볼 때, 그 내용이 상당히 부실하고 대부분의 경우 남의 연구물들을 아무 죄의식 없이 모자이크한 경우가 많다. 심한 경우에는 교수가 대학원생의 연구논문을 자신의 이름만 붙여서 학술지에 기고하는 일도 일어난다. 그런데 이러한 연구 풍토에 대해서 어느 누구도 문제제기를 하지 않는다. 조용히 그것을 수용하는 것이 불문율이다. 이것은 애당초 그 연구 프로젝트를 준 기관이나 그것을 수행하는 연구자들의 집단이 서로 암묵적인 합의하에 이러한 연구 관행을 만들었음을 의미한다. 여기에 문제를 제기하는 연구원은 그 집단으로부터의 추방을 감수해야 한다. 그리고 그렇게 쫓겨난 사람을 다른 어느 집단에서도 동정하지 않는다. 단지 이들은 앞으로 주의를 요하는 문제아들로서 감시와 견제와 배제의 대상일 뿐이다.

이러한 사고방식이 지배하는 연구 풍토에서 사람들은 수단 방법을 가리지 않고 결과물을 내어놓은 결과 지상주의적 사고방식의 노예가 된다. 이 와중에서 요즈음 세계화를 외치는 가운데에 1년에

20여 편의 논문을 썼다는 놀라운 보도가 나오게 되고, 몇 년 동안에 아무런 연구결과도 없는 학자들이 많다는 한탄조의 지적도 나오게 된다. 필자는 파리 유학 시절 남의 박사논문을 베껴서 박사학위논문을 썼다가 뒤늦게 그 사실이 폭로되어서 학위를 반납한 한국 유학생들을 여러 명 보았다. 다른 나라에서 온 유학생들에게 이러한 경우를 발견하는 것은 아주 희귀한 경우이다. 심지어는 한국 유학생들의 박사학위논문은 표절에 관한 특별한 심사를 요한다는 소문까지 돌아다닐 정도였다. 이것은 한국에 돌아와서도 마찬가지이다. 어떤 주제로 어느 수준의 논문을 어떠한 평판을 가진 대학에서 어떻게 썼는가는 별로 중요한 사실이 아니다. 달리기 경주를 하는 것처럼 주어진 기간 동안에 얼마나 빨리 학위를 땄는가가 중요하고, 예외적인 경우를 제외하고는 학위를 받은 순서대로 자리를 잡는다. 학위논문을 오래 걸려서 끝낸 사람은 그 자체가 감점 대상이다.

이와 같이 우리는 어떠한 일을 하더라도 빨리 빨리 그 결과만을 내어놓는 부실한 직업정신의 문화를 낳았다. 올해 초 교육부의 연구보고서를 준비하면서 자신의 직업의식에 대한 충실성과 1년 안에 성급한 연구결과를 내놓으리는 경직된 요구 사이에서 고민하는 선배 교수를 보고는 이 문제가 심각하다고 다시 한 번 느끼는 계기가 되었다. 최근에 일어난 성수대교와 삼풍백화점 붕괴 사고는 우리사회의 부패된 관행과 무엇이든 서둘러서 대충하는 직업정신이 이제 한계점을 넘어서서 위험수위에 도달했음을 알리는 경고장이라고 말할 수 있다.

3) 은밀하고 복잡한 의사소통방식

우리나라 사람들의 대화 방식은 현대식 교육과 놀라운 경제 성장에도 불구하고 항상 은밀하고 간접적이며 복잡하다. 프랑스의 어떤 학자는 명료하지 않은 언어는 프랑스어가 아니라고 했는데, 역으로 한 가지 의미만을 명료하게 전달하는 한국어는 성숙한 한국어가 아니다. 프랑스 사회학자 마르셀 그라네는 중국어가 분명한 사고를 전달하는 데에는 적합하지 않은 언어라는 표현을 했는데(Granet, 1968), 이 점은 유교 문화의 전통을 공유하고 있는 한국어에도 부분적으로 적실성을 갖는다.

한국인의 사고 표현방식은 매사에 단순하지 않고 복합적으로 때로는 복선을 깔고 우회적으로 표현되는 경우가 많다. 고려 말 이조 초기 이씨조선을 섬기기를 거부한 정몽주와 새왕조에 충성하기를 요구하는 이방원이 '단심가'와 '하여가'를 통해 서로의 의중을 떠본 것은 한국인의 일상적 의사소통방식을 잘 표현해주는 보기이다. 한국인은 일상생활 속에서 자신의 의중을 분명하게 드러내지 않고 겉으로 보기에 그럴듯한 명분을 따라 이야기를 하면서 정작 중요한 문제제기는 그 명분 속에 숨겨서 하는 경우가 많다. 한국인은 왠지 모르게 분명한 의사 표현에는 거부감을 느끼고 어떠한 문제제기를 두리뭉실하게 복합적으로 표현했을 때라야 뒷 탈이 없이 편하다는 생각을 한다. 필자는 지금도 고등학교 2학년 때 담임 선생님이 우리들에게 부탁한 말씀을 생생하게 기억한다. 소위 일류 고등학교 출신들이 잘못하면 사회에서 크게 부적응아가 될 수 있다는 말을 경고해 준 말씀이었다. 그것은 바로 "모난 돌이 정 받는다"는 우리말 속담이다. 회의석상이나 논의를 할 때에도 한국인은 자신의 생각과 구체적 목표를 분명히 딱 부러지게 표현하지 않는다. 상대방의 의중을 살피고 자신과의 타협점을 찾으며 그러한 대화를 겸한 제스추어를 통해 여러 가지 부수효과를 기대한다. 그리고 나중에 거기에서 큰 탈이 생길 것 같으면, 자신을 다른 식으로 변호할 수 있는 여지를 자신의 입장 속에 넌지시 만들어 놓는다. 이 말을 우리 조상들은 언중유골(言中有骨)이라고 표현했다.

최근에 김영삼 대통령의 집권과 함께 교육 개혁에 대한 여러 정책이 실행되고 있다. 그 와중에 등장하는 심각한 문제 중의 하나가 초·중·고등학교 학부모들의 개인 및 집단 촌지 문제이다. 그런데 촌지(寸志)는 말 그대로는 학교에서 애쓰시는 선생님들에게 조그마한 성의 표시를 하는 것이다. 그러나 이것을 액면 그대로 받아들이는 사람은 아무도 없다. 이것은 촌지를 내놓은 학부모의 자녀를 특별히 배려해 달라는 주문과 함께 지금보다는 보다 성의있게 아이들을 지도해 달라는 선생님들에 대한 무언의 압력이기도 하다.

필자는 이러한 은밀한 의사소통의 이유를 몇 가지 가설을 가지고 설명할 수 있다고 본다. 첫째는 종교적 요인이다. 우리사회는 유교 문화의 영향을 받아서 대화를 하는 경우 내용을 명료하게 전달하려고 하는 것보다는, 자신의 의사를 은유적으로 또는 상징적으로 하는 경우가 많다. 한국은 상당히 현대화가 되었음에도 불구하고, 아직까지 문화적으로는 공동체나 가족으로부터 자기(自己)가 분화되지 않은 사회이다. 이러한 사회에서 특정한 주제에 대한 자신의 정확한 입장을 표명하는 것은, 이해 당사자들로부터나 그가 속한 공동체로부터 인품과 덕이 없다는 느낌을 주게 마련이다. 이러한 이유 때문에, 한국인들은 대화를 할 때 그 말 속에 암시적 의도가 들어간 상징적 어귀를 반드시 삽입한다. 그래서 특정한 문제가 발생하면 그 문제는 간단히 이해관계를 조정하는 것만으로 해결되지 않는다. 아니 칼로 벤 것 같은 깨끗한 문제 해결이란 애당

초부터 없다(임태섭, 1995).

둘째는 역사적 요인이다. 우리말의 상징적 복잡성은 이러한 문화적 요인 외에도 최근의 한국사회가 가졌던 험난한 과정에도 그 부분적 이유가 있다. 냉전 이데올로기가 지배하고 권위주의 정권이 인권을 억압한 시절에, 권력자의 도움이 있으면, 안되는 것이 없는 사회·정치적 현실 속에서 우리나라 사람들의 의사소통 양식은 점점 더 은유적이고 간접적인 방식으로 변해갔다. 최근 몇 년 동안에 우리사회에서 은어들이 유행한 것은 이러한 상황에 대한 일종의 안전밸브의 기능으로 등장했는지도 모른다. 이 시대를 살아가는 한국의 젊은이들은 일상생활의 말 속에 들어 있는 또 다른 상징적 언어를 읽어내지 못하면 자신이 하는 일을 성공적으로 끝내는 것이나 자기가 다니는 직장에서 중요한 자리를 얻는 것을 포기해야 한다. 이러한 간접적이고 비유적인 의사소통은 우리사회의 군사 쿠데타를 통한 권위주의 정권의 집권과 그 부패화 과정에서 더 강화되었다. 그런데 더 심각한 문제는 이러한 양상이 우리사회가 민주화된 지금까지도 여전히 사회의 지배적인 의사소통 양식으로 남아 있다는 점에 있다. 이것은 우리가 아주 험난한 근대화의 기간을 거쳤기 때문에 그 와중에서 자신을 보호하면서 동시에 자신의 몫을 챙기는 사회행위자들의 관행이 일반화되면서 만들어진 독특한 사고방식과 언어 습관이 아닌가 하는 생각이 든다.

4) 체계적이지 못한 사고

한국인의 사고의 특징을 논의할 때 자주 등장하는 요인은 우리나라 사람들이 어떤 주제에 대해서도 분석적이고 체계적인 사유를 하지 않는다는 점이다. 물론 1980년대로 접어들면서 우리 나름대로의 현대적 제도를 확립하면서 조금씩 나아져가는 모습이 보이기는 한다. 그렇지만 한국인이 일상생활의 문제를 인식하고 풀어나가는 방식이 감정적이며 체계적이지 못하다는 점은 여전히 주목할 필요가 있는 우리들의 사고의 특징이다.

이러한 한국인의 사고방식의 특징을 우리는 비전문적이라는 말로도 표현할 수 있다. 물론 이 점도 80년대에 들어와서는 크게 나아졌다. 우리사회가 근대화 되면서 서구식 고등교육제도가 도입되고 우리의 직업교육이 이들 고등교육제도에 기반을 두고 이루어졌다는 사실이 한국인 사고의 비전문성을 줄이는 데에 많이 기여한 것 같다. 그러나 서구와 비교할 때, 우리사회의 놀라운 현대화에도 불구하고 우리는 일상적 사고에서 아직도 비전문적인 사고를 많이 하고 있다. 이러한 현상이 사회 곳곳에 나타나는 이유는 우리의 교육이 명분상 전인(全人)교육과 인격수양을 지향하고 있기 때문에 이것을 구실로 전문성과 합리성을 은연중 약화시키기 때문이다.

이 점은 사회·교육기관의 주요 전문가들이 국회의원이라는 정치가로 변신하는 과정을 지켜보면 분명하게 드러난다. 최근까지 사회에서 대부분의 전문직에 종사하는 사람들의 궁극적 목표는 전문직 지리의 인인자로서 영예를 얻고 채임을 지는 것이라기보다는 정치권력과 명예를 함께 가져다 주는 국회의원직이었다. 따라서 어렵게 전문직에 진출하고 그 자리에서 훌륭한 활동을 해왔던 사람들도 자신들에 대한 자리 제의가 있을 때, 특별한 명분 없이 자연스럽게 정치권으로 이동하고 또 그 자리를 천직으로 아는 행동을 하게 되는 것이다. 그러나 국회의원직도 전문직업 정치인으로 탁월한 전문성과 훈련이 필요하다. 이렇게 그 분야의 비전문인을 특정한 전문직 자리에 채용하는 일은 국회의원이라는 특정한 자리에만 한정되는 것은 아니다. 우리는 직장에서 사람을 채용할 때,

특정한 분야의 전문가보다는 전문적 능력이 조금 떨어지더라도 여러 분야에 두루 쓰일 수 있는 자질을 가진 사람(all round player)을 선호한다. 이 점은 학문과 기술을 여전히 인격의 완성을 위한 부수적인 수단으로 보고, 자신들이 쓸 사람이 이러한 기준에 맞았을 때에 그들이 가지고 있는 전문적 지식은 이차적 문제라는 한국인의 유교적 정서가 자연스럽게 배어 있는 것이다. 이러한 사고방식은 전문직업 교육보다 인격수양이라는 목표를 내세움으로써 원래 의도와는 달리 전문직업 교육에도 충실하지 못하고 그 교육을 받는 구성원들에게 전문적이고 체계적인 사고를 생활화하고 거기에 따른 책임의식을 갖게 하는 데에도 부정적인 영향을 미친 것이다.

5) 집단의식과 유사공동체의식

한국인의 사고의 특징 중 검토하지 않을 수 없는 가장 중요한 주제는 한국인의 집단 의식 또는 유사 공동체의식의 문제이다. 이것은 세부 주제로 가족주의(박영신, 1995), 공동체의식, 위계질서 의식의 셋으로 나누어 볼 수 있다. 우리는 일상생활 속에서 흔히 한국인이 가족주의 의식이 크다고 한다. 그러나 이 경우의 가족은 서구인들이 상식적으로 생각하는 핵가족(nuclear family)이 아니라 넓은 의미의 가족(지연, 학연, 혈연 등을 포함)이나 대가족(extended family)을 의미한다. 한국인은 가족에 충실하고 가족과 많은 여가시간을 보내며 직장 일을 할 때에도 가족생활과 직장생활을 엄격히 분리시켜 가족생활의 영역을 사적 영역으로 엄격히 존중한다는 의미에서는 전혀 가족적이지 못하다. 그러나 태어난 지역, 학교의 동문, 그리고 넓은 의미의 인척을 가족 공동체의 구성원으로 생각하는 경향이 있으며, 그들에게는 다른 사회구성원들을 대하는 것과는 다른 친밀감과 기준을 가지고 대한다는 점에서 보면 한국인은 진정으로 가족주의적 사고를 가진 사람들이다. 이러한 의미에서 한국인의 가족주의는 정말로 지극히 한국적인 가족주의를 말한다.

한국인의 집단의식을 가족주의라고 부를 때, 우리가 주목해야 할 두 번째 사실은 한국인의 유사 공동체의식이다. 한국인은 서구적 의미의 엄격한 공동체의식은 없는 사람들이다. 사실 사회학적인 관점에서 볼 때, 엄격한 의미의 공동체의식이란 사적인 이해관계보다 공적인 이익을 더 앞세우고 나와 이해관계가 없는 사람일지라도 공동체적인 질서를 위해서 서로 돕고 사랑하는 관계를 말한다. 그러나 한국인에게 있어서 '두레 공동체'와 같은 전형적인 농촌 공동체의식은 흐려지고, 혈연이나 연고를 중심으로 하는 유사 가족적 공동체의식만이 남아 있다. 이들은 자신의 유사 가족 범주안에 들어가는 사람들에게는 친절하고 협동적이고 희생적이지만 그렇지 않은 관계에 있는 사람들에게는 부정적이고 폐쇄적인 모습을 보이는 대인관계의 관습이 있다.

한국인의 집단의식의 세 번째 특징은 공동체 내에서의 위계질서의 문제이다. 한국인은 피상적으로 보면, 집단 내에서 위계질서를 크게 중시하는 권위주의적인 사고방식을 가지고 있다. 한국인들은 어느 모임에서나 나이, 가문, 학교 졸업년도, 군대 제대년도 등 여러 가지 기준으로 사람들 사이의 관계를 서열화한다. 그러나 막상 집단의 목표 달성을 위해서 그 집단의 최고 책임자와 집단 구성원들을 훈련시키는 사람이 필요해서 이러한 지도적 위치에 있는 사람들에게 필요한 권위를 부여했을 때, 한국인들은 이러한 위계질서를 실상 존중하지 않는다. 미국이나 프랑스 사회의 연구소나 기업의 경우를 보면, 집단의 최고책임자는 그 위계질서 내에서 강력한 권한을 부여받고 있다. 물론 그의 권한 행사는 그 집단의 특정한 공식적 규칙에 종속되어 있기 때문에 그의 권력 행사는 공식적 규칙이 정한 범위에 한정되어 있다. 그러나 우리 사회집단의 최고 책임자는 조직이 공식적으로 부여하고 있지 않은 영역에까지 중요한 권한을 비공식적으로 행사하고 있으나 막상 직업 활동의 현장에서는 부하들에게 강력한 권한을 행사하지 못한다. 그는 집단 구성원들과의 인간관계나 자신의 평판에 연연하기 때문에 막상 업무의 집행에 있어서는 효율적으로 권위를 행사하지 못한다. 이것을 적당한 표현이 없기 때문에 필자는 잠정적으로 유사공동체적 위계 질서라고 부르기로 한다. 그러나 우리사회의 집단의 책임자는 회사 밖의 사적인 영역에서 오히려 비공식적인 큰 권력을 가질 수가 있다. 이 경우 조직의 책임자가 갖는 권력은 자신이 공식조직에서 가지고 있는 권한의 비공식적 행사에 의해서 다른 구성원들의 잠재적인 이해관계에 영향을 미칠 수 있다는 사실에 기반을 두고 있다. 이렇게 보면 서구인들의 집단에서 책임자가 갖는 권력은 업무의 수행을 위해서는 아주 효율적이고 엄격하다. 그러나 한국적 기준으로 보면 이것은 비인간적이고 불평등한 것이며, 그러한 권위의 집행자는 덕을 갖추지 못한 사람들이다.

3. 한국인의 현대적 사고방식

1) 창조성을 기피하는 사고

한국인의 사고방식은 창의적인 모습을 찾아 보기 힘든 교육체계와 집단의식을 가지고 있다. 한국 사회에서 학습 능력은 주어진 기간에 사람들이 가지고 있는 지식의 양과 암기력으로 평가된다. 학교는 무엇인가 새로운 것을 배우고 사고할 수 있는 방법을 가르쳐 주는 장소가 아니다. 대부분의 한국 아동들은 학교에 들어오기 전에 한글과 일학년 교과과정을 거의 마치고 학교에 입학한다. 최근에는 대학입시의 과열화 때문에 이것이 고등학교 과정에까지 연장되었다. 따라서 이러한 준비를 하지 않고 학교에 들어오는 학생들은 사실상 학교수업을 따라가기 힘들다. 이것은 필자가 살던 프랑스에서 학교 선생님들이 부모님들에게 아이들이 초등학교에 입학하기 전에 불어 읽기와 쓰기를 가르쳐서는 안된다고 주의를 주던 것과는 아주 대조적이다.

세계화의 추세 속에서 초등학교에서 가르치는 영어교육도 그 예외는 아니다. 원래 이 교육 프로그램의 본 뜻은 어린이들에게 다른 나라의 문화를 이해시키고 자연스럽게 외국어를 배울 수 있는 기회를 주기 위해서 만든 것이다. 그러나 필자가 보기에 이 과정을 성공적으로 이수하는 학생들은 대부분 영미권의 국가들에서 국민학교 생활을 해 본 학생들이거나 영어학원을 오래 다닌 학생들이고, 이들 가운데 영어 말하기 대회에서 좋은 성적을 받은 학생들도 이미 그러한 훈련을 마친 아이들이다. 서양의 여러 나라 학교에서의 외국어 교육처럼 자신의 나라에서 만들어진 고유한 언어교육 체계를 통하여 새외국어를 배워서 상당한 수준으로 말하는 것은 우리나라의 교육체계에서는 현실적으로 불가능하다.

이것은 논문을 쓰는 일에도 그대로 드러난다. 우리는 특정한 분야의 논문을 쓸 때, 창의적인 것보다는 그 분야의 체계적 지식을 나열하는 논문을 더 높이 평가한다. 그리고 논문 지도 과정에서 교수님들이 강조하는 것은 주어진 분야의 정보를 효과적으로 수집해서 종합하는 것이지 기존의 자료를 창의적인 관점에서 새로 해석하는 것이 아니다. 이러한 사고방식에 익숙한 한국 학생들이 외국에 유학을 가서 가장 당황해 하는 것은 박사과정이나 석사과정의 논문을 쓸 때이다. 물론 일상생활에서 간단한 보고서를 쓰는 것은 우리의 교육제도가 미국의 것을 그대로 모방한 경우가 많기 때문에 별로 어려움을 느끼지 않을 수도 있다. 그러나 독일이나 프랑스와 같은 유럽의 대학에 유학을 갔다가 온 사람들은 대학의 교과과목 이수 기간에 논문을 쓰면서 상당한 좌절감과 무기력감을 느낀다. 우리의 교육제도는 특정한 주제를 잡아서 그 주제에 대한 체계적이고 깊이 성찰하는 시간을 개인적으로 가져보는 작업에 대해서 그렇게 중요한 비중을 두지 않는다. 이것은 초등학교, 중·고등학교 그리고 대학교육에서도 마찬가지이다. 필자가 프랑스에서 학위 논문을 쓸 때 가장 당황했던 점은, 그 분야의 지식은 많이 수집해서 가지고 있는 데 그것을 종합해서 나의 것으로 만드는 능력이 크게 결여되어 있다는 점이었다.

지옥 훈련 같았던 이 어려운 창조적 학위 논문쓰기 기간을 끝내고 나서 필자가 크게 느낀 점은, 지나간 학창 시절과 독서 방식이 사고하는 법을 배우는 것이었다기보다는 많은 양의 지식을 빨리 나의 소유로 만드는 데에만 치중한 교육이었다는 것이다. 한국문화는 어떤 특정한 주제에 대해서 체계적으로 사고하고, 책의 저자가 생각한 것을 내 나름의 방식대로 다시 읽어내면서 문제제기를 하는 훈련을 크게 중요시하지 않는다. 이 점은 대학교에서 졸업논문 주제를 선택하는 과정에서도 분명히 나타난다. 인문·사회과학 분야의 경우, 학생들이 주제를 선택하는 동기는 생활 속에서 가장 중요하고 심각한 것으로 느껴서 스스로 선택한 주제라기보다는 그 주제가 유행하는 것인가 아니면 교수님들이 높이 평가하는 주제인가 하는 것이다.

이 점은 필자가 프랑스에서 사는 동안에도 심각하게 느꼈던 문제였다. 유학기간이 거의 끝나갈 무렵, 필자는 귀국 날짜를 앞두고 큰 아이의 산수 진도가 너무 늦어서 크게 걱정을 했다. 필자는 프랑스 선생님께 그 다음 학년에 쓸 교과과정을 미리 가르쳐 주면 내가 개별적으로 가르치겠다는 말도 했다. 그러나 큰 아이의 선생님은 침착하고도 여유가 있었다. 그녀는 프랑스 초등교육의 원칙은 많은 것을 짧은 시간에 주입식으로 아이들에게 가르치는 것을 피하고 있다고 말했다. 그보다는 원리와 기초를 깨우치는 과정에 시간과 정성을 들이고, 별로 중요하지 않은 부분이나 응용 부분은 아동 각자에게 맡기고 지나가는 학습방법을 선택하고 있다고 전해 주었다. 그 당시에는 선생님의 말씀이 자신의 상황을 정당화하는 것이라고 생각하고 초조해 했다. 그러나 필자는 귀국하고 나서 결국 그 프랑스 여자 선생님이 옳았다는 것을 알았다. 우리 아이는 귀국 후 몇 달 동안은 프랑스 학교보다 진도가 훨씬 앞서 있던 산수 과목을 어려워 했다. 그렇지만 나중에 학교에서 배우는 교과과정의 원리를 이해한 후에는 아무일도 없었다는 듯이 어른들의 도움도 받지 않고 잘 헤쳐나갔다. 이들은 우리와는 달리 사고를 하는 기초훈련을 크게 강조하고 중시하며, 그 이후의 응용학습을 개별적 노력과 창의성에 맡기는 것이다.

이 점은 박사과정의 학생들에게서도 분명하게 드러난다. 프랑스 대학의 박사학위과정에서 내가 가장 놀랐던 것은 대부분의 프랑스 학생들이 자신이 생활 속에서 오래 전부터 심각하게 생각해 왔던 생활과 밀접한 주제를 학위논문 주제로 잡는다는 것이었다. 그래서 동아시아권에서 온 학생들과 비교해 볼 때, 연구 주제들이 아주 다양하고 독창적이다. 이들은 특정한 이론을 가지고 현실을 분석하는 것보다 현실 인식에서 느낀 문제제기를 중심으로 논문의 주제를 만들어 낸다. 이들은 논문 발표장에서 그 분야의 지식을 얼마나 체계적으로 소화하고 있는가보다는, 자신이 그 분야에서 하는 문제제기가 얼마나 독창적으로 의문나는 현상을 설명하고 있는가에 관심을 기울인다.

2) 과도기적 자율성

서구식 교육이 이 땅에 정착한 지 반세기가 지났다. 그리고 해방 이후의 국민소득 78불은 이제 1만 불로 바뀌었다. 이 와중에 한국인에게서는 찾아 보기 힘들었던 현대적 사고가 조금씩 고개를 들고 나타나기 시작했다. 그것은 개인주의와 자율적 사고이다. 그러나 이 시점에서 볼 때, 한국인의 자율적 사고는 긍정적인 방향으로 작용하기보다는 부정적인 방향으로 기능을 하는 것 같다. 서구에서와 마찬가지로 대학이나 지방자치단체에서 중요한 의사결정을 할 때, 한국에서도 이제는 권위주의적인 지도자나 상급자의 의견이 그 결정과정에 일방적으로 영향을 주지 못한다. 집단 내의 여러 당파들이 담합을 한 결과가 나타나거나 예측하지 못했던 여러 결과가 나타나기 때문이다. 우리는 이 현상을 서구적 의미의 시민적 자율성과 성숙한 판단이 정착되어가는 중이라고 좋은 방향으로 해석할 수도 있다. 그러나 이 와중에서 우리를 걱정하게 만드는 심각한 현상은 한국인들의 자율적 사고와 행동양식이 집단구성원들의 분명한 책임의식과 상식적 판단을 기반으로 하지 않고 이기적인 이해관계와 감정적인 판단을 근거로 자주 행해진다는 점이다.

3) 결과 지상주의

한국은 서구에서 2백 년에 걸쳐서 이룩한 근대화를 거의 30년

사이에 이룬 나라이다. 이 점만 보면 한국은 여러 면에서 높이 평
가될 나라이다. 그러나 이 사고는 우리사회 곳곳에 깊은 부정적인
영향을 미쳐 왔다. 우선 우리나라의 결과 지상주의적 사고는 사회
곳곳에 목적이 수단을 정당화 한다는 의식을 심어주었다. 그리고
그 목적 달성을 위해서는 기존 사회의 게임 규칙은 언제든지 바꿀
수 있다는 생각이 팽배하게 되었다. 지금 우리사회에는 돈이면 안
되는 것이 없다는 금전 만능주의적 사고가 널리 팽배해 있다. 박사
학위도, 승진도, 남의 부인도, 중요한 전문직도 그리고 국제사회기
구의 중요한 자리까지도 이러한 금권력을 동원한 로비로 모두 얻
을 수 있다고 생각한다. 우리 한국인들은 이러한 자리들을 얻기 위
해서 끊임없이 노력하고 인내하고 준비하고 훈련하는 것을 우습게
여겨왔다. 그리고 이러한 관행의 정착은 한국의 시민사회 곳곳을
부패하게 만들었다. 게다가 우리사회 특유의 은밀하고 간접적인
화법은 사람들의 급한 마음과 결합되어서 곳곳에 부실공사와 부패
관행과 고속집행료를 낳았다. 그리고 역설적으로 이러한 사회적
환경은 어떤 문제의 해결을 위원회나 전문가들의 의견을 고려해서
신중하게 결정하는 대신에 다른 기관의 로비나 관련된 기관의 공
식적 개입이 있기 진에 김도 없이 초고속도로 해치우는 또 다른 급
행열차식의 사회적 관행을 만들었다.

최근에 사회를 떠들석하게 만드는 보신 관광이나 국내에서 크게
인기를 얻고 있는 다양한 형태의 한방 보신 처방의 유행은 우리의
이러한 현세적 향락주의와 결과 지상주의적 사고방식을 잘 표현해
준다. 한국인들은 일상생활 속에서 모든 것을 급하게 그리고 쉽게
편법적으로 해결해 왔다. 따라서 건강의 회복이나 질병의 치료도
같은 방식으로 해결하려고 한다. 차분한 진단과 정확한 처방과 적
당한 운동과 섭생으로 건강을 회복하고 질병을 치료하려 하지 않

고, 기적적인 묘약과 보신을 위한 특용음식으로 여러 가지 질병과 건강의 문제를 갑자기 해결하려고 한다. 까마귀가 보신에 좋다는 민간요법이 알려진 이후에 이제 도시 근교 어디에서도 까마귀 보기가 어렵게 되었다. 그리고 그 한 마리 값이 30~50만 원을 호가한다고 한다. 이러한 사회 분위기에 편승해서 물의를 빚은 것이 최근의 한국 여행객들의 보신관광이다. 우리는 생활 속에서 규칙을 지켜가면서 차분하게 돈을 벌고 생활의 문제를 해결해 보지 않았기 때문에 건강을 위한 약의 복용이나 음식의 섭취도 같은 편법으로 해결하려고 한다. 게다가 먹이 사슬과 편법의 그물망으로 짜여진 한국인의 일상생활은 정상적인 건강과 정신력으로는 버티기가 힘든 정신적 환경을 일반인들에게 제공하고 거기에 따른 스트레스를 과도하게 부여한다.

사실 요즈음 우리사회에서 발견되는 향락적인 분위기는 다니엘 벨이 말하는 20세기 말의 서구의 향락적인 분위기와는 위상을 달리한다. 서구 사회의 향락적인 분위기는 개신교적 윤리의 퇴색과 함께 자아의 실현이 자연스럽게 근대 사회인의 목표가 되고 그 이상을 실현해 나가는 과정에서 인간의 향락적 본능이 기존의 사회 규범을 깨고 해방된 것이었다. 그러나 우리사회의 향락적 분위기는, 근대 사회적인 모습을 갖추는 과정에서 위계질서 상의 사다리를 편법으로 쉽게 올라간 사람들이 보여주는 무규범적이고 자기 분열적인 모습과, 그들을 지도자로 하는 공동체적인 삶 속에서 또다시 편법과 무리한 일처리를 일상적으로 강요당하는 일반인들이 그 비정상적 삶과의 싸움에서 얻은 상실감을 보충하기 위해서 자연스럽게 생겨난 한국판 스트레스 해소법이라고 볼 수가 있다. 우리사회의 성적인 문란과 보신을 위한 여러 가지 스캔들 그리고 해외 여행중에 나타나는 추태는 현세에서의 향락추구와 수단 방법을 가리지 않고 결과만을 무조건 손에 넣어야겠다는 것을 삶의 목표로 세운 한국인들의 일상적 사고방식의 반영이라고 볼 수 있다. 해외 여행을 위한 비행기 안에서 비망록을 정리하거나 차분하게 여행 계획을 확인하는 일 대신에, 앞뒤로 둘러앉아 고스톱을 치는 일이나, 해외로 골프 여행이나 신혼 여행을 간 한국의 젊은이들이 짝을 지어서 그 지역의 매춘부 아가씨들을 불러 따로 성관계를 갖는 것은 이러한 우리 일상적 삶의 표상이라고 볼 수 있다.

4) 약속과 책임의식의 부재

앞에서 한국인들의 언어 사용이 은밀하고 애매모호한 부분이 많다는 지적을 했다.

이외에 21세기를 바라보면서 한국인들의 사고방식을 특징짓는 한 가지 중요한 버릇이 있다. 그것은 약속을 이행하고 거기에 따르는 책임을 져야 한다는 생각이 부족하다는 사실이다. 우리사회에서 약속은 두 가지 의미로 불분명하다. 하나는 우리가 서구적 의미의 근대적 제도를 이루고 선진국의 소비수준에 이르렀지만 우리에게 약속의 개념은 여전히 서툴다는 것이다. 약속을 엄격하게 지키는 것은 각박한 것 같기도 하고 너무 이해타산에 얽매인 행동을 하는 것 같아서 한국인들을 머쓱하게 한다.

그러나 한국인들로 하여금 엄격한 의미의 약속관을 가지지 못하게 하는 또 다른 요인이 있다. 그것은 우리사회의 복잡하게 얽혀진 사회관계이다. 한국 사회는 어떤 문제가 발생하면 이것을 정면으로 해결하기 보다는 인간관계로 풀어가는 것이 관행화된 사회이다(최봉영, 1993). 그런데 이것은 문제에 직면한 당사자로 하여금 커다란 비용을 지불하게 만든다. 우리사회는 어떤 문제를 원칙을 중심으로 합리적으로 해결해 나가는 것을 허용하지 않는다. 다시 말하면 우리사회내에는 사회 성원들이 자신의 일에 전념하고 약속을 성실하게 지키는 것을 방해하는 어떤 사회문화적 걸림돌이 있다는 말이다. 어떤 교수님들은 "유교 사회의 실질적 합리성"이라고 이것을 옹호하기도 한다. 필자는 주변의 선배와 동료들로부터 유학생활을 마치고 한국에 와서는 공부하고 연구할 시간을 갖지 못했다고 고백하는 것을 여러 번 들었다. 주말에 집에 앉아 중요한 논문 구상을 하거나 밀린 프로젝트를 끝내려고 해도 이 주말이 나의 것이 된다는 보장이 없다는 것이다. 그리고 어떤 기관에서 연구비를 얻거나 연구 프로젝트에 참여하기를 원할 때 성실한 연구 계획

서를 내는 것만으로 그 일이 이루어질 것이라고 믿는 교수는 거의 없다. 한국의 교수들은 자기가 맡은 일을 성공적으로 이루기 위해서 연구실에서보다는 연구실 밖에서 사람과의 만남을 통해서 해결해야 할 일들이 더 많고 또 이렇게 문제를 해결해 나가는 방식이 더 효율적이라고 생각한다. 따라서 유학시절에 미국이나 유럽에서

는 합리적 삶을 살려고 노력하고 철저히 약속을 지키며 살아온 사람들도 한국사회에서는 일상적 삶을 대충 주먹구구식으로 계획하고 약속한 일들이 지켜지지 않았을 때의 상황을 반드시 고려하여 임기응변적인 대안을 미리 마련해야만 한다. 이것은 우리사회가 후기 산업사회의 단계에 접어들면서 점점 더 불확실성의 상황으로 간다든가 우리사회에 아직도 농촌 공동체적인 문화가 여전히 남아 있어서 그렇다는 사회학자들의 이론으로는 설명할 수 없는 현상이다.

4. 한국적 사고방식의 현대적 의의

이제까지 한국인의 사고방식을 몇 가지 일상적 보기를 들어가면서 살펴보았다. 그러다 보니 본의 아니게 우리들의 사고방식 중 너무 부정적인 면들만 크게 부각시킨 것 같다. 이제는 우리 한국인의 전통적·현대적 사고방식 중 한국인이 비판적으로 계승해야 할 점이 어떤 것인가를 구체적 보기와 함께 살펴보겠다. 필자는 이것을 아래의 네 가지로 꼽아보았다.

1) 선비정신

한국인의 사고방식 중 중요한 것은 양반 계급이 서민 계급의 수범이 되고 이들을 책임져야 한다는 생각이다. 우리는 이것을 선비정신이라고 불러왔다. 이것을 서양사람들은 '귀족정신(noblesse oblige)'이라고 부른다. 한국인에게는 항상 지도층 인사들이 일반 서민들에게 보여야 하는 생활양식과 규범이 눈에 보이지 않는 정신 문화의 형태로 존재해 왔다. 아마도 이것은 엄격한 유교 문화의 정신적 유산인지도 모른다. 이러한 정신적 유산 때문에 한국에서는 지도층의 사치나 일반 관습에서 어긋난 행동을 엄하게 비판해 왔다. 그러나 한말(韓末) 지도층의 폐쇄적이고도 특권적인 태도와 그 이후 일제시대의 식민지 경험은 우리사회에서 지도계급에 대한 존경심을 빼앗아갔을 뿐만 아니라 선비정신을 지닌 사람들이 지도층에 오르는 것을 허용하지 않는 사회적 분위기를 만들었다.

그렇지만 한국인은 이러한 험난한 환경 속에서도 집요하게 선비정신에 관한 신화를 자신들의 정신 문화의 기초로 간직해 왔다. 그것은 아랫 사람을 형제같이 돌보면서도 그들에게 엄격한 맏형의 모범을 보이는 것이었다. 이 때에 맏형의 의미는 덕과 솔선수범한 행동으로 다른 사람들을 돌보는 것을 의미한다. 특히 개인의 이익을 희생하고 공적인 일에 우선적으로 헌신하는 자세나 다른 사람들을 관용의 정신과 너그러운 가르침으로 감싸는 것은 오늘날에도 존중해야 할 지도층의 덕목이라고 할 수 있다. 서구인들이 대학교수에게 전문 지식의 전수와 그것의 체계적 연구·계승을 기대한다면, 우리는 대학교수에게 인품과 학식과 삶을 통한 가르침으로서의 지혜가 담긴 지식의 전수를 바란다. 비록 이것이 삶 속에서는 실천되지 못하고 현대 사회의 고도 산업화가 이러한 조건의 충족을 더욱 더 어렵게 하지만, 우리사회 서민층의 대학 선생들에 대한 기대는 역설적으로 한국인들의 무의식적 사고 속에 선비나 사회 지도층에 대한 기대가 어떠한 형태로 살아 남아 있는가를 보여준다

2) 지혜와 남을 헤아리는 마음

한국인의 사고방식 중 우리의 의식 밑에 있으면서 여전히 우리

가 존중해야 할 것은 말과 행동의 신중함과 그러한 행동을 통한 지혜의 실천이다. 한국은 강대국들 틈에서 어렵게 생존해 온 국가이다. 게다가 한국의 근·현대사를 보면 엄청난 당쟁과 사화와 정변으로 점철되어 있는 것을 볼 수 있다. 두 전직 대통령이 감옥에 들어가 있는 현실이 이것을 웅변적으로 말해준다. 이러한 상황 속에서 한국인들의 사고를 지배한 생각은 "달도 차면 기운다"와 "정상에 올라 있을 때에 내리막길을 생각해서 처신을 잘 해야 한다"는 생각이다. 이것은 얼핏보면, 기회주의적인 사고방식으로 비칠 수도 있다. 그렇지만 이것만큼 한국인의 사고방식을 그 속 뜻까지 잘 표현한 구절도 드물다. 한국인은 중요한 문제에 대한 자기 입장의 표현을 대중집회나 공식적인 자리에서 쉽게 드러내지를 않는다. 오히려 중요한 문제를 저녁 회식이나 비공식적 모임으로 가져가 거기에서 은밀하게 거론하면서 서로의 입장을 밝히고 타협점을 찾는다. 이렇게 함으로써 자신의 입장 표명이 특정한 사람에게 가져다 준 피해가 만약의 경우에 자기에게 가져다 줄지도 모르는 적대적 부메랑 효과를 사전에 차단하는 것이다. 물론 이것은 때로는 요정 정치와 밀실 정치라는 부정적 결과를 가져오기도 한다. 그러나 이것의 참뜻은 여러 가지 이해관계가 얽힌 문제를 신중하고 지혜롭게 다루고 관련되는 사람들의 이해관계뿐만 아니라 마음까지도 헤아림으로써 집단 구성원들 사이의 결속력을 다지고 기존의 사회질서에 대한 존경심을 확산시키자는 취지에서 비롯된 것이었다.

3) 공동체의식

한국인의 사고방식을 잘 표현하는 또 다른 사회학적인 용어로는 공동체의식을 들 수 있다. 유교 문화적 전통을 가진 우리사회는 옛부터 이러한 공동체의식을 강조해 왔다. 그리고 이것은 우리의 가족주의적 전통과 맞물려서 크게 강화되어 왔다. 구미의 학자들이나 한국의 일부 사회과학자들은 한국사회의 이러한 가족 공동체의식이 우리사회를 짧은 기간 동안에 근대화시킨 중요한 문화적 요인이라고 주장한다. 한국 사회는 다른 사회에 비해 우리(We)라는 용어를 많이 사용한다. 15년 전에 필자가 석사학위논문을 썼을 때, 논문에 '나는'이라는 표현을 썼다고 한 교수님으로부터 크게 꾸지람을 들은 것이 아직도 귀에 생생하다. 그 사건 이후로 필자는 '나'라는 주어 대신에 항상 필자라는 용어를 사용해 왔다. 그리고 필자는 유럽에서의 유학 기간 동안에 이 '나'와 '우리'의 차이를 배울 수 있는 아주 재미있는 경험을 했다. 프랑스어로 논문을 쓰는 중에 나(Je)라는 표현과 우리(Nous)라는 표현이 나를 아주 혼란스럽게 만든 것이었다. 필자는 영어에서 그러하듯이 자연스럽게 나(Je)라는 표현을 선호했다. 그러나 같이 공부를 하던 프랑스 학생은 불어에서도 '나'라는 표현은 대가(大家)들이나 쓰는 것이지, 공부하는 학생은 우리(Nous)라는 표현을 써야 한다는 것이었다. 나는 조금은 당황해 하면서도 프랑스가 미국보다 더 공동체적인 사고를 강조하는 사회이며, 이 점에서 우리와 상당히 유사하다는 인상을 강렬하게 받았다. 그러나 우리에게는 이들 유럽 사회보다 언어의 사용에 있어서 더 복잡한 공동체 지향적인 예절을 필요로 한다. 억양뿐 아니라 다양한 형태의 존대말이 그러하다.

4) 덕과 평등의식의 중요성

우리사회는 다른 유교 문화권의 국가들과 마찬가지로 지도자의 자질로서 절제심과 덕을 강조한다. 유교 문화권에서의 지도자는 모범적 인격과 덕을 갖추어야 한다. 이 때 덕을 가진 지도자는 하늘의 뜻에 따라 솔선수범과 인격과 아량으로 백성들을 다스려야 한다. 따라서 서구인들이 능력을 중시하는 지도자상을 가지고 있다면 한국인에게 중요한 지도자는 그 구성원들과 별로 다르지 않으면서도 그들을 포용하고 화합시킬 수 있는 지도자를 원한다(송복, 1988). 여기에는 같은 유교 문화권이면서도 일본이나 중국과는 크게 다른 한국인의 평등의식이 작용을 하고 있는 것이다. 최근에 한국학에 관한 중요한 저서를 쓴 김용운 교수는 이조 시대의 민간 소설 『춘향전』을 보기로 들어서 우리사회가 평등의식이 강한 사회라고 하는 데 이 말은 커다란 설득력을 갖는다(김용운, 1995b: 제4권). 한국인은 민족 종교인 동학의 인내천(人乃天) 사상에도 엿보이듯이 계급의식이 약하고 여러 집단의 사람들을 동등하고 존엄한 인간으로서 대해야 한다는 생각이 일찍부터 발달해 왔다. 이러한 이유로 같은 유교 문화권의 사회이면서도 우리에게는 중국이나 일본과는 다른 계급적 질서가 이루어졌다. 이 사람이 귀하고 대등하다는 생각이 이조 후반기의 양반계급의 독점적 폐쇄적 지배와 그 이후의 일제통치하에서 여지없이 무너졌던 것이다. 이것을 현대 사회적 여건에 세로 살리지는 논의가 현대 한국의 사회과학자들이 주장하는 인간 존엄사상과 선비정신의 부활이다(박기순, 1995).

5. 맺는 말

지금까지 한국인의 사고방식의 특징을 일상생활의 표현과 일화 속에서 찾아보았다. 그러나 이러한 작업을 통해서 우리는 한국인의 사고방식이 우리가 처음에 생각했던 것보다 훨씬 더 복잡하며 역동적인 측면이 있다는 사실을 알았다. 한국인의 사고방식은 전통 사회에서 현대 사회인 지금까지 그대로 어떤 원형이나 원리를 따라 보존되거나 발전되어 온 것이 아니다. 오히려 그것은 시대가 바뀌고 사회체계 내의 집단과 사회성원들 사이의 관계가 바뀜에 따라 역동적으로 다양한 형태로 변화해왔다. 그러나 그럼에도 불구하고 한국인의 사고방식을 몇 가지 특징으로 단순화해서 보는 작업이 의미가 있다고 본다.

첫째, 한국인은 현대 사회로 탈바꿈하였음에도 불구하고 여전히 집단 지향적인 사고를 하며, 거기에는 평등의식과 가족공동체적 발상과 가부장적인 사고가 혼재되어 있다. 둘째, 한국인은 어떤 문제가 생겼을 때 그것을 합리적인 방식으로 해결하기보다는 여전히 인간관계로 풀어나가는 행동양식이 일반화되어 있는 것을 볼 수 있었다. 이 과정에서 합리적 타산과 객관적 기준이 문제를 해결해 주는 것이 아니라 상호간의 이해관계와 심정주의적 태도가 문제를 해결해 주는 핵심적 논리이다. 셋째, 의사소통을 하는데 상대방의 말을 액면 그대로 믿지 못하고 그 말 속의 저의를 다시 생각해야 하는 양식은 우리사회의 의사소통의 왜곡과 대화문화의 실종을 가져오게 할 수 있는 위험한 요인들이다. 마지막으로, 유교적 사고방식이 현대에 와서 새로운 모습으로 변신해가면서 새로운 사회윤리적 덕목을 제공하고 있다. 소위 막스 베버가 말하는 유교적 가치체계의 합리화 과정이 엿보인다. 다시 말하면 유교적 사고방식은 단지 봉건적 이념으로만 머물러 있는 것이 아니라 현대 사회에 어울리는 새로운 공동체적 가치관으로 적응해 가는 모습을 볼 수 있다.

이러한 관점에서 보면 한국인은 그 의식 속에 상당한 정도로 유교적 사고방식을 가지고 있다. 그렇지만 그것들 중 기존 질서를 수직적으로 신성화하려는 몇 가지 생각을 제외하면, 인(仁)과 예(禮)

와 신(信)의 사상은 오늘날 현대 사회에서 살아남기 위한 주요한 사회적 덕목으로 존중해야 할 생각들이다. 다른 사람들을 대할 때 사랑과 이해와 존경하는 마음을 지니고 한 사회의 기초가 되는 사람들 사이의 의리와 신뢰감을 회복하는 것은, 우리사회가 전통문화를 기반으로 현대 사회에 어울리는 새로운 가치관을 마련하는 데에 중요한 지적·도덕적 자원이 될 것이다. 그러나 이러한 한국인의 사고방식이 21세기를 앞두고 세계화의 추세 속에서 어떻게 긍정적인 방향으로 나아갈 수 있는가 하는 것은 열려 있는 문제이다.

참고문헌

금장태. 1989, 『한국 유교의 이해』, 민족문화사.

김경동. 1993, 『한국 사회 변동론』, 나남.

김대환. 1993, 『한국인의 자기 발견』, 김영사.

김용운. 1995a, 『무너지는 한국, 추락하는 한국인』, 고려원.

______. 1995b, 『한국인과 일본인』, I-IV권, 한길사.

김재은. 1983, 『한국인의 의식과 행동양식』, 이화여자대학교 출판부.

김태길. 1982, 『한국인의 가치관 연구』, 문음사.

마루야마 마사오. 1995, 『일본 정치 사상사』(김석근 역), 한국사상사연구소.

민문홍. 1993, 「한국 사회 구조 변화의 사회사상사적 이해」, 한국사회과학연구협의회, 《사회과학 논평》, 제11호, 87-120쪽.

______. 1994, 『사회학과 도덕과학』, 민영사.

박기순. 1993, 「유교적 인간관계의 현대적 의의」, 임태섭 편, 『정, 체면, 연줄 그리고 한국인의 인간관계』, 한나래.

박영신. 1995, 『우리사회의 성찰적 인식』, 현상과 인식.

베버, 막스. 1990, 『유교와 도교』(이상률 역), 문예출판사.

송복. 1993, 『한국 사회의 갈등구조』, 현대문학.

윤태림. 1979, 『한국인』, 현암사.

이규태. 1983, 『한국인의 의식구조』, 상·하권, 신원문화사.

_____. 1995, 『한국학 에세이』, 신원문화사.

이어령. 1986, 『이것이 한국이다』, 문학사상사.

_____. 1992, 『신한국인』, 문학사상사.

임태섭 편. 1995, 『정, 체면, 연줄 그리고 한국인의 인간관계』, 한나래.

차성환. 1992, 『한국 종교 사상의 사회학적 이해』, 문학과 지성사.

최봉영. 1994, 『한국인의 사회적 성격─일반 이론의 구성』, I, II권, 느
　　　티나무.

최재석. 1976, 『한국인의 사회적 성격』, 개문사.

칭, 줄리아. 1993, 『유교와 기독교』(임찬순·최효선 역), 서광사.

한백연구재단 편. 1993, 『21세기 한국과 한국인』, 삼성출판사.

홍일식. 1993, 『21세기와 한국 전통 문화』, 현대 문학.

홍자성. 1983, 『채근담』(이석호 역), 보경문화사.

황준연. 1995, 『율곡 철학의 이해』, 서광사.

Granet, Marcel. 1968, *La Pensée Chinoise*, Paris, Albin Michel.

욕망의 일상성

이기현

1. 욕망의 사회학

우리는 항상 무엇인가 꿈을 꾸고 갈구하면서 살아간다. 오늘 하루의 꿈에서, 이 달과 올해의 꿈, 그리고 일생의 꿈까지, 우리의 삶이란 욕망으로 짙게 채색되어 있는, 그 외양이 항상 불확실한 그림과도 같다. 욕망이란 뚜렷한 희망이나 계획처럼 항상 분명한 것도 아니고, 꿈과 욕구와 감정이 뒤얽혀 있는 불투명한 것이기도 하다. 또한 욕망이나 욕구가 항상 개인적인 것만도 아니다. 가족들의 욕구가 있고, 같은 친구나 동료들 그리고 조직이나 단체, 지역주민의 욕구가 있고, 민족적 욕구가 있을 수 있다. 이러한 사회집단이 구체적인 상황 속에서 표출하는 욕망은 비교적 해독 가능한 부분도 있지만, 그 이면에는 역시 불투명하고 즉흥적이며, 비밀스런 꿈들이 혼재하고 있는 것도 사실이다. 청렴이라는 도덕적 덕목에 어긋나는 공무원이나 정치인의 비리도 욕망의 적절한 관리, 또는 사적인 욕망과 공적인 욕망 사이의 조절이 실패한 경우라 할 수 있다.

흔히 위선이나 가식이라 부르는 것도 내면적인 욕망과 표면적인 행동 사이의 괴리를 의미하는 것이고, 어쩌면 우리는 항상 이러한 괴리 사이에서 갈등하고 방황하며 일상을 살고 있는지도 모른다. 많은 경우에 우리는 욕망의 관리와 조절에 있어서 끊임없는 시행착오를 거치게 마련이며, 이 욕망은 억제하거나 조정하고, 때로는 분출시키거나 해소해야 할 대상이 되는 것이다.

사회적으로 볼 때, 욕망은 모든 갈등적 사회관계의 중심부에 놓여 있는 핵과도 같다. 집단간의 알력이나 긴장, 타협의 결렬, 분쟁 등은 모두 그 집단적 욕망들의 갈등이다. 여기서 물론 집단적 '이익'과 욕망은 그리 선명하게 구분되지 않는다. 이는 구체적인 사회적 삶에서 우리의 욕망과 의지와 이익은 서로 구분되어 존재하지 않기 때문이다. 적어도 이들은 혼합되거나 중복되어 있고, 우리는 이들을 구분해야 할 필요조차 느끼지 못하며 살고 있다. 즉 욕망은 분명 존재하지만 그 정체는 항상 불확실하고, 그 소재는 그리 쉽게 드러나지 않는 우리의 내면 깊숙한 곳이기 때문이다.

우선 욕망이란 무엇을 의미하는가? 욕망은 실현 가능하기도 하고 불가능하기도 한, 따라서 현실적임과 동시에 비현실적일 수도 있다는 양면성과 모순성을 동시에 지닌다. 이러한 속성 자체가 인간과 사회적 삶의 중요한 부분을 설명해 줄 수도 있다는 전제가 이 글의 출발점이다. 이는 욕망이 실현 가능하건 불가능하건 우리의 현재적 삶에 강한 추동력으로 작동할 수 있다는 사실 때문이다. 가령 오늘을 사는 한국인들에게 욕망이 형성되고 재생산되고 소비되는 과정은 매우 복합적인 요인들의 영향을 받는다. 일상을 장식하는 대중매체와 광고, 친지들의 입을 통해 전해지는 숱한 정보와 소문들, 조직생활이 가져 오는 정신적인 압박이나 동기부여 등 그 요인들을 나열하자면 끝이 없다. 하지만 일차적으로 욕망이 생성되는 장소는 자아 또는 무의식의 영역이며, 자기만족과 나르시시즘 또는 자괴감이나 열등의식이라는 심리적 현상과도 밀접히 연결된다.

따라서 욕망을 분석하거나 연구하는 일은 그리 용이한 일이 아니다. 우리 개개인의 '주관' 또는 '무의식'이라는 심층적 영역에 대한 탐구는 정신분석학의 고유영역이며, 따라서 욕망의 사회학이라는 표현 자체가 일종의 잘못된 출발이라는 우려도 가능하다. 욕망이란 '숨겨져 있는 것' 또는 '가려져 있는 것'이고, 그것은 프로이트의 표현처럼 꿈이 '꿈을 꾼 사람의 의식에는 이르지 않는 것'과 마찬가지의 논리이다. 그러나 우리는 욕망의 형성과정이 무의식의 수준에서 이루어진다 해도, 우리의 일상적 행위를 통해 부분적이나마 표출되고, 이는 또한 사회환경적 요인들과의 끊임없는 교섭의 산물임이 분명하다. 정신분석학의 용어를 빌리더라도 욕망은 거울단계를 거쳐 이차적 동일화(Lacan, 1994)가 이루어지는 과정에 끊임없이 개입하게 되며, 이는 사회화라는 보다 일반적인 과정에도 무리 없이 적용된다.

해방 이후의 역사만 보더라도 한국인은 매우 압축된 역사과정을 체험하였다. 근내화와 경세발전의 과정이 그러하였고, 정지세도나 사회가 전반적으로 재편되는 과정도 시간적으로 매우 압축되어 이루어졌다. 문화 또는 윤리적인 측면에서도 항상 전통과 현대, 낡은 것과 새로운 것이 끊임없이 충돌하고 교차하는 긴장된 시기를 경험해 오고 있다. 인간이 시간과 공간적 제약에서 벗어날 수 없는 존재인 한, 그의 욕망은 시간과 공간의 제한성이 용해된 체험의 내용들이라 해도 과언이 아니다. 그 내용들은 분명 현대 한국인의 얼굴을 채색하고 있는 물감들이며, 그 색도와 명암이 주는 이미지는 바로 오늘을 사는 우리들 자신의 이미지이기도 하다. 욕망은 우리

들 자신의 외양적인 모습은 아닐지라도 그 모습이 은닉하고 있는
또 다른 실제적인 모습인 것이다.

욕망이라는 형식은 모든 인간이 공유하는 보편적인 것이라 할
수 있지만, 우리가 여기서 논하고자 하는 것은 우리가 일상의 삶
속에서 갖게 되고, 간직하고 또 폐기하는 욕망들의 내용이다. 따라
서 '한국인'의 욕망을 논한다는 것은 그것이 담고 있는 내용의 다
면성과 모순과 역동성을 밝힘으로써 한국인의 삶의 다양한 성층을
보여주는 일이 될 것이다. 또한 욕망이 표출되고 해소되는 방식도
한국인이 살아가는 사회문화적 환경에 따라 독특한 방식을 드러내
고 있으리라는 전제를 해볼 수도 있다. 적어도 욕망을 관리하고 통
제하는 방식은 분명 문화사회학적인 요소들을 포함하며, 집단적
에토스(ethos)가 가장 응축적으로 드러나는 지점이기 때문이다. 그
리고 욕망은 인간행위와 삶에 대해 추동력을 지닌다는 점에서, 욕
망이 존재하지 않는 사회나 억압된 사회는 정체된 사회라 할 수도
있다. 욕망은 감각과 감수성을 통해 여과되어 사회적 삶에 적극적
으로 작용하며, 의식적인 성찰 이전에 형성되는 정서적이고 감성
적인 토대를 형성한다. 욕망의 관리는 따라서 집단과 공동체의 관
리와도 일맥 상통하는 것이다.

이러한 관점에서라면, 현대 한국인들의 욕망관리는 매우 무원칙
적이며 즉흥적이라 할 수 있다. 이는 흔히 지적되듯이 윤리와 도덕
적 가치가 부재하다든가, 정치적 이념과 공동체적 이상이 빈약하
다는 지적과도 맥을 같이한다. 분명 대부분의 한국인들은 일상을
살아가면서 가치의 혼란을 흔히 느끼고 있을 것이다. 자신의 욕망
과 집단적 욕망을 적절히 조정하기 힘든 경우는 허다하다. 좋은 예
로 보행자가 없는 횡단보도 앞에서 빨간 신호등에 차를 정지한 운
전자가 늘상 느끼게 되는 갈등을 생각해 볼 수 있다. 대부분의 경

우 좀더 빨리 가고자 하는 개인적인 욕망과 도로교통법이라는 집
단적 규율 사이에서 잠시나마 번민한다. 그리고 또 많은 경우 스스
로의 판단에 따라 행동하는 것이 아니라, 옆 차의 운전자를 살피고
그들의 태도에 동조하듯 행동한다. 이는 곧 욕망의 담합에 지나지
않는다. 이처럼 한국인들은 욕망을 관리하고 표출하는 데 있어서
다른 사람들이나 외부의 준거를 필요로 하는 경우가 허다하다. 최
근의 유행의 흐름도 사실은 개성을 강조하는 신세대의 자기표현이
라기보다는 다분히 획일
화되고 몰개성적인 유행
의 담합이라는 인상을 지
울 수가 없다. 이러한 징
후는 특히 대중매체가 침
투하는 영역에서 더욱더
두드러진다. 드라마나 영
화, 대중가요나 텔레비전
오락 프로그램들에서 이
러한 징후를 발견하기란
매우 쉽고, 심지이 언론
매체들이 정치·사회적 이
슈와 사건에 대해 행하는
일련의 해석과 접근태도
의 경우에도 마찬가지이

다. 동일한 시각과 언어들의 반복, 동일한 잣대와 연출들이 진부한
문화적 행태들을 이루고 있다.

　하지만 이처럼 비교적 공개적이고 '대중적'인 문화의 영역에서
나타나는 특징과는 달리, 개인적이고 사적인 일상의 영역에서는

또 다른 특징들을 발견할 수 있다. 매우 진취적이다 못해 공격적이
고, 과감하다 못해 몰염치한 행태들을 우리는 흔히 볼 수 있다. 도
로 한복판에서의 싸움, 노상 방뇨, 신체 접촉에 대한 무감각, 신분
과시 등은 한국인을 상징하는 대표적인 행태들이라 해도 과언이
아니다. 이처럼 일상생활에서 나타나는 한국인의 행동양식은 매우
불균형한 양상을 보여준다. 동방예의지국의 국민들이 때로는 '추
한 한국인'이 되기도 하는 것이다. 하지만 이러한 특징이 단지 한
국인에게만 해당되는 것일까? 아니면 적어도 이러한 모순과 양면
성이 표출되는 방식에 있어서 한국인들만의 독특한 특징들이 있는
것인가? 이러한 질문에 답하기 위해서, 이 글은 한국인들의 행위양
식과 일상적 문화행태를 검토함으로써 그들의 욕망의 다면적 구조
를 밝히는 작업이 될 것이다.

2. 욕망의 낮과 밤

1) 모순의 역학

정신분석가라면 환자의 무의식세계를 해독하기 위해서 실수나
잘못된 행동(lapsus 또는 actes manqués)을 일종의 징후로 간주하
고, 망각된 기억을 되살리거나 꿈을 분석함으로써 환자의 과거 체
험을 재구성하는 작업을 할 것이다. 우리가 논의하고자 하는 욕망
은 무의식을 통해 축적되는 체험들의 이면을 구성하고 있는 것이
사실이지만, 이 글에서는 구체적인 일상의 삶 속에서, 어느 정도
자각된 의식의 행위를 통해 표출되는 욕망에 초점을 맞추기로 한
다. 우리는 관찰자 스스로가 편입되어 있는 일상적 체험들 속에서

한국인이 표출하고 있는 욕망의 편린들을 수집하고 분류하며 해독하고자 한다. 그러나 욕망의 내용들을 유형적으로 분류해 보는 작업은 매우 흥미롭지만 위험스러운 일이기도 하다. 욕망은 그 형태가 분명하지도 않을 뿐더러 모순적, 양면적이며 따라서 의미복합적이기 때문이다.

욕망이 의미복합적이라는 지적은 사실 우리의 체험 자체가 의미복합적이라는 것의 다른 표현에 지나지 않는다. 우리의 일상적인 하루는 수많은 의미의 결을 지닌 만남과 헤어짐, 대화와 침묵, 흥분과 사색으로 엮어진다. 같은 행위도 상대와 맥락에 따라 다의적으로 읽힐 수 있다. 여기에 관찰자의 주관이 개입되면 문제는 더욱 복잡해진다. 따라서 이 글에서는 욕망의 유형분류를 위해, 낮과 밤의 이미지라는—반드시 시간적인 구분만이 아닌—하나의 임의적인 기준을 활용하고자 한다. 사실 현대사회에서는 낮과 밤이라는 이미지도 그 내용상 변질된 것이 사실이다. 전기 조명이 존재하지 않았던 시절에는 낮이 생산과 정복의 이미지를, 밤이 휴식과 안락의 이미지를 갖는다면, 오늘날에는 적어도 이러한 대비적인 단순한 구분이 허용되지 않는다. 낮과 밤은 생산적이기도 하고 동시에 소비적이기도 한 것이다. 여기서의 구분은 낮이 의식적이고 자각된 질서를 표상하고 밤은 무의식적이거나 잠재된 세계를 표출한다는 의미를 부분적으로 함축하고 있다.

이러한 기준에 의거하여 다음과 같은 분류를 설정해 본다.

- 낮의 욕망(의욕, 희망, 생산성)
  ① 성취의 욕망: 노동, 투쟁, 경쟁, 정복, 섹스…
  ② 소유의 욕망: 축적, 재산증식, 투기, 명분…
  ③ 유희의 욕망: 놀이, 스포츠, 태만, 신바람…

- 밤의 욕망(충동, 안락, 파국)
  ④ 망각의 욕망: 체념, 포기, 현실만족, 대리충족…
  ⑤ 쾌락의 욕망: 익명성, 섹스, 향락, 치장, 속물근성…
  ⑥ 소비의 욕망: 허영, 외양, 환경파괴…

2) 낮의 욕망

우선 '성취의 욕망'은 일상적 삶의 정상적인 진행에 핵심을 이루는 요소이며, 사회 전체의 존속과 유지를 위해서도 필수불가결한 활력소가 된다. 지난 과거에 "잘 살아보세"라는 구호와 새마을운동가에서 느꼈던 노동에 대한 고취는 당시 정권의 이데올로기적 조작의 효과였다는 점을 인정하더라도, 당시의 모든 한국인들에게는 현재적 삶과 미래 설계에 대한 나름대로의 독특한 낙관적이고 진취적인 분위기를 만들어 냈던 것도 사실이다. 이는 민족중흥이라는 허망한 정치적 구호와 국민교육헌장의 획일적인 암송이 빚어냈던 암울한 시대상의 이면에서 우리들의 일상을 엮어 갔던 작은 삶의 활력소가 되었던 것이다. 이는 오늘날의 경우도 예외가 아니다. 문민정부가 주창하는 민주화와 신한국건설, 세계화와 통일에 이르기까지 한국인의 정치·사회적 삶의 영역에서 성취에 대한 욕구는 잘 드러난다. 이처럼 성취의 욕망은 집단적 활동의 동원에 중요한 이데올로기적 효과를 발휘하는 것도 사실이다. 성취를 위해서 집단은 결속, 단합하고 지도자에 충성하며 그 지도원리에 충실해야 하기 때문이다. 그러나 성취의 욕망이 자연스런 공감대 위에서 형성된 것이 아닐 때, 성취의 욕망은 파괴와 폭력을 내포할 수 있다. 한국에서 공식적으로 집단적인 성취동기가 가장 고양되던 시기는 바로 폭력과 파괴의 시기이기도 하였다.

　일상적 삶에서도 명예, 부, 권력에 대한 개인적인 목표의 성취가 중요한 자리를 차지한다. 세계적으로도 두드러지는 한국인들의 교육열은 사실 세속적 자기 성취에 대한 강렬한 욕구의 표현이며, 대학입시나 고시공부에서 그 가장 극단적인 사례를 찾을 수 있다. 무엇을 더 이루고 더 얻기 위한 근성은 군사 쿠데타와 시위에서도 각기 다른 모습으로 나타나며, 상식을 벗어난 행태와 인신공격이 난무하는 선거전이나 집단이기주의가 여지없이 드러나는 지역주민들의 농성과 집단행동들도 좋은 예가 된다. 이러한 지위상승에 대한 욕구나 개인적·집단적 이익을 쟁취하려는 성향은 남성과 여성 사이에서도 예외 없이 드러난다. 한국인들의 성차별은 가정에서나 사회적인 장에서, 그리고 개인적인 남녀관계에서도 흔히 나타난다. 이처럼 성취의 욕망은 파괴와 상실이라는 극단과 그 끝이 맞닿아 있는 경우가 많다. 성장 위주의 경제정책과 보다 많은 것을 이루고자 하는 기업윤리는 필연적으로 노동착취와 자연파괴, 궁극적으로는 인간성의 상실이라는 값비싼 대가를 치른다. 우리의 일상적인 교통문화를 보더라도, 가능한 한 양보를 안하고 좀더 빨리 가려 하는 집단적인 습성은 높은 교통사고율과 인명피해라는 파국적인 결과를 초래할 뿐이다. 이처럼 성취의 욕망은 많고 큰 깃을 원하지민, 그와 비례하여 보다 큰 상실을 초래할 수도 있다는 점을 많은 사람들이 망각하고 있다.

　성취의 욕망은 소유의 욕망과 불가분인 경우가 많다. 그 이유는 성취가 반드시 무엇을 소유함으로써 이루어질 수 있다는 물질주의의 일반적인 경향에 있다. '소유의 욕망'은 우리 서민들의 생활에서 빼놓을 수 없는 집 한 칸 마련의 꿈이 대표적이다. 경제성장의 이면을 장식했던 망국적인 땅투기나 재산증식에 대한 가히 맹목적인 추구도 여기서 크게 벗어나지 않는다. 많은 이들에게 물질적 소

유만으로는 충분치 않으며, 자신의 지위에 걸맞지 않은 명분의식
(직함과 경력, 학력 등)도 한국인에게는 두드러진다. 이처럼 자본주
의라는 소유의 신화가 저급한 이데올로기가 될 때 그 사회는 천민
화한다. 이 점에 있어서, 한국인에게는 적어도 소유가 모든 것의
왕도임에는 틀림없다. 어디에서나 먼저 자리를 차지하려는 성향은
새치기, 무질서, 사재기, 암표 등과 같은 행태를 통해서도 잘 나타
난다. 또한 내용 없는 껍질의 소유욕이나 집착('증'의 소유, 대학원
최고경영자과정, 해외여행에서 증명사진 등)도 한국인들에게는 유
별난 측면이 없지 않다.

　사실 소유욕이란 무한한 것이고, 따라서 우리의 현실적인 소유
능력은 항상 미흡하게 마련이다. 그 결과는 다름 아닌 외관의 소유
나 소비로 귀결된다. 자동차의 소유나 그를 통한 신분의 과시는 한
국인들에게 유난스러운 현상이다. 한국인이 소유한 자동차의 평균
배기량이, GNP가 두 배가 넘는 프랑스나 이태리의 평균배기량을
능가한다는 사실이 이를 입증한다. 한국의 경제적 위상은 지난 십
여 년간 괄목할 만큼 성장한 것도 사실이다. 하지만 이러한 외양적
성장에 가려진 뒷모습은 우울하기만 하다. 세계 8위로 랭크되어 있
는 한국의 출판시장 규모에 비해 한국인의 독서량은 매우 보잘것
없고, 최근에는 출판된 서적이 그대로 폐지공장으로 직행하는 소
비자본주의의 파행성이 물의를 일으키고 있다. 책은 도서관보다
쓰레기 처리장에 보다 다양하고 풍부하게 구비되어 있다. 구호처
럼 외쳐지는 정보화사회에서 정보의 가장 중요한 보고라 할 수 있
는 서적들이 폐지처럼 취급당하는 현상은 가히 역설적이다. 이처
럼 소유의 욕망에 내재하는 모순은 바로 소유가 박탈과 폐기의 위
험을 항상 내포하고 있다는 점이다. 그 이유는 소유하려는 대상의
피상성에 있고, 소유하려는 욕구의 즉흥성에 있다고도 할 수 있으

며, 이는 결국 문화의 빈곤으로 귀결된다.

　이러한 모순적인 구도는 '유희의 욕망'에도 해당된다. 유희의 욕망은 '대충하고 놀자'는 적당주의의 부정적 측면과 스트레스를 풀고 재충전하기 위한 레크리에이션의 측면을 동시에 지닌다. 명분을 위한 각종 (노는) 모임들은 우리의 일상에서 빼놓을 수 없는 부분이며, 모임 후에 항상 따르는 애프터와 2차도 우리들의 유희에 대한 열정을 표현한다. 스포츠에 대한 열기도 다른 민족에 비해 남다르며, 올림픽이나 월드컵의 개최가 민족의 사활이 걸린 일로 인식되기도 한다. 일반인들이 프로야구와 농구대잔치에서 보여주는 열기 역시 집단적 흥분의 발산이라는 긍정적인 측면이 있음에도 불구하고, 매스컴과 대중적 동원을 통한 집단적 열기의 획일적 발산이 과연 바람직한가에는 의문이 남는다. 이는 대학사회에도 예외가 없다. 거의 의례적으로 이루어지는 각종 대학축제와 운동회, 수학여행, 엠티(M.T.), 그리고 이에 따른 빈번한 휴강은 외국의 대학에서는 찾아볼 수 없는 일들이다. 범국민적인 취미활동이라 할 수 있는 고스톱과 노래방문화도 이에 버금가는 현상이다. 특히 일부 남성 직장인들에게는 일상화되어 있는 유흥문화(룸살롱, 가라오케)나 퇴폐·향락문화는 형식적으로는 모두 사교적 모임과 유희가 절충된 방식으로 이루어지지만, 이는 우리가 위에서 분류한 밤의 꿈들과 은밀하게 접속된다. 공식적인 업무의 뒤편에는 항상 야유회, 회식, 소풍 등의 형식으로 유희가 뒤따른다. "노세 노세 젊어서 노세"가 우리의 입가에 배어 있던 시절도 있었고, 최근에는 효도관광과 각종 해외여행의 패키지 상품들이 3차산업의 중요한 부분을 차지하게 되었다. TV 오락 프로그램 등을 통해 대중들에게 거의 일방적으로 자행되는 방송매체의 횡포는 우리의 유희의 욕망을 보다 더 암울하게 만든다.

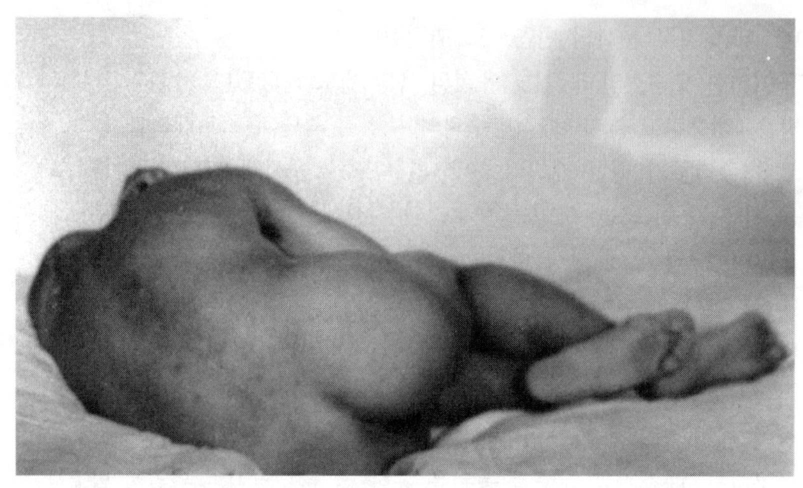

　이처럼 우리의 주위에 널려 있는 유희와 오락의 소프트웨어는 무척 다양하고 일상의 구석구석에서 우리를 유혹한다. 사실 유희는 일시적인 현실 탈피와 망각의 효과를 지니기도 하며, 소위 스트레스의 해소에도 중요한 역할을 한다. 또는 앞서 언급한 성취와 소유의 욕망이 가져 오는 과열된 경쟁상황에 기인한 긴장된 현실로부터의 이완을 의미하기도 한다. 유희의 욕망이 삶의 재충전이라는 측면에서 긍정적인 기능을 하는 것도 사실이지만, 그것이 성취나 소유의 욕망으로부터 완전히 분리되어 추구될 때 유희는 곧 향락이나 쾌락의 추구가 되는 것도 사실이다. 실제로 3D 직종 기피 현상이나 서비스업 계통으로 남녀를 불문하고 청장년층들이 집중하는 현상은 현대 사회에서 차지하는 유희의 중요성을 새삼 반영한다. 이제 일이란 놀이와 그렇게 선명하게 구별되지 않으며, 노동은 여가를 전제하지 않고서 이루어질 수 없는 것이 되어 버렸다. 유희는 분명 삶의 재생산을 위해 투입되어야 할 필요한 활동의 일부이지만, 건강한 낮의 이미지가 상실될 때, 음주문화나 타락이라는 밤의 이미지로 변모한다. 따라서 허무와 자기 상실을 항상 그 내부에 품고 있다.

3) 밤의 욕망

뒤랑(G. Durand)에 의하면, 낮의 이미지는 분류와 구분의 논리에 기초하고, 밤의 이미지는 연결(순환)과 혼란의 의미체계로 이루어진다(Durand, 1964). 위에서 분류한 밤의 꿈(망각, 쾌락, 소비)도 ―비유적으로나마― 이러한 해석이 가능하다. 잊는다는 것(망각)은 새로 시작하기 위한 전제가 되고 따라서 과거와 현재를 연결하는 고리의 역할을 하기도 한다. 즐긴다는 것(쾌락)도 어쩌면 망각을 위한 수단이 된다. 흔히 스트레스 해소를 위한 음주문화나, '필름이 끊긴다'는 표현도 이와 거리가 멀지 않다. 또 한편 제어되지 않는 쾌락의 추구와 물질, 기호의 소비는 분명 혼란이나 혼돈의 이미지에 부합된다. 욕망을 충족하려는 과정은 분명 혼란스러운 절차와 과정을 요구한다. 쾌락과 욕망은 삶에 필수적이면서도 그 시작과 끝은 항상 불안하고, 또한 쉽게 통제되지 않는 만큼 활력적이다.

밤의 이미지는 우선 '망각의 욕망'으로 해석될 수 있다. 망각은 잊으려는 욕망인 동시에 버리려는 꿈이다. 모든 것을 쉽게 체념하고 모든 것이 '팔자 소관'이라고 생각하는 사고는 우리의 구세대에게서 쉽게 발견되는 면이고, 대부분의 한국인들이 보이는 현실타협적인 성향도 쉽게 포기하거나 체념하는 성향의 표출이라 할 수 있다. 또한 "올챙이 시절 생각 못하는 개구리"는 우리 주변에서 흔히 만난다. 상황에 따라 용케 변신하는 처세술은 특히 정치인들에게 일종의 덕목이나 능력으로 치부되기도 한다. 이 모든 것들은 망각을 의도하는 것은 아닐지라도, 적어도 망각을 전제로 하고 이루어진다. 우리는 항상 오리발 내밀기를 주저하지 않고, 언제나 꿩 대신 닭도 좋다는 관용 아닌 관용의 윤리에 익숙해 있으며, 잊고 싶거나 잊어야만 하는 일을 당했을 때 우리는 "세월이 약"이는 말을 내뱉는다. 정치인들의 식언과 즉흥성, 유행과 정치·사회적 이슈의 빠른 변화도 이러한 망각의 연쇄 속에서 이루어진다. 이러한 망각의 연쇄에 일조하는 것은 역설적이게도 각종 정보매체들이다. 새로운 정보를 이슈화하기 위해서 낡고 지난 이야기들은 빨리 잊어야 하기 때문이다. 우리의 체험이 시간의 흐름에 적응하고, 망각은 의식의 흐름을 전제한다는 사실은 망각의 욕망이 부정적이거나 소극적인 의미만을 띠지 않는 근거가 된다. 망각은 사실 성취나 소유나 유희를 위해서도 필요한 것이고, 이는 마치 낮과 밤이 대립적이 것이라기보다 상호순환적인 것이라는 사실과 비유해 볼 수 있다. 그러나 우리가 망각의 욕망을 적절히 관리할 수 없을 때, 현실도피나 체념과 포기로 귀결되는 위험을 배제할 수 없다.

이에 비해 '쾌락의 욕망'은 일시적이고 반복적이며 낮의 욕망과 상충하는 경우가 많다. 쾌락의 주체는 은폐된다는 점에서 익명적이다. 이 익명성은 음성적이고 음탕하고 은밀하기 마련이고 이는 단란주점이나 여러 유흥업소가 아직도 지하실에 있거나 어둡고 밀폐된 공간에 위치한다는 사실이 잘 상징하고 있다. 쾌락이 난무하는 공간은 익명성이 보장되지 않으면 그 생명을 잃게 된다. 이것은 카메라 출동에 걸린 유흥업소의 취객들이 대부분 자신들의 얼굴을 가리는 모습에서도 확인된다. 서울 강남의 밤을 장식하는 네온사인은 화려하지만 사람들은 역광에 의해 얼굴이 보이지 않으며, 그들의 익명성을 보장받으려 한다. 물론 이러한 일상적 공간이 공적인 삶으로부터 보호되어야 할 프라이버시의 공간이지만, 이 공간은 때때로 자기 상실의 공간이 되기도 한다. 뉴스에 간혹 화젯거리가 되는 러브 호텔이나, 몇 해 전 인구에 회자되던 오렌지족이나 야타족들의 행태, 유원지에서 간혹 볼 수 있는 우리네 아줌마 아저씨들의 술과 춤판도 사실 프라이버시의 공간이라 할 수도 있지만 이는 분명 과도한 쾌락에 상실된 자기 도취의 일면들이다.

이에 비한다면 노래방문화나 한국 여성들의 화장과 육체 가꾸기 등은 비교적 온전한 문화행태로 이해될 수 있다. 하지만 그 이면에는 인신매매, 청소년 성범죄 등 위험이 도사리고 있는 쾌락의 소프트웨어가 즐비하다. 단지 대부분의 우리는 모두 이러한 현상들에 대해 방관자가 되려고 할 뿐이다. 이는 적어도 쾌락의 추구가 음성적으로는 일반화되어 있으면서도, 사회적으로 쉽게 용인되지 못하는 이율배반에 그 원인이 있다. 사실 쾌락은 삶의 활력소가 되어야 하지만, 그 늪에는 망각과 소비의 욕망이 서로 얽혀 있고, 따라서 적절한 조율과 정상화(양성화)가 원천적으로 힘들다고 할 수 있다.

'소비의 욕망'은 소유의 욕망과 불가분이다. 써버린다는 것은 새로운 소유를 전제하며, 우리는 매일 아침 배달되는 서너 종의 일간지와 산적한 신문 폐지 사이에서 이를 확인하며 살고 있다. 우리의 음식문화도 예외가 아니다. 음식은 언제 어디에서나 먹을 수 있어야 하며(사발면, 김밥, 길거리의 부산 오뎅), 항상 남거나 남겨야 하는 음식과 '먹는 게 재산'이라는 생각이 부페식당을 붐비게 한 적도 있다. 이들은 우리의 소비문화의 단면만을 치장하고 있다기엔 너무도 확연하다. 끊임없이 소비를 부추기고 부추겨야만 기업이 생존할 수 있는 자본주의의 천박한 논리는 여지없이 광고매체와 광고 자체의 소비성(맥주, 우유, 화장품의 광고전쟁)에서 확인되며, 이들은 실제적으로 소비의 욕망을 자극하고 재창출하는 데 지대한 영향력을 행사한다. 기호(記號)의 소비에 의한 대리충족은 자가용의 기능과는 무관한 외관의 치장이나 외제 상표의 선호와 도용에서도 여실히 드러난다. 핸드폰과 삐삐의 폭발적인 판매는 기능적인 편리성 외에도 유행적 소비성향의 일면을 보여준다. 이처럼 일상적 쾌락추구의 일부분이 된 소비는 종종 우리에게 파국적인 결말을 가져 오며, 관광지 주변에 즐비한 식당과 호텔들이 방류하는 폐수에 의한 수질오염은 그 좋은 예라 하겠다. 따라서 소비의 욕망도 분명 관리와 조정의 대상이 되어야 하며, 성취나 망각의 욕망과 적절히 배합되어야 한다. 쾌락의 욕망과 마찬가지로 소비의 욕망도 무한한 것이고, 그 앞에 선 우리는 항상 초라하고 왜소하기 때문이다. 소비의 욕망에 짓눌린 우리의 일상적 모습은 우리의 자아마저도 소비해 버린, 자아 상실의 모습과 다를 바 없다.

이상과 같은 욕망의 분류는 분명 임의적이다. 낮의 욕망과 밤의 욕망은 서로 결합되고 중첩되며, 서로의 결핍을 포섭하고 보완한다. 이들의 욕망이 형성되고 해소되는 공간은 다를 수 있으나 성취는 망각을, 유희는 쾌락을, 소유는 소비를 그 내부에 잉태하고 있다. 어쩌면 이들은 궁극적으로 동일한 지점에서 만날지도 모른다. 욕망에는 낮과 밤이 교차하듯 어둠과 밝음이 공존한다. 때로는 희극적이고 때로는 비극적이다. 가지려는 욕망은 버려야 함을 요구하고, 이루려는 욕망은 망각을 요구하기도 한다. 즐기려는 욕망과 쾌락에의 충동은 어쩌면 모든 현실적인 욕망의 괄호치기일지도 모른다. 적어도 쾌락과 유희가 일상성에 개입하는 방식은 이처럼 역설적이고 임의적이며, 따라서 방향성과 논리를 가지지 않는다. 이는 한국인들의 전통적 무교(巫敎)의 신비주의적 측면과도 무관하지 않을 듯싶다. 즉 '신들림'이라는 것은 즉물적(卽物的)인 경험이고 이성적이고 합리적 인식이 개입할 여지가 없다. 원초적인 집단적 감정의 공유에 작용하는 야성(野性)과 격정(激情)이라는 무속의 특징은 카타르시스의 기능을 지니며, 이루지 못한 또는 이룰 수 없는 꿈의 응어리를 풀어 주는 것이다. 우리의 무속신앙이 지니는 이러한 점술적 측면은 미래에 대한 불안감을 해소시키는 기능을 하기도 한다(김경동, 1989). 어쩌면 우리의 욕망의 다면적인 양태들도 이러한 무속성과 불가분의 관계에 있을 수 있다. 우리의 욕망은 분명 집단적인 양태로 표출되며, 이성과 양식의 측면보다는 감정과 정서적 측면이 압도한다. 우리의 내면에 잠재하는 응어리를 풀어 준다는 점에서 소중한 것이고, 그것이 또 다른 응어리를 만들 수 있다는 점에서는 위험한 것이 된다. 욕망의 위상은 이처럼 중층적이고 모순되는 것이다.

3. 조절의 미학 – 진부한 것들의 중요성

위에서 본 것처럼 우리의 일상생활은 꿈을 꾸고 꿈을 실현하려는 활동들의 반복이다. 욕망은 의식적으로 정교하게 고안되어 실현되는 것이라기보다는, 정서적인 활동이며 일시적이고 진부한 것들의 표출이다. 하지만 일상생활 속에서 우리가 느끼고 체험하는 많은 '진부한 것'들이 지니는 의미를 진부하다는 이유만으로 배제해 버릴 수는 없을 것이다. 많은 사회학적 연구의 주제가 되는 교육, 종교, 정치, 제도, 권력 등이 뿌리 내리고 있는 곳은 바로 이 진부한 것들의 일상성이라고 하는 토양이다. 적어도 기존의 많은 연구방법이나 연구대상들은 사회학이라는 이름하에 이루어진 단순화나 정형화, 그리고 때로는 환원론에서 크게 벗어나지 않는다. 미세한 세균이나 유충들의 세계는 우리의 시선에 잘 잡히지 않으며, 이는 마치 사회학과 일상성의 경우에도 그렇다. 이론이라는 거대한 렌즈는 멀리 그리고 넓게 보도록 해 주지만, 작고 미세한 대상들의 움직임을 들여다 보는 현미경의 역할은 하지 못한다. 따라서 기존의 많은 이론들이 간과하는 진부한 것들로서의 일상성은 새삼 사회학적인 중요성을 띠는 것이지만, 그만큼 접근하기 힘든 대상인 것도 사실이다. 이는 매일같이 반복되는 일과 휴식과 놀이와 쾌락에 대한 욕망이 우리에게는 무척 진부한 것이지만, 그만큼 그 동기와 결말에 있어서 우리에게 불가지한 요소들을 남기는 이유와도 상통한다.

일상적인 욕망들은 우리의 모든 사회적·개인적 활동을 조절하고 조율하는 기능을 한다고 볼 수 있다. 사실 다양한 사회제도나 교육, 조직들도 이러한 개인적·집단적 욕망의 조절기제라는 의미로 이해될 수 있다. 우리가 욕망을 적절히 분출하고 또한 관리하지 못할 때, 욕망은 항상 위험스러운 것이 된다. 정치적 억압은 정치적 욕망의 억압이었고, 성적 억압은 성적인 욕망과 환상의 억압이다. 욕망은 항상 개방적이고 미완결적라는 점에서 가치가 있는 것이며, 바로 이 점에서 우리는 욕망을 양성화하고 조절할 필요가 있는 것이다. 하지만 욕망의 조절과 조율은 기계적이고 조직적인 장치나 합리적이고 계산된 규칙에 따라 이루어질 수는 없을 것이다. 욕망의 본질이 즉흥적이고 일시적이라면, 그 해소와 조절도 그와 같은 방식을 따라야 할지도 모른다. 다만 위에서도 지적하였듯이 우리의 욕망은 지나치게 음성적이고 익명적인 형태로 생성되고 파기되는 경우가 많다. 이러한 욕망에 대한 보다 공개적이고 개방적인 조절은 가능하지 않은 것일까? 이는 분명 전통적인 윤리관과 가치에 정면으로 대립될 수도 있지만 그 대립의 경계선에 대해서는 충분한 사색이 필요하다.

모든 사회가 그렇듯이 한국사회에도 욕망의 내용과 충족방식은 세대와 집단에 따라 성층화되어 있다. 비교적 기성세대가 친숙한 전통적 유교윤리는 적어도 그 공식적인 차원에서는 다분히 금욕주의적 색채가 농후하다. 하지만 그렇다고 해서 한국의 유교윤리가 우리 선조들이 욕망을 표출하고 충족하는 방식을 정형화하거나 근본적으로 차단하는 기제로 작용했다고는 볼 수 없다. 특히 민중계급의 일상생활은 매우 자유분방하고 격식없는 행태들로 이루어졌다는 사실이 조선시대의 구전가요에 대한 연구를 통해 잘 드러나고 있다. 시골 아낙네나 소작농들이 그들의 일터에서 부르며 구전되어온 구전가요의 내용들은 매우 자유분방하고 풍자적이며, 삶에 대한 여유와 관조를 보여주고 있다. 또한 '부부유별'과 '남녀칠세부동석'의 사회였음에도 불구하고, 성적 농담과 해학, 남녀문제에 대한 개념적 태도는 현대인이 보아도 낯 뜨거운 부분들이 많다. 이처럼 공식적인 이데올로기로서의 유교윤리의 그늘에는 일상적 욕망의 표출과 충족이 항상 은밀한 방식으로 존재해 온 것이다.

현대 한국사회의 공식적인 윤리관, 즉 교육기관과 각종 시민단체가 표방하는 도덕적 기준은 우리의 전통적 유교윤리와 기독교적 윤리관이 결합된 형태에 바탕을 두고 있다. 아직도 논란이 되고 있는 동성동본간 결혼문제나, 청소년들의 성교육에 지나치게 민감한 (학부모로서의) 기성세대의 태도, 최근에는 여성들의 노출에 대한 공권력의 개입 등 그 예는 우리의 주변에서 쉽게 발견된다. 또한 인터넷을 통한 음란물에 대한 과민반응은 음란만화와 서적을 보며 성장해 온 기성세대들의 훈육으로 가장한 위선이나 아니면 적어도 자신들의 성장과정에 대한 망각에서 비롯되는 것이다. 인간이 성적 호기심을 가지며 이성을 통해 육체적인 자극을 받는 것은 당연한 일이며, 기성세대가 해야 할 일은 경제적·사회적 능력이 없는 청소년들이 자신의 욕망을 충족시킬 수 있도록 다양한 방법과 통로를 마련해 주는 일이지, 그들을 소독된 무균의 울타리에 가두는 일이 아니다. 여기서 필자가 강조하는 점은 기성세대들의 시대착오나 위선에 있다기보다는, 인간이 가지는 일상적 욕망의 자연스러움에 있다. 성취의 욕망이건 쾌락의 욕망이건, 욕망이 없는 한 인간의 삶에는 의미가 없다. 욕망을 스스로 관리하는 것 자체가 우리의 삶의 역정이기 때문이다. 또한 이러한 욕망이 부자연스럽거나 원하지 않는 방식으로 강요될 때, 사회적인 병리현상이 발생한다. 모든 병리적인 것은 자연스러움의 거부나 억압에서 나오는 것이다.

따라서 욕망의 조절은 제도화된 교육이나 합리적인 홍보와 계몽으로 이루어지는 것이라기보다는, 우리 개개인들이 일상을 살아가는 과정에서 발휘해야 할 기예(技藝, art)에 의존해야 할 문제일 것이다. 더이상 우리의 일상이 공적 영역과 이데올로기로부터 침해당하지 않으며, 사회적 삶의 토양이 되는 우리의 사적 공간이 성장하기 위해서는 이처럼 진부한 것들에 대한 새로운 인식과 관심, 진부한 것들을 조절하고 관리하려는 적극적인 태도가 필요할지도 모른다. 명분과 공리에 의해 압도당하지 않는 프라이버시의 공간이 보호되기 위해서도 우리는 각자의 욕망을 조절하는 기술을 습득해야 할 것이다.

욕망은 덧없는 것이지만 반복적이고 또한 항상 역동적이고 활력이 있다. 이데올로기가 사육된 야수들이라면 욕망은 야생의 동물들이다. 예측과 통제가 힘들지만 그만큼 흥미롭다. 하지만 위험하기도 하고 치명적일 수도 있다. 그러나 욕망을 조절한다는 것은 무엇을 의미하는가? 욕망의 조절이 또 다른 욕망의 억압으로 귀결될 위험은 없는가? 적어도 모든 교육과 제도와 물화된 문화는 욕망의 억압으로 작동하지 않는가? 욕망이 결코 치유되어야 할 병이 아니라면, 사회적 삶을 적당히 썩히는 효모의 기능을 한다면, 욕망의 성장력은 보호되고 그 근원적인 종자는 보관되어야 한다. 이런 의미에서 우리는 그 성장을 위한 배양액을 마련해야 한다.

우리의 일상적 삶을 고려할 때, 욕망이 활성화되는 공간과 영역의 적절한 배치(시간적·공간적)가 중요하다. 여러 종류의 욕망이 교섭하더라도 서로의 고유한 영역은 침범하지 않는 방식의 배치가 필요하다. 즉 주거공간이 보호해야 할 안락의 욕망과 유흥가의 쾌락의 욕망은 공간적으로 구분이 필요하다. 또한 정치적 또는 공적인 욕망들이 사적인 욕망의 영역을 침범하지 않아야 하고, 성취의 욕망이 실현되어야 할 공간에서(한 예로 대학) 유희의 욕망이 범람하지 않아야 한다. 또한 유희를 추구하는 육체와 쾌락의 대상으로서의 육체는 구분되어야 한다. 욕망은 잡초와 같이 자생력이 강하기 때문에 서로간에 상보적이기도 하지만, 특정 욕망이 다른 욕망을 지배하려는 성향도 지니기 때문이다. 욕망을 적절히 배치하고 수급하고 조절하는 일은—개인적으로나 사회적으로—그 혼란과 파국을 방지하기 위해서 뿐만 아니라, 사회의 원활한 재생산을 위해서도 필요한 일일 것이다.

그러나 이러한 욕망의 관리가 저절로 이루어지는 것은 결코 아니다. 욕망이 분출되고 해소되는 공간들의 적절한 배치는 욕망의 주체에게 부과되는 자율과 함께, 사회구성원들의 보다 너그러운 태도와 유연한 의식이 필요하다. 다른 사람의 욕망충족방식을 관용하는 태도와 자신의 욕망을 적절한 수준으로 조절하는 것은 최소한의 사회적 합의를 끌어내기 위한 필요조건이 된다. 한국인들이 지닌 욕망의 복합성과 모순을 다시 생각해 본다면, 대중소비사회와 도시적인 삶에 한국인들은 아직도 익숙하지 않은 셈이다. 이 익숙지 않은 변화된 삶의 공간을 보다 쾌적하고 편안하게 만들기 위해서는 분명 많은 시행착오가 필요하다. 욕망의 논리는 일상의 논리와 부합하면서도 상치되는 경우가 많다. 욕망의 논리가 지나치게 현실에 부합될 경우, 우리의 삶은 매우 무미건조할 것이고, 지나치게 상반되는 경우 일상의 삶이 매우 혼돈스럽고 불편해 질 수도 있다. 욕망은 그 자체가 매우 역동적이고 생성적이기 때문에 소중하다. 일상의 진부함은 이런 의미에서 결코 진부한 것이 아니다. 삶의 무궁무진한 의미와 에피소드와 이야기가 생성되는 보고이며, 모든 제도와 공적인 삶은 이러한 이야기들의 형식화에 지니지 않는 것일 수 있다. 인간은 쾌락의 욕망으로 태어나서 생존의 욕망으로 살아가며 마감하는 매우 '진부한 존재'라 할 수 있다. 이 진부한 존재에게 진부한 일상성만큼 현실적인 것은 없다.

참고문헌

김경동. 1989, 「감정의 사회학」, ≪한국사회학≫ 제22집.
라캉, J. 1994, 『욕망이론』(권택영 역), 문예출판사.
르페브르, H. 1990, 『현대세계의 일상성』(박정자 역), 세계일보.
≪문화과학≫ 1993. 봄호, 「특집: 욕망」.
박재환 편. 1994, 『일상생활의 사회학』, 한울.
프로이트. 1995, 『토템과 타부』(김종엽 역), 문예마당.
de Certeau, M. 1990, *L'invention du Quotidien*, Gallimard.
Durand, G. 1964, *L'Imagination Symbolique*, PUF.

종교의 일상사회학

최종철

1. 머리말

현대 한국사회의 특수성을 문화적 차원에서 찾으려 할 때 제일 먼저 눈에 띄는 것은 종교영역에서 나타나는 활기이다. 근대문명의 개화와 함께 종교가 상대화되고 그 결과 종교의 관할영역이 축소될 수밖에 없었던 것이 대세라고 한다면, 한국사회의 종교적 열기는 세계의 주목을 빝을 민한 현싱이다. 비록 최근에 세계 도처에서 보이는 종교의 부흥현상이란 역풍이 일고 있다고 해도, 그것이 시대의 대세를 역전시키는 정도는 아니라고 볼 때, 한국사회의 '종교열'은 여전히 설명되어야 할 현상인 것이다. 한국사회의 '종교열,' 달리 말해서 종교적 실천의 과잉 확대재생산은 '신들의 축복' 인가? 아니면 우리사회 전 영역의 부조리가 응축된 표현으로서 하나의 문제상황인가? 이 질문에 대해서 어떤 입장을 취하느냐에 따라서 한국인의 종교적 일상성을 기술하는 방향이 사뭇 달라질 것이다.

필자는 이 질문에 대한 대답의 실마리를 최근에 일어난 삼풍백화점 붕괴사고를 통해서 찾아보고자 한다. 이 사고는 일견 종교현상과는 거리가 멀게 보일지 몰라도, 그 사고가 함축하는 의미는 위에서 제기한 질문에 답을 줄 수 있는 좋은 화두가 된다. 첫째로 ‘삼풍백화점’으로 상징되는 자본주의적 생활양식의 첨단 공간이 자본주의의 첨단 건축기술에 의해 안전을 보장받지 못하고 어이없이 무너져 내린 것이다. 그러한 건축기술과 공법은 업주의 눈먼 물욕으로 인해 무시된 것이다. 즉 아무리 과학이 첨단을 향해 달려가도 그것을 인간의 복지로 연결시키는 것은 인간의 몫이고, 정확히 말해서 직업윤리의 수준에 맡겨지는 것이다(물론 그 직업윤리의 수준은 개인에 의해 결정되기보다는 그 사회의 구조적 규제에 의해 일차적으로 정해진다는 것은 재론할 필요가 없을 것이다). 다시 말해서 ‘삼풍사태’는 오늘을 살아가는 한국인의 평균적 직업윤리의 수준을 백일하에 드러낸 것이라고 볼 수 있다. 그것은 또한 우리사회가 얼마나 심한 불안감과 불신감을 감수하면서, 즉 사고의 개연성을 인식하면서도 대책 없이 삶을 영위하도록 구조지어진 사회인가를 말해준다. 이러한 구조적 불안의식은 정치를 비롯하여 경제, 국방, 그리고 마침내는 일상적 교통안전에 이르기까지 사회의 거의 모든 영역으로 확산되게 된다. 이런 불안의식은 그에 대한 합리적 대책을 마련할 통로가 사회적으로 마련되어 있지 않을 때, 즉 불안이 미래에 대한 예측불가능성으로 남아 있을 수밖에 없을 때, 개인적으로는 종교적 해결책밖에는, 즉 권능의 주재자에게 기구하는 것밖에는 다른 대안이 없게 된다. ‘믿을 놈 하나도 없는 세상에서’ 그래도 ‘믿을’ 대상은 배신의 아픔을(적어도 단기적으로는) 안겨 주지 않는 ‘보이지 않는 손길’일 수밖에 없지 않은가. 현대사회의 최첨단이라는 컴퓨터 산업부문에서 세계 첨단의 기술을 개발해

내면서도 공공건물의 안전 하나를 확보하지 못하는 엄청난 사회적 불균형 속에서 '신들의 축복'은 세계가 놀랄 정도로 준비되고 있는 것이다.

둘째로, '삼풍사태'의 현장에서 생존자를 구출하는 과정 중 등장하는 '신통력'의 문제이다. 이것은 '종교열'의 사회적 생성이라는 차원보다는 훨씬 더 본질적 문제를 안고 있는 것이다. 첨단 과학기기를 사용해서도 찾아내지 못했던 생존자들을 '기공(氣功)'과 '수맥찾기'라는 초자연과학적 방법으로 찾아낸 것이다. 전혀 예상치 못했던 시험문제를 만나 현대과학의 지식과 초자연적 지식이 한판 겨룬 꼴이 되어 버렸고 결과는 후자의 '판정승'이었다. 물론 그 당시 동원된 첨단기술이 말 그대로 세계의 첨단기술이었는지는 모르겠으나, 아무튼 그 상황에서 보여준 '비과학적'이지만 '신통력'을 보여준 '종교적' 차원의 '권능'을 보면서, 우리는 과연 그 '권능'에 연연해 하는 사람들을 중세의 '몽매주의자'라고 정죄할 수 있을 것인가? 바로 여기에 '신들의 축복'이 말 그대로의 '축복'일 수도 있는 가능성의 여지가 자리잡게 되는 것이다. 이와 같이 한국사회의 '종교열'은 우선적으로 사회적 부조리의 응축이라는 차원과 부차적으로 그 응축을 나름내로 해소하는 문제해결적 차원을 동시에 갖춘 복합적 현상이라고 할 수 있을 것이다.

일상성을 포착하여 기술하는 것은 마치 공기의 존재를 보여주는 것만큼이나 미묘한 것이다. 모두다 경험하고 있는 것을 막상 꼬집어서 말해야 하는데, 마땅한 자료가 없을 경우에 개인적 체험에 의존해서라도 말하지 않을 수 없는 고충이 따른다. 이 글에서는 가능한 한 기존의 자료를 이용하여 일상성을 포착하되, 여의치 않을 때에는 개인적 체험에 토대하여 기술하고 있음을 미리 밝혀둔다.

또한 기존의 종교현상에 대한 연구가 서구적 종교연구의 시각에 의존하여 종교조직이나 종교제도 또는 이것들과 다른 사회영역(예컨대 정치)과의 관계에 대한 분석에 치우쳤기 때문에, 그리고 이런 이유로 한국의 종교들 중에서 우선적으로 기독교에 대한 연구가 양적으로 우세하기 때문에, 이 글에서도 불가피하게 기독교에 관한 서술이 많으며, 제도적·구조적인 현상에 대한 서술도 적지 않다는 점이다.

이 글에서 필자가 한국인의 종교적 일상성이라는 현대의 산업화가 본격화된 1960년대 이후 풍속화를 그리는 데 주안을 두는 7가지 장면들은 ① 종교적 실천의 다원중첩구조, ② 의식적·무의식적으로 은폐적인 남성들의 종교실천, ③ 현세적 공리주의의 용광로, ④ '종교적 관용성'의 약화, 또는 '종교적 정체성'의 분화, ⑤ 사회적 지위의 상징 또는 연줄망으로서의 종교조직, ⑥ 종교적 실천의 표준화 현상, ⑦ 전통적 종교성의 부흥이다. 이상의 일곱 가지 장면들이 현대 한국인의 종교생활의 모든 측면을 총망라하는 것은 물론 아니며 또한 기존의 연구와 중복되는 것도 있을 수 있지만, 이 글에서는 그동안 종교연구자들에 의해 상대적으로 소홀히 다루어져 왔던 개인적인 일상생활의 차원들을 보다 구체적으로 부각하려고 시도했다.

2. 종교적 실천의 다원중첩구조

종교적 믿음의 형태를 학자들의 분류에 따라 둘로 나눈다면, 초월신론(超越神論)의 형태와 내재신론(內在神論)의 형태로 나눌 수 있는데, 전자는 유일신을 숭배하는 유태교, 기독교, 이슬람교 등의 중동에서 기원한 종교들로서 전통적으로 확립된 종교적 교리와 실천에 대한 배타적 헌신을 요구하는 반면에, 후자는 불교, 도교, 무속 등의 동아시아에서 기원한 범신론적 종교들로서 전자보다는 상대적으로 덜 배타적이며 종교적 관용성이 큰 종교들이라고 할 수 있다. 한국의 전통적 종교문화는 후자에 속하는 것이었고 여기에 개항 이후 밀어닥친 서구 기독교 교파들의 이식으로 인해 소위 '다종교사회'의 전형이 형성되었으며, 이런 맥락에서 종교적 실천의 다원적 구조가 출현할 기반이 마련되는 것이다.

이 종교적 다원구조가 실현되는 것은 일상적으로는 한국의 교육시장의 구조와 밀접히 연관된다. 즉 유아에 대한 교육에서부터 고등교육에 이르기까지 한국사회에 유달리 강한 교육열(교육수요)을 수용할 조직적 기반이 국가에 의해 충분히 공급되지 못하는 상황에서 그 대체제는 사적 교육시장, 즉 기독교 계통의 사립교육기관에서밖에는 찾을 수 없었던 한국 특유의 상황이 그것이다. 1992년 현재 개신교계 고등교육기관(대학 및 신학대학, 신학교, 전문대학)은 69개(4년제 대학은 29개), 천주교계 고등교육기관은 12개(4년제 대학은 9개)로 도합 81개에 달하는 데 비하여, 다른 종교(주로 불교)는 4개 정도에 불과한 형편이다(한국종교사회연구소, 1994). 이는 국내의 4년제 대학을 100여 개로 본다면 1/3 이상을 점하는 높은 비중이라고 할 수 있다. 중등교육기관과 초등교육기관으로 내려가면 이런 기독교계 교육기관의 비중은 낮아지지만, 유아교육의 경우에는 다시 높아지는 추세를 쉽사리 확인할 수 있다. 이러한 상황은 조선조 말 개항 당시에 나타난 이래로 현재까지 그 기본적 구도에서 별다른 질적 변화 없이 재생산되고 있는데, 굳이 변화를 찾자면 사적 교육시장의 구조가 이전에는 기독교의 독점적 구조였다면 현대로 올수록 다른 종교단체들도 개입함으로써 다원화하는 추세 정도라고 할 수 있다.

아무튼 오늘날도 동네의 유아들을 가장 먼저 받아들여 교육하는 곳은 대개 개신교 계통의 교회의 주일학교이며, 이 주일학교에의 출석에 대해서 한국의 어머니들은 아직까지는 매우 관대한 편이다. 즉 그 종교성을 문제삼아 출입을 금지하기보다는 다른 마땅한 대안이 없는 상황에서 "그래도 뭔가를 배워 오리라"는 막연한 기대 속에서 유아들의 (종교)교육을 그들 자신들의 종교와는 다를 수도 있는 종교조직에 위탁하는 것이다.

이렇게 시작된 '종교적 관용'은 다시 중등교육과정에서 강요된다. 무시험 추첨으로 배정받은 학교가 기독교 계통의 종립학교이든, 불교 계통의 종립학교이든 학부모나 학생 본인에게는 선택권이 없다. 물론 학생에 대한 선택권이 없기는 학교 역시 마찬가지다. 유아시절부터 섞이기 시작한 종교교육이 청소년시기까지 연장되고 한국 특유의 범종교적 감수성을 갖춘 예비시민들이 양산되는 것이다. 대학과정에서는 기본적으로 학생이나 학교나 선택권이 있기 때문에 이전 과정과 같은 '강제'는 아니라고 해도 사실상 대부분의 명문사립대학들이 기독교 계통의 학교인 것을 감안한다면, 여기서도 종교교육에 관한 한 암묵적 강제가 이루어지기는 마찬가지다. 이와 같이 공교육의 장에서 혼합되기 시작한 종교적 정체성은 마침내 국가의 공식의전에서 그 완성을 보게 되는데, 그것은 3대 종교의 의례가 동시에 집행되는 현상이다. 박 대통령의 국장에서나, 군대에서의 장례식 같은 의전행사에서 개신교·천주교·불교별로 3중 종교의전을 진행되는 광경은 이미 우리에게 낯설지 않게 되었는데, 이런 한국적 해결방안은 아마도 다른 나라에서는 좀처럼 찾아보기 힘든 광경일 것이다.

다원적 종교실천의 양상을 좀더 사적인 차원에서 찾아보면, 역시 조상에 대한 추도의식인데, 이에 대해서는 조상에 대한 제사가

종교적 실천의 거의 전부를 점하고 있는 유교로부터 그것이 우상 숭배로 치부되는 보수 개신교에 이르기까지 종교별로 다양한 입장이 나타난다. 전래 초기에 제사문제로 큰 박해를 당해야 했던 천주교는 "일부 지역에서 유교식 제사와 천주교식 기도의 요소를 서로 가미하는 시도가 이루어지거나," 천주교 교회력에는 없는 설이나 추석에 '조상을 위한 미사'를 드림으로써 유교식 제사를 나름대로 수용하는 노력을 보여주었다. 천주교측의 조사자료(가톨릭신문사, 1988)에 의하면 천주교 신자 중의 68.3%가 유교식 제사를 지내고 있는 것으로 밝혀졌는데, 이것은 1982년의 조사에서 나타난 43.5% 보다 증가된 것이다. 가장 완강하게 제사를 거부하던 개신교 측에서도 약간의 변형을 거쳐 이를 허용하려는 움직임이 나타나고 있는 실정이다.

이런 사례로서 좀더 결정적인 것은 각 종교의 신자들이 보여주는 점복에의 의존이다. 불교측의 자료(불교신문사, 1988)에 따르면, 사주, 관상, 점 등을 보는 사람은 "거의 안하지만 어려운 일에 직면하면 본다"는 사람들(37%)과 "수시로 본다"는 사람들(6%)을 합치면 43%의 불교도가 잠재적 수요자로 되어 있다. 교리상으로는 그것을 '십계명을 어기는' 행위로서 금지하는 기독교 신자들(신구교막론)조차도 점복에 대한 의존을 완전히 청산하지는 못하고 있는 것이다. 천주교인의 경우 영세 후 토정비결을 본 경험이 있는 사람은 27%였고 사주, 관상이나 점을 본 사람의 비율은 한두 번 보았다는 사람(16.8%)과 여러 번 보았다는 사람(2.2%)을 합치면 19%에 달하며, 택일이나 작명을 해본 경험이 있는 사람은 12%에 달한다.

이런 현상이 가장 빈번히 관찰되는 대목은 일생의 중차대한 선택의 순간들로서 결혼 상대자의 선택, 대학의 선택, 취직문제 등이라고 할 수 있는데, 궁합에 대한 수요가 대표적이다. 결혼식을 예식장에서 할 사람이든, 교회에서 할 사람이든, 또는 절에서 할 사람이든, 그들 대부분은 본인들에 의해서 또는 부모들에 의해서 어떤 종류(주역, 무속, 스님, 심지어는 컴퓨터까지 동원된다)로든지 점복을 통해 그들 커플의 미래를 자문했을 확률이 매우 높다는 것이다. 앞에서 본 천주교인의 경우 "궁합에 어느 정도의 타당성이 있다"고 보는 사람들(20.5%)과 "결혼에 절대 필요하다"고 보는 사람들(1.6%)을 합하면 22.1%로서 신자 5명 중의 1명은 궁합을 믿고 있는 것이다.

이러한 다원중첩적 종교성의 구조는 이율배반적 정책의 동시추구라는 모순도 빚어낸 바 있는데, 제3공화국 이후 경제정책적 차원에서 줄곧 추구된 산아제한정책과 지배적 이데올로기이자 도덕적 덕목으로 추구되었던 충효사상 사이의 모순이 그것이다. "부모의 인위적 조작과 선택으로 태어난 자식들에게 고전적 충효사상을 강요하는 것은 매우 불합리하다는 것은 자명하다. 더욱 중요한 사실은 이렇게 상반된 정책을 수행하는 과정에서 우리사회는 한 번도 이 정책들에 대해 비판한 적이 없었다는 사실이다. 이만큼 다종교

상황은 우리사회에 가치혼수상태를 안겨 주고 있다"(윤이흠, 1988: 224-225).

3. 남성의 은폐적 종교실천

한국인은, 특히 한국 남성들은 여성들보다 종교적 실천을 공개적으로 하기를 꺼리는 경향이 짙다. 아마도 이런 관행은 내세지향적이며 초월적인, 따라서 '종교성'이 짙은 불교가 사회의 공적인 부문에서 금지된 조선시대부터 비롯되었다고 볼 수 있다. 즉 독일의 사회학자 막스 베버의 지적대로, 한국의 전통사회에서 현세부정적인 불교의 '정교분리적' 세력이 현세긍정적인 유교의 '정교일치적' 세력에 종속됨으로써 종교와 정치, 성(聖)과 속(俗) 사이의 긴장된 관계는 소멸되고 '종교적인 것'은 정치(또는 윤리)에 비해 저급한 것이고, 따라서 남성보다는 여성에 적합하며, 지배신분보다는 피지배신분의 일로 치부되었던 것으로 보인다. 즉 양반신분과 남성 위주의 유교문화와, 상민신분과 여성 위주의 불교 및 무속문화간의 이원회기 그것이다. 그런 기운데서도 조선 초기인 세종대와 세조대에서부터 구중궁궐 속에서는 유교의 현세적이며 공식적인 윤리 속에서 채울 수 없었던 '종교적 욕구'를 채우려는 왕족들(주로 여자)의 불교적 신행을 보게 된다.

하기야 개명한 현대에도 가정 이외에는 사회적 활동이 극도로 제한되어 왔던 한국사회의 (기혼)여성들에게 종교활동(특히 기독교계의 교회를 중심으로 이루어지는)이 사회로의 '숨통' 역할을 하고 있는 실정임을 생각해 보면, 전통사회에서 여성들의 '한풀이'로서 종교만한 것이 달리 있을 까닭이 있겠는가.

　이렇게 한 번 각인된 종교성의 은폐구조는 오늘날에도 끈질기게 재생산되고 있다. 한국의 대통령으로부터 국회의원, 재벌의 회장 등 막중한 책임을 지고 있는 사람들은 거의 대부분 중대한 의사결정시 이와 같이 점복에 의존했었고, 현재도 의존하고 있다는 것은 공공연한 비밀이다. "나는 새도 떨어뜨린다"는 권세를 누리며, 국제적으로도 인정받는 중앙정보부에 의해 세상의 필요한 정보란 정보는 거의 다 알고 있었을 박정희 대통령이 단골 역술인들을 통해 중요한 의사결정시 자문을 구했다는 얘기나, 국회의원선거 때마다 대부분의 후보들이 역술인에게 점을 본다는 사실이나, 대기업의 신입사원 채용시 역술인이 면접위원에 포함되어 있다거나, 대학입시를 치르는 수험생의 대학이나 학과지원의 향방에 역술인의 자문이 중대한 영향을 끼치는 사례 등에서 어렵지 않게 관찰된다. ≪신동아≫(1995, 11월호)의 한 기사에 따르면, "우리나라에서 총선 및 대선 실시일은 국무회의 의결 전에 청와대 또는 총리실, 선거 주무부서인 내무부에서 이름 있는 역술인에게 길일 여부를 은밀히 물어서 결정한다는 소문이 정설처럼 되어 있다"고 한다. 그러나 이렇듯 실질적 중요성을 띠고 있는 점복 또는 기복적인 신행은 공개를 꺼린다거나 고도로 은폐된다는 점에서 예외가 없다.

　이런 은폐성의 구조는 재생산되어, 1960년대 이후 '종교시장'이 급격히 활성화되면서 '종교시장'의 분절, 즉 떳떳이 내세울 수 있는 종교(종교시장 상층부의 종교)와, 가능한 한 감추거나 '종교'로 인정하지 않으려는 종교(종교시장 하층부의 종교)로의 분리가 나타난다. 전자의 종교가 불교, 개신교, 천주교 등의 세계적 인정을 받는 (따라서 한국사회에서도 국가에 의해 특별한 대우를 받는) 종교라고 한다면, 후자에는 무속이나 여러 종류의 '신종교'가 해당될 수 있다. 특히 무속에 대한 의식적·무의식적 푸대접이 가장 심한

데, 무속적 종교실천(반드시 '굿'을 하지 않더라도 무녀에게 의뢰하는 점복을 포함)을 하면서도 자신이 무속을 믿는다고 말하는 사람은 드물며, 이런 사람들의 대부분이 설문조사에서는 '무교(無敎)'라고 답하는데, 이들은 전자의 종교들을 믿어야만 '종교생활을 한다'고 믿고 있는 것이다(오경환, 1991: 369-371). 이런 맥락에서, "한국에서의 무교인(無敎人)은 무교인(巫敎人)이다"라는 말은 상당한 근거가 있는 말이라고 하겠다.

이러한 '종교시장'의 분절은 대개 종교생활에서의 성별 분업(또는 계층별 분업)으로 이어지는 경향을 보인다. 즉 '종교시장 상층부의 종교'를 가진 사람들도 '답답한 코 앞의 현실문제'를 풀기 위해서는 '하층부'의 '시원한' 처방을 구하지 않을 수 없는데, 이때 이 '하층부의 종교시장'을 찾아가는 '궂은 일'을 맡는 사람은 대개의 경우 '안사람'이거나 '아랫사람'인 것이다. 국회의원이나 재벌들과 같이 '귀하신 몸'의 경우에 이런 분업의 양상은 보다 분명히 나타난다고 할 수 있다.

4. 현세적 공리주의의 용광로

한국의 종교들만 현세적 공리주의, 즉 현세적 대개는 개인주의적 기준에 입각하여 행복을 최대화하고 불행을 최소화하려는 행위의 성향을 가지고 있는가? 물론 아니다. 사실 모든 종교들은 현세적 가치를 부정하거나 상대화하면서도 기복적인 성향을 바닥에 깔고 있다. 그래서 소위 '고등종교'들의 종교적 의례 중에서도 신도들의 어쩔 수 없는 기복적 요구를 받아들여 전례화된 것을 어렵지 않게 찾아볼 수 있다. 그러나 그 정도에 있어서 의미 있는 차이가 있음을 인정해야 한다. 이 차이들은 물론 유일신론으로부터 기원하는 절대적 교리와 범신론으로부터 기원하는 상대적 교리의 차이만으로 환원될 수는 없으며 그 종교가 수용된 사회의 정치경제적 조건 역시 고려되어야 하겠지만, 그래도 전자의 차이는 우리사회를 이해하는 데 요긴한 것이다. 즉 무속이라는 범신론적 종교문화와 고도의 공리주의적 현세성을 고취하는 유교적 에토스를 '원형'으로 가진 우리사회에서는 유일신론적 종교문화를 가진 사회에 비해 현세적 공리주의가 더욱 폭넓게 확산될 개연성을 인정해야 한다.

　김인회의 분석에 따르면, 무속적 믿음은 첫째 자연주의적이고 현세중심적이며, 둘째 평화적이고 인간중심적이며, 셋째 현실중심적이고 실용주의적인데, 이러한 성격의 무속적 믿음은 인간이익의 절대화와 신적 권위의 상대화 기능, 공동체의 조직과 질서의 재정비 기능을 수행한다는 점에서 매우 인본주의적이고 공동체 지향적 측면을 가지고 있지만, 동시에 책임감의 결여와 의타주의, 숙명론을 부추기고, 추상적 형이상학적 가치의식의 결여, 국가의식과 역사의식의 결여에 따른 많은 역기능도 수행하는 것으로 판단된다(김인회, 1984: 140-142). 이러한 무속적 믿음은 그 특유의 현실적 응력으로 인해 많은 박해 속에서도 불교와 도교, 유교, 마침내는 기독교의 믿음을 무속화, 즉 기복종교화 하는 데 상당히 성공한 것으로 평가된다. 이와 같은 상대적이고 현세적이며 '인간중심적'인 믿음의 체질은 다른 믿음에 대한 수용적 태도(이것이 반드시 적극적 의미의 '종교적 관용성'으로 연결되는 것은 아니다)를 낳았고, 그 결과 유일신 신앙의 서구역사에서 관찰되는 끊임없는 종교전쟁의 '피바람'은 면할 수 있었다고 할 수 있다. 최소한 종교로 인한 대량살육은 유일신의 믿음인 천주교가 유교와 충돌할 때까지는 피할 수 있었고, 종교간의 갈등이 전쟁으로 비화한 사례는 찾아볼 수 없었던 것이다.

그러나 유교와 무속에서 틀이 잡힌 현세적 공리주의는 마치 하나의 무의식적 성향처럼 내면화되어서 '이방종교들'을 신봉하는 사람들에게서도 마찬가지로 발현되고 있으며 이러한 현세적 공리주의의 성향체계는 각 종교의 믿음을 돈, 자녀교육(특히 대학진학 문제), 건강과 같은 현세적 축복에 대한 '자기 성취적 예언'으로 변모시키고 있는 실정이다.

교리적으로만 볼 때, 현세적 가치를 가장 근본적으로 부정하는 ["색즉시공(色卽是空)이고 공즉시색(空卽是色)이며, 제행무상(諸行無常)이라!"] 불교인들의 세계에서조차 자녀들의 대학진학을 위한 '발원'은 입시철이 가까와오면 학부모들로 하여금 전국의 유명한 사찰들이나 암자에 발길이 끊이지 않게 하며 '108배(拜)'에 '3000배'에 수험생 당사자 못지않은 고생을 감수하게 하는 것이다. 또한 '무교인(無敎人)' 학부모들은 '역술인'들에게 그들의 피치 못할 불안을 일시적으로나마 잠재워 줄 각종 부적이라는 '종교상품'을 주문하게 되는데, 이런 부적의 가격은 공정거래위원회의 규제로도 규제할 수 없는 초법적 영역으로 남아 있는 것이다.

서구에서 전래된 기독교의 여러 교파들도 이런 사회적 종교수요로부터 자유로운 것은 아니다. 사회변화에 '순발력 있게' 적응해온 개신교는 물론이고 교회전통을 고집하며 세속과의 거리를 유지하던 천주교도 언제부턴가 '민중의 아픔'에 동참하기로 방향이 잡혔다. 입시철이 되면 대입수험생들을 위한 예배와 미사들이 드려지고, 합격자들은 '주님의 영광을 드러낸 승리자들'로 대우받게 된다.

금전적 가치에 대한 한국 종교계의 경쟁적 몰두가 나타나는 것은 먼저 성직자들에게서이다(성직자들은 그러지 않으리라고 믿기 때문에 더욱 눈에 띄는지도 모른다). 한국의 어느 종교를 막론하고

으리으리한 성전을 짓는 데 무관심한 종교단체는 없는 실정이다. '목좋은' 곳에 빨리 빨리 교회를 짓고 신자가 넘치는 부흥을 이루는 목사나 신부가 '유능한' 목회자로 인정되고 '교회성장학'이 목회자들의 전공필수가 된 것은 이미 오래 전의 일이다. 이와 같이 신의 가시적 축복을 우선적으로 갈구하는 성직자들 밑에서 '이 세상의 보물창고가 아니라 하늘나라의 보물창고에 썩지 않는 보화를 쌓으려는' 신자들이 나오기를 기대하는 것은 '배지 않은 애를 낳으라는 것'에 버금가는 얘기가 아닐까?

평신도들의 '현세적 공리주의'는 1970년대 종교인구의 급성장 과정에서 정치적으로 체제비판적이었던 (다시 말하면, 집단적 복지를 위해 사회제도의 개혁을 요구했던) 교파들의 신자증가율보다 체제순응적이었던(체제비판에 의해 당하게 될지도 모를 위험을 의식하여 지극히 개인적 행복의 추구만을 온당한 신자의 도리로 인정했던) 교파들의 신자증가율이 2~3배 가까이 높았으며, 순복음 중앙교회로 대표되는 '성령중심적'(현세적 공리주의의 극단에 위치한) 교회의 신자증가율은 무려 18배에 이른다는 사실에서 증명된다(노길명, 1984: 88-90).

현세적 공리주의가 추구되는 공간은 조상의 유택이라는 '내세적 공간'으로까지 이어진다. 좁은 국토 때문에 분묘로 사용할 땅이 절대적으로 부족한 상황에서도 한국인들의 매장선호 관행은 변하지 않고 있으며, 일부에서는 가문의 계층적 상승을 과시하는 징표로서 전에는 없던 선영을 새로 조성하는 현상까지 나타나고 있다. 이런 매장선호 관행은 종교 소속을 막론하고 거의 모든 한국인에게 여전히 뿌리깊게 남아 있는 풍수지리에 대한 믿음 때문이고, 그 믿음에 따르면, 자손과 가문의 현세적 행/불행은 조상 유택의 위치와 밀접히 관련되는 것이다. 그래서 남이 부러워할 권세와 재력을 추구하는(또는 유지하려는) 집안에서 '명당'은 오늘날에도 '눈에 불을 켜고 찾아야 할' 대상이 된다.

5. '종교적 관용성'의 약화 또는 '종교적 정체성'의 분화

한국사회는 '종교적 관용성'이 강한 사회인가? 얼른 생각하기에 그렇게 보인다. 앞에서도 언급했듯이 종교문화의 유형면에서 덜 전투적인 문화이기에 '종교전쟁'이라는 역사의 비극을 피할 수 있었다고 할 수 있다. 그러나 좀더 깊이 생각해보면, 이런 '종교적 관용성'은 피지배적 종교가 지배적 종교에 대해서 확실한 열세에 처해서 고도로 순응적 태도를 취한 결과로서 나타난 것이며, 또한 내재신론적(범신론적) 종교들끼리만 존재했을 때에 실현되었던 것이지, 유일신론의 자기 주장이 강한 종교와의 공존상황에서도 유지되었던 것이 아님을 조선 말의 '천주교 박해'를 통해 확인할 수 있다. 물론 천주교 박해가 반드시 종교적 맥락에서만이 아니라 당시 조정의 권력투쟁의 희생물이 되었던 측면이 중시되어야 하겠지만 조상제사의 불이행을 계기로 '무부무군(無父無君)'의 공적(公敵)으로 몰 수 있었던 사회 분위기를 통해서 볼 때 이전까지 유지되었던 '종교적 관용'의 본질과 한계가 분명히 드러나는 것이다.

고도로 동질적인 민족구성과 문화구성을 가지고 있었던 한국사회가, 개항을 전후해 전개된 '종교시장'의 다원화, 1960년대 이후의 경제성장과 이에 걸맞지 않은 사회-정치적 소외, 그로 인해 증폭된 종교적 수요로 인해 활성화되면서 개인들의 종교소속은 사회의 여러 차원들에서 갈등의 계기로 등장하고 있다. 이러한 갈등은 각도를 달리해서 보면, 개인들의 세계관(종교적 교리로 표상되는)

이 집단적 세계관에서 분화되는 과정에서 지불해야 되는 '사회적 비용'으로 볼 수도 있을 것이다.

이런 갈등이 일상적 차원에서 드러나는 대표적 계기 중의 첫 번째는 역시 각기 다른 종교적 배경에서 자란 두 개인이 하나로 결합하는 결혼의 과정에서이다. 배우자간의 종교가 다를 경우 당사자들 사이에서 어떤 식으로든 양해가 이루어져 결혼에 성공했어도, 대개는 시부모와 며느리 간의 갈등으로 발전하게 되는데, 며느리가 가정의 평화를 위해 자기의 종교를 포기하지 않는 한 갈등은 계속해서 불화의 씨앗이 될 가능성이 큰 것이다. 역시 가정내에서 종교로 인한 갈등의 전형적 계기는 개신교 신앙을 가진 구성원이 조상제사시에 신앙을 이유로 신위(神位)에 대한 절을 거부할 때 발생하는 것으로 되어 있다. 이러한 신앙의 차이를 인정하고 서로 양립 가능한 타협안을 찾기보다는 이런 이질성을 형제간의 우애 또는 가문의 전통에 대한 배신행위로 간주하여 인간관계가 아예 끊어져 버리는 경우도 드물지 않게 발견되고 있는 실정이다. 물론 이런 단절이 전적으로 종교적 이유만은 아니고 다른 이유를 호도하는 평계로 악용되는 경우도 생각할 수 있다. 또한 극단적인 사례이겠지만, 남편의 동의 없는 아내의 광신적 신앙에서 비롯된 헌금행위로 인해서 가정경제가 파괴되었을 때는 이혼의 사유가 된다는 판결이 날 정도로 종교적 정체성의 추구가 지나치는 경우조차 심심치 않게 발생하고 있는 것이다.

가정 밖에서 종교적 정체성이 문제가 되는 경우로서 취직이나 투표의 경우를 들 수 있다. 최근에 나온 한 종교관계 잡지에 실린 글에서 한 비신자는 한국 기독교의 배타성이 "남의 종교를 인정하지 않는 선에서 그치는 것이 아니라, 적극적으로 자신들의 울타리를 치는 방식으로도 나타난다"면서 신입사원을 뽑을 때 "기독교

신자만이 들어갈 수 있는 회사가 한두 곳이 아니다"라고 지적하고 있다(≪복음과 상황≫ 1995. 10).

이런 종교적으로 과잉적인 정체성의 추구는 '보편적 진리를 추구한다'는 대학의 교수공채 과정에서도 예외가 아니다. 여기서도 개신교 계통의 대학들이 유별난데, 신학 전공자 이외의 다른 전공 지원자들에게까지 무차별하게 '종교상황'을 기술하게 하면서 출석 교회와 교파, 담임목사의 이름과 연락처, 교회내에서의 직분과 봉사분야, 교회출석회수 그리고 마침내는 본인의 종교관과 기독교 신앙을 서술하게 함으로써 개신교 신자가 아닌 사람은 아예 포기하라는 듯한 인상을 잔뜩 풍기고 있다.

종교소속은 이제 '정치시장'에서도 중요한 고려의 대상이 될 수밖에 없다. 우리가 보통 '인맥'이라고 부르는 사회적 배경요소로는 혈연·지연·학연 등이 있어 왔지만, 60년대 이후 종교의 양적 성장에 따라 종교인구가 증대되면서 같은 종교를 가진 사람들끼리 후원적 관계가 형성되기 시작했고 이것이 더욱 강화되면서 하나의 '사회자본'으로 형성되는 추세이다. 계급이나 지역같은 변수만큼은 아니지만 각종 선거에서 후보자의 종교는 정치적 동원과정에서 요긴한 수단이며 종교조직의 정치적 효율성은 종교적 실천이 조직적이고 정례적인 개신교의 경우에 매우 높아지는데, 지난 6·27 지방자치단체장 및 의원선거시 수도권 지역에서 우리는 개신교 소속의 후보자들을 유난히 많이 볼 수 있었다. 후보자의 소속종교는 선거에서의 정치적 쟁점이 덜 분명한 지역선거 같은 경우에 선택의 기준이 될 가능성이 높아지며, 이런 상황은 종교들간에 거리감을 일으킬 뿐만 아니라 같은 종교내에서도 개운치 않은 뒷맛을 남길 수 있는 것이다.

어쩌면 이런 평신도들간의 종교적 갈등보다 더욱 심각한 것은 각 종교조직간의 갈등이다. 개신교와 불교간의 갈등은 이미 잘 알려진 경우이고, 개신교(특히 보수교단들)와 천주교간의 상호인식 역시 '형제간의 관계'는 아니다. 또한 각 종교들 내부의 교파간의 관계는 더욱 심각하여, '같은 종교'라고 볼 수 없을 정도이다. 얼마 전 유선 TV 채널의 허가를 놓고 개신교의 교파들이 벌인 분규가 그 좋은 예인데, 종교적 실천이 약화되어 가고 있는 유럽국가들에서는 신교와 구교가 하나의 방송을 시간별로 분점하여 사용하고 있는 모습과 비교해 볼 때, 우리사회의 종교조직들은 아직도 사회적 종교수요의 풍요 속에서 공존을 모색해야 할 필요보다는 '각개약진'을 통해 '한 치라도 넓은 땅'을 차지하는 데 여념이 없는 모습이라고 할 수 있다.

사회 구성원들간에 종교적 개성 또는 정체성이 강해지고 있는 것은 여러 징후들을 통해 확인할 수 있다. 가정 밖에서 외부인들과 식사를 하게 되었을 때, 기도를 드리거나 성호를 긋고 시작하는 광경들을 어렵지 않게 보게 되었고, 또한 새로 자동차를 장만하였을 때, 교통안전과 무사고를 비는 '축성(祝聖)'의 방식도 종교별로 다르며 그에 따라서 운전석 옆에 달리는 수호신의 상징들이 달라지게 된다. 마찬가지로 초상집에 문상을 와서 영정 앞에 조의를 표하는 방식도 자기의 방식대로 달라지는 모습이 나타난다. 이전의 큰 절로부터 선 채로 고개 숙여 묵념하는 방식으로 변화해 가고 있으며, 이에 따라 분향보다는 꽃을 바치는 헌화의 방식이 많이 나타나고 있다. 이것은 장의예식에서도 서구적인 양식이 일반화되는 것으로 볼 수 있고, 이런 변화에는 병원 영안실 등의 편의적 선택이 강요되는 경우도 흔히 있는 것 같다. 이와 관련하여 종교단체별로 공원묘지를 마련하는 풍속도 급속히 확산되고 있으며 종립 공원묘지가 아니라 하더라도 분묘를 꾸밈에 있어서 종교적 소속(십자가 표시나, 생전의 교회에서의 직위표시 등)을 분명히 하는 경향이 뚜렷하다.

6. 사회적 지위의 상징 또는 연줄망으로서의 종교조직

신자의 거주지역과 교구내의 본당(지역교회)이 일치하는 것을 원칙으로 하는 천주교를 제외하면, 나머지 종교들은 자기의 종교적 취향에 따라 출석교회를 선택할 수 있으며, 이렇게 공간적 한계를 넘어서 모여든 신자공동체는 단순히 '동네교회'가 아니라 사회학적 용어로 말하면 '자원결사체(voluntary association)'이며, 그 구성은 계층적으로 동질성을 띠는 '지위집단(status group)'일 가능성이 큰 것이다. 집 옆에 있는 교회를 놓아두고 자동차를 몰고 도심지로 '불원천리' 찾아가는 교회에서는 신앙 이외의 그 무엇, 아니 '자기의 사회적 지위에 맞는 신앙'이 추구되고 있는 것이다. 한 경험적 연구에 따르면, 중산층에 속하는 신자들이 많이 모이는 서울 강남의 대형교회에서는 교회 선택시 다음과 같은 사항들이 고려되는 것으로 조사되있다. 즉 '목사의 설교'를 위시하여 '집과의 거리,' '가족들의 생각,' '교회의 구속을 받지 않고 자유로운 신앙생활을 할 수 있는 가능성,' '교인들의 수준,' '교회내 소속단체' 등의 순서이다. 이런 유형의 교회는 "세속적 지위의 확인과 자기성취의 과시 및 인정을 받기 위한 장인 것이며, 친구·동창·동호인의 만남의 기회를 제공해 주는 지위집단이다"(서우석, 1994: 167-170).

교회내의 많은 선교회들은 교인들의 업종별로 구성됨으로써 사회적 연줄망으로서 중요한 역할을 수행하고 있는데, 앞의 연구에 따르면 광림교회의 경우 1992년 1월 현재 업종별로 세분화된 개체

선교회의 수가 132개이며, 회원 수가 2,230명에 달하고 있다. 한편 『한국천주교주소록』(1995)에서 서울대교구에 등록된 직능단체들을 열거하면 다음과 같다.

가톨릭(이하 생략) 간호사협회, 공인중개사회, 노동청년회, 법조인회, 세무사회, 아마추어 무선사회, 약사회, 언론인회, 운전기사 사도회, 의류인협회, 인쇄인회, 중등교육자회, 중소상공인회, 한의사회, 미술가회, 실업인회, 여성연합회, 의사회, 치과의사회, 사진가협회(순수한 신앙운동단체들은 제외)

이렇게 종교별로 조직된 직능단체들은 각 직능단체들 속에서 지배적인 분파를 형성하게 되며, 그 결과 개신교같이 조직의 규모나 활성도가 높은 종교의 사회적·정치적 영향력이 급증하는 데 크게 기여하고 있는 것으로 보인다.

종교적 연줄망으로서 지역에 뿌리 내린 형태로는 주중에 동네에서 모이는 '반모임'이나 '구역예배'를 들 수 있는데, 이 모임들에서는 천주교의 경우를 통해서 보면 여성신자들의 비율이 남성신자들의 두 배에 이르며 여성 중에서는 30대 이상의 주부들이 대종을 이루는 것으로 나타난다. 이 모임들은 아파트촌 같이 일차집단(공동체)으로서의 연대감의 구심점이 쉽사리 찾아지지 않는 상황에서는 '동네이웃'을 확인하는 자연스런 기회로 활용되며, 집단적 민원을 표명하는 과정에서는 미시적 정치동원의 기제로서 기능하게 되는 것이다.

사회적 연줄망으로서의 종교현상은 직장의 '신우회'에서도 발견되는데, 직장의 이차집단(이익단체)적 분위기에서 준(準)공동체적 분위기를 불어넣음으로써 색다른 연줄망이 형성되는 것이다. 이 연줄망은 국회의원들에서부터 시작하여 대학교수들과 각종 직능단체들을 거쳐 '지하철 선교회'에 이르기까지 무소부재(無所不在)하다고 할 수 있을 정도이다.

최근에 경제성장과 함께 종교를 매개로 이루어지는 활동으로서는 성지순례를 빼놓을 수 없다. 성지순례는 국내 성지순례와 해외 성지순례로 나눌 수 있는데, 해외에 종교발상지를 가진 세계종교들은 앞다투어 성지순례 코스를 개발하고 있다. 기독교(신·구교)의 경우, 이스라엘의 예루살렘을 위시하여 지중해 연안과 서부 - 남부 유럽을 포함함으로써 황금의 관광노선과 겹쳐지는데, 적잖은 성지순례비용으로 인해 '물질적 은총'을 보다 충만히 받은 신자들에게만 기회가 주어진다는 점에서 신자들간의 위화감을 조성할 가능성도 무시할 수 없다.

7. 종교적 실천의 표준화

앞에서도 살펴본 대로 한국사회는 개항 이후 지배적 종교가 사라지고 전통종교의 쇠퇴와 신흥 '이방종교'의 급격한 성장으로 인해 시간적으로는 선사시내부터 존재했던 무속으로부터 최근에 나타난 '신종교'에 이르기까지, 공간적으로는 한반도에서 발생한 '민족종교'로부터 동양에서 전래되어 온 불교, 유교, 그리고 서양에서 전래된 기독교, 이슬람교에 이르기까지 가히 '종교백화점'이란 표현에 손색이 없다. 종교의 다원적 존재와 그들 사이에 존재하는 경쟁적 선택의 상황은 종교가 더이상 국가에 의해 강요되지 않고 전적으로 개인적 선택에 의거하게 됨으로써 시장적 경쟁논리가 작용할 개연성을 높여주는 것이다. 미국의 사회학자 피터 버거는 이런 상황에서는 종교적 재화의 '소비자들'인 평신도들의 '종교적 선호'

에 따라서 종교들간에 서로를 모방하는(각 종교들의 '신앙고백'의 차이를 최소화하는) 경향, 즉 표준화 경향이 나타나게 된다고 본다(동시에 각 종교의 '고백'의 특성을 강조하는 '주변적 분화'의 경향이 나타날 가능성도 완전히 배제할 수는 없다). 평신도들의 '종교적 선호'가 분화되지 못한 한국의 '종교시장'에서는 '주변적 분화'보다는 '표준화'의 경향이 우선하고 우세한 형편이라고 할 수 있다.

이런 '표준화'는 종교적 교리나 의례들, 조직상의 변화에서 관찰 가능한데, 먼저 교리(종교적 메시지)상의 표준화를 살펴보자. 1970년대부터 권위주의 정권에 대한 태도를 놓고 소위 보수 - 진보로 확연히 나누어지던 기독교계의 정치적 태도는 상당한 변화를 겪게 된다. 그간 거의 기업적 논리를 따라 물량적 성장을 계속해 온 기독교 보수교단들은 사회적 공신력의 상실로 인해 1980년대 중반 이후 교세증가율의 둔화를 겪게 되고, 이에 대응하여 보수진영에서도 온건한 체제비판의 목소리가 들려오기 시작하는 것이다. 한편, 그동안 1970년대의 낮은 교세증가율에도 불구하고 '시대의 양심'으로서 체제비판적 발언을 서슴지 않았던 진보진영에서도 정치영역의 활성화로 인해 정치적 역할의 상당 부분을 정치인들에게 반납하지 않을 수 없게 됨으로써 종교적 영성을 강화해야만 하는 상황이 도래한 것이다. 그래서 우리는 '기독교윤리실천운동'이나 '경제정의실천연합'의 등장을 보게 되고, '가톨릭 농민회'가 '생명공동체운동'으로 탈바꿈하는 것을 보게 되는 것이다(최종철, 1992: 224-225).

이런 표준화의 경향은 비단 기독교계만의 현상이 아니다. 불교계에서도 체제비판적 흐름이 80년대 초부터 강화되어 오다가 지난해에는 불교계의 오랜 숙원인 보수적 지도부를 교체하는 내적 혁신을 이루면서 정치권력에 대하여 한결 떳떳한 태도로 임하게 되었다. 최근에는 한국통신 노조지도자들의 조계사 농성시 천주교와 공동보조를 취해 종교영역의 자율성과 불가침성을 주장함으로써 불교의 변화된 모습을 분명히 보여주었다.

종교간 또는 같은 종교내 교파들간의 표준화 현상은 주로 인권문제를 둘러싸고 진행되다가 이 부분에 대한 정치적 해결이 활성화되면서 차츰 통일이라는 보다 거시적이며 동시에 민족적인 문제로 옮겨가는 경향을 볼 수 있다. 각 종교들마다 북한의 상대방과 만나 통일에 기여할 수 있는 방안을 모색하고 있는데, 여기서도 기독교, 특히 개신교는 국제적 기구의 도움으로 비교적 용이하게 대북접촉을 성공리에 진행하고 있고 이제껏 '정치문제'에 끼어들기를 극구 회피했던 불교, 천도교, 원불교 같은 종교들도 통일노력의 동참을 교리적으로 정당화하는 '통일신학'까지 정립하며 적극적인 태도를 표명하고 있다. 또한 낙태가 무분별하게 대량적으로 일어나면서 이에 대해 서로 수렴되는 태도표명이 종교단체들 사이에서 요즘 들어 분명하게 이루어지고 있다. 이 문제에 대해서 가장 일관성 있고 적극적인 태도로 반대를 표명해 왔던 것은 천주교였는데, 이전까지 적극적인 반대를 표명하지 않고 있던 개신교나 불교 역시 이를 인도에 반하는 것으로 문제삼기 시작하고 있다.

종교교리상의 표준화로서 가장 명쾌한 사례는 아마도 종교계의 환경담론들일 것이다. 앞에서 살펴본 것처럼 70~80년대에 정치적으로 침묵했던 종교단체들에게 제기되는 사회적 공신력의 위기를 극복하는 데 있어서 환경문제 같이 유용한 전략적 주제는 없었다. 그것은 환경문제가 정부를 비롯하여 다양한 운동주체들에 의해서 제기되고 있었기에 '위험'하지도 않았고, 그 문제의 역사적 맥락이나 계급적·이데올로기적 기반에 대한 이해 없이도 종교가 얼마든지 대사회적 영향력을 행사할 수 있는 영역이었기 때문이었다.

　　이런 현실인식을 토대로 종교계는 환경문제를 자연과 인간의 관계에 대한 근본적 반성이라는 시각에서 접근하면서 자연과 생태계의 파괴원인을 산업화와 근대적 자연관에 전가하였다. 구체적으로 기독교는 창조교리가 자연에 대한 인간의 지배와 착취를 정당화해 왔다는 자기반성을 토대로 창조의 참된 의미는 인간과 자연이 신의 동일한 피조물로서 함께 어우러지는 세계를 만들어가야 한다는 인식하에, 1990년을 전후하여 YMCA나 경실련 등의 사회운동단체를 중심으로 다각적인 환경운동을 전개하기 시작했고, 1992년에는 '한국공해문제연구소'가 '한국교회환경문제연구소'로 개편되어 개

신교 환경운동의 방향을 모색해 나갔으며, 천주교도 1989년 세계성체대회를 계기로 '한마음 한몸 운동'을 통해 환경운동을 전개하고 있다. 비기독교 진영은 기독교의 정복지향적 자연관과 세계관에 대한 비판을 즐거이 받아들이면서 동양 전통종교의 세계관을 하나의 대안으로 제시하고 있다. 즉 불교계는 '불살생(不殺生)'의 가르침 속에서 자연에 대한 인간의 책임을 이끌어내면서 '한국불교사회교육

연구원'을 중심으로 환경운동에 참여하고 있다. 한편 환경문제가 종교간의 연합활동이 필요한 영역이라는 인식 아래 종교간의 연합 활동을 위한 노력도 이루어져 1993년에는 '한국종교인평화회의 (KRCP)' 주최로 '환경윤리 종교인 선언대회'가 열렸고 여기서 '환경윤리 종교인 선언'도 채택되었다(김윤성, 1994: 12-14).

종교의례의 차원에서도 '표준화'가 진행되고 있는데, 변화의 방향은 종교적 재화의 소비자인 한국의 평신도들의 선호를 반영하는 방향, 즉 한국적 종교성을 존중하는 방향으로 이루어지고 있다. 1960년대 중반에 끝난 제2차 바티칸 공의회의 영향으로 한국 천주교의 미사용어가 라틴어에서 우리말로 바뀌더니 강론도 개신교식으로 신자들의 일상생활에 적용가능한 내용으로 달라졌고, 개신교와 협력하여 성서를 현대어로 개역했고 최근에는 미사곡을 국악으로 바꾸는 시도까지 이루어지고 있다. 개신교에서도 이런 전통문화를 교회전례에 반영하는 노력이 진행되고 있으며 가톨릭의 종교의례나 교회건축양식을 닮아가는 경향도 눈에 띈다. 가장 큰 변화를 보여주는 종교는 불교인데, 기독교적인 요소를 많이 수용함으로써 현대인의 종교로 탈바꿈하는 것을 볼 수 있다. 즉 불교에서도 매주 일요일에 법회가 규칙적으로 열리며, 그 법회에서 기독교 찬송가의 음악적 형식을 취한 찬불가가 불려지고, 불경의 번역작업이 활발히 진행되어 교리교육이 체계화되고 있는 것이다.

종교조직적 차원의 변화를 살펴보면, 우선 눈에 띄는 현상은 불교가 이제는 더이상 '산중불교(山中佛敎)'가 아니라 도심 한가운데로 파고드는 경향이다. 개신교의 개척단계의 교회들처럼 각종 포교원이나 선원들이 고층건물에 세들어 있는 것을 어렵지 않게 보게 된 것이다. 이런 불교계의 변화는 한 조사자료에서도 확인되는데, 불교신도들은 '새로 세울 포교당, 사찰 등의 위치'에 대한 우선

순위에서 '심신 수양에 좋은 산'(23%)이나 '지역 포교를 위한 주택가'(20%)보다 '교통이 편한 도심지'(35%)를 선호하고 있다(《봉은》 1985. 10). 반대로 기독교(신·구교)는 기도원이나 수양관, 또는 수도원을 산 속에 짓는 경향도 나타난다. 또한 민족종교로서 부상하고 있는 원불교는 다른 종교의 교리적·의례적·조직적 차원에서의 장점들을 종합함으로써 놀라운 발전을 이룩하고 있다.

한 종교내의 교파가 가장 많은 개신교는 그 교파의 수가 계속해서 증가하고 있지만 그들의 종교적 성장의 양태에는 표준화의 경향이 뚜렷하다. 즉 물질적 축복, 적극적 사고방식과 헌금에 대한 강조, 치유운동과 성령운동, 부흥회, 산상기도회, 절기에 따른 대형 종교연합집회, 총동원 전도주일행사 등이 유행이 되었으며, 국내의 교세성장률이 둔화되면서 해외선교가 주요한 선교의 지평으로 떠올랐고, 이제 한국은 피선교지역으로부터 선교국으로 위치가 변화하였다. 다음에 소개되는 강남의 모교회 소식지에 실린 목사님의 초대말씀 내용은 '총동원전도'라는 종교적 목표가 '물질적 축복'이라는 현세적 목표와 타협하여 추구되는 모습을 잘 보여준다.

여러분을 초대합니다.

… 금번 저희 ○○교회에서는 여러분을 위해서 ○월 ○일 예수사랑 큰 잔치를 8부로 마련해서 여러분을 초대하고자 합니다. 이 잔치를 빛내기 위해서 우리 모두가 좋아하는 가수들, 연예인들을 모시고 간증도 듣고 선물도 준비하고 각 예배시간마다 행운권 추첨도 하여 푸짐한 상품도 준비하였습니다. 이렇게 여러분을 저희 ○○교회로 초대하는 이유는 이러한 잔치를 통해 여러분들이 예수를 믿어 구원받아 복된 천국시민이 되게 하기 위해서입니다. 꼭 참석하셔서 자리를 빛내 주시면 감사하겠습니다.

당회장 ○○○ 목사 드림

'승리를 위한 14일 작전'이나, '1,2000 초청! 6,000 전도! 3,000 출석'이라는 어휘들에서 박정희 시대의 개발독재의 슬로건을 연상 시키는 이 교회의 전도행사에도 예외 없이 연예인들의 간증은 '약 방의 감초'였으며, 이 목사님은 '행운권 추첨'(상품으로는 486 컴 퓨터, 500리터 냉장고, 대형 세탁기, VTR 겸용 TV, 무선전화기, 진공청소기, 구두티켓 등)이란 세속적 기법을 '천국시민 늘리는' 성스러운 사업에까지 순발력 있게 채용하였다.

헌금에 대한 강조 역시 교파를 초월하고 각 종교에 공통되게 나 타나고 있는 현상이다. 무려 38종의 헌금을 받고 있는 개신교 교회 들은 '청부(淸富)'를 추구하도록 허가를 받았으니(막스 베버, 『개신 교 윤리와 자본주의 정신』 참조) 그 정도의 이탈은 말할 것도 없고, 금전에 비교적 '초연한' 편이었던 천주교에서도 80년대 이후 급격 한 양적 성장을 경험하면서 늘어난 신자들을 수용하기 위해 성당 신축과정에서 개신교식의 '성장 이데올로기'가 득세하고 있는 중 이다. 하기야 세속적 가치를 초개같이 여긴다며 '무소유(無所有)'를 설법하는 스님들도 절을 차지하기 위해 각목이 난무하는 혈투를 벌이는 마당에 천주교의 '청빈(淸貧)' 정도로 금전에 대한 면역효 과를 기대하는 것이 애시당초 잘못된 것인지도 모른다.

유동식에 따르면, 성령운동은 부성적 성령운동인 민중신학운동 과 모성적 성령운동인 민중의 치유운동으로 나누어지는데, 전자는 "역사의식을 가지고 사회개혁에 신앙적 관심을 쏟은 엘리트들의 성령운동"이었고 후자는 "역사나 정치사회 체제 등에 관심을 갖는 것이 아니라 소외되고 병든 민중 하나하나의 심령을 안아주고 힘 을 주며 치유해 주려는 성령운동"이다. 전자가 "한국의 유교적 전 통에 뿌리 내린 것이라면 후자는 한국의 무교적 전통에 뿌리 내린 것이라 하겠다." 그러나 우리가 통상 '성령운동'이라 할 때는 후자를 지칭하는 것이고 거기서 성령운동과 치유운동은 동전의 앞뒤와 같이 병행하는 것이다.

이런 성령운동의 전형은 조용기 목사가 이끄는 순복음중앙교회의 '삼박자 축복(영혼의 건강, 만사형통, 육신의 건강)'이다. 이런 운동이 초기에는 교계에서 거의 이단시되기까지 하던 것이 그 후 민중의 열화 같은 호응의 결과로 세계사적 부흥을 일으키면서 교계의 평가가 달라지기 시작했고 지금은 성장모델의 케이스로 인정되는 상황에 이른 것이다. 시기는 조금 늦지만 한국 천주교에도 '성령쇄신운동(charismatic renewal)'이 상륙한 것은 1970년대 초반이었고, 그 후 '성령쇄신 세미나'에 참여하는 신자들의 수가 급격히 증가하고 있으며 1980년대 후반으로 갈수록 그 증가율 역시 높아지고 있다.

이들 성령운동의 공통점은 성령을 통한 신의 직접적 개입을 강조하면서 방언이나 병고침, 기타 현세적 이익의 개인적 추구를 정당화하고 심리적 확신을 제공함으로써, "교회의 율법주의와 형식주의로부터 평신도들을 해방시키고 기독교에 생동감을 주며, 사회심리적으로 도시화되는 현대사회에서 소외된 민중에게 공동체를 제공"하지만 "한국적 무속의 종교적·문화적 기능과 영합함으로써 현세적이며 세속적 물질주의의 욕망 확대에 기여하였고, 이는 나아가서 소비지향적 자본주의 경제체제와 이를 뒷받침하는 체제를 순응하고 적극 적응하게 하는 '탈정치'적 경향으로 흐르게 할" 개연성을 가진 것으로 비판된다(서광선, 1981).

8. 전통적 종교성의 부흥

한국의 '종교시장'의 특징 중의 하나는 종교 상호간의 인구이동과 종교인에서 무종교인으로의 전환 등 종교인구의 유동성이 매우 높다는 것인데, 이런 종교상황의 가변성은 윤이흠에 따르면, 현재 한국사회의 생활관습의 규범을 대표하는 결혼과 장례식에 대한 태도에서도 잘 나타난다. 즉 바람직하다고 생각하는 결혼식장과 주례에 대해서 물어본 결과, 기독교인 중에서 48%만이 교회를 결혼식장으로 택하고 성당은 14%, 예식장은 21%로 나타난다. 불교인 중에서 절은 4%에 불과하고 예식장이 66%를 차지하고 있다. 무종교인의 44%는 예식장을 선택함으로써 전체적으로는 예식장이 41%로 압도적 다수를 점하고 있는 실정이다.

또한 주례에 대한 선호도 역시 이와 비슷해서 스승(존경하는 분)이나 저명 인사(지역 유지)가 목사나 신부, 스님 등의 종교인보다 압도적인 선호의 대상이 되고 있다.

또한 장례식 형식에 대해서는 종교별 선호도가 높아지는 경향이 있기는 하지만 불교인 중의 49%, 기독교인 중의 75%가 해당 종교의 장례식을 선호할 뿐인데, 이상과 같은 현상은 현재 한국사회의 관습규범이 탈(脫)제도종교화하고 있음을 보여주는 것으로 해석된다(윤이흠, 1988: 99-100).

이러한 탈제도종교적 경향은 전통적 종교성(풍습의 차원에서부터 조직화된 것에 이르기까지 폭넓은 개념으로 이해되어야 한다)에다가 재약진의 동기를 부여하는 경향이 있는데, 이것은 1970년대부터 대학가에서 진행되어 온 '우리것 찾기' 운동에 의해 그 이념적 기반이 쌓였던 것도 촉진요인으로 작용했다고 볼 수 있다. 이런 징후들로서 들 수 있는 것으로는 우선 유교식 전통혼례의 부활

현상이 있는데, 서울 강남의 봉은사에서 빌려주는 전통혼례의 공
간은 성수기에는 하루 7~8쌍의 결혼식을 치룰 정도이다. 또한 초
등학교 어린이들에게 서예나 한자교육(때로는 명심보감 같은 유교
의 경전교육까지)을 가르치는 사설학원들이 주택가에서 성업중인
현상도 같은 맥락에서 이해될 수 있을 것이다.

　다음으로 주목되는 것은 육체적·정신적 건강유지 요법이기도 하
고 형이상학적 세계관이기도 한 단전호흡, 기공수련법(氣功修練
法), 또는 국선도의 확산현상이다. 이것은 '삼풍백화점 사고' 이후
세인의 주목을 받기 시작했는데, 이 시기에 나온 잡지들에는 국선
도에 대한 소개기사가 공통적으로 게재되었다. 이들의 보도에 따
르면, 국선도란 "호흡과 마음, 몸을 수련해 전인적 인간에 이르는
것" 또는 "기의 흐름이 막히면 심신에 병이 생기는데, 그 흐름을
원활하게 하고 궁극적으로 우주의 기운을 호흡하는 것"으로 정의
되는데, 이 "국선도 수련에는 아홉 단계가 있어서 그 단계를 다 마
치면 시·공간을 넘나드는 신선의 경지에 이를 수 있다"고 한다. 이
런 상태에서는 "머리가 맑아지고 과거·현재·미래가 한눈에 보이게
되기" 때문에 소비에트의 붕괴를 예언하거나 남북통일의 시기를
예언할 수 있다는 것이다. 다시 이들의 보도에 따르면 국선도법연
구회는 "산 속에서 수련을 한 청산거사가 하산하여 67년에 도장을
세우면서부터 현재까지 전구 30곳, 미국, 캐나다 등 해외 일곱 군
데에 수련장을 운영하면서 국회, 국방연구원, 경제기획원, 삼성물
산, 현대그룹 등 정부 각 부처와 기업체 20여 곳에 연구장을 두고
있을 정도"라는 것이다(《주간조선》 1995. 7. 27).

　이들은 기를 자연과학적으로 접근가능한 에너지로 보면서도("세
상 만물엔 기가 존재한다. 물질을 만들어내는 근원적 에너지 같은
것이다. …중력도, 전기도, 자기도, 열도 기의 하나의 형태일 뿐이

다”) 자연과학의 경지를 넘어선다는 점에서 동양 특유의 종교성의 매력을 풍기고 있으며, 이런 전통적인 종교적 재화는 건강에 대해 높아지는 사회적 관심과 연결되어 상당한 반향을 일으키고 있는 것으로 보인다. 또한 대학 캠퍼스를 중심으로 조선무예나 택견 등의 전통무술들이 많은 관심을 모으고 있는 것도 같은 맥락에서 설명될 수 있을 것이다.

끝으로 전통적 역술이 현대의 첨단매체들(신문, 잡지, 전화, 컴퓨터 통신 등)을 통해 그 고객층을 신세대로까지 확산하고 있는 현상이다. 역술이나 점술의 주 고객층이 아무래도 중장년층 이상이었고, 역술적 메시지의 교환이 고객간의 직접면담에 의해 주로 이루어지던 관행이 달라지고 있는 것이다. 사주팔자나 궁합, 일일운세나 대인관계 등의 중차대한 메시지들은 신세대들에게는 더이상 운명을 확인하는 심각한 행사가 아니라 일상적 무료함을 달래면서 ‘믿거나 말거나’식의 도락적(道樂的) 태도를 가지고서 ‘즐기는’ 여가의 행위로 변모된 것이다. 700으로 시작하는 전화 한 통만 걸면 언제든지 궁금한 가까운 미래와 먼 미래가 시원하게 보이고, 컴퓨터 통신의 ‘운세’편으로 들어가면 저렴한 가격에 자신의 운명과 만나볼 수 있게 된 것이다. 주목할 만한 현상은 이런 첨단매체를 통한 점복의 수요자 중의 상당수가 첨단과학의 권능에 대해 지겹도록 주입받고 있는 신세대들이라는 점이다. 개인적 차원의 미래는 첨단의 자연과학을 통해서도, 사회과학의 통찰력으로도 보이지 않은 것일까(1995년의 후반부를 강타한 ‘6공 비자금사건’과 ‘5·18 특별법 정국’을 막연하게나마 예언한 사람은 사회과학자가 아니라 역술인이었다!).

9. 맺음말

우리는 이상에서 1960년대 이후부터 오늘까지 우리사회의 일상적 차원에서 부딪히는 종교적 현상들에 대해서 한 폭의 풍속화를 그려보았다. 우리가 확인할 수 있었던 것처럼 이 풍속화는 정지된 그림이 아니라 살아서 움직이는 것이었고 급격한 변동에 노출된 것이었다. 그래서 서투른 화가의 눈에서 벗어난 것도 있을 수 있고 잘못 그린 것도 있을 수 있다.

우리사회 속의 '종교시장'의 구조는 개항 이후 다원화되기 시작하여 일제하에서 제한된 범위의 다원화가 이루어졌고, 해방 이후 그 과정이 보다 심화되다가 60년대 이후부터는 극도로 가속화되어가고 있는 상황이다. 그러나 그 '시장' 속의 고객들의 선호는 충분히 분화되지 못한 채, 전통과 근대성(또는 탈근대성) 사이의 미로에서 방황하고 있다. 이런 미로의 상황은 굳이 종교영역에만 국한되는 것이 아니며, 어쩌면 다른 사회영역의 모순과 왜곡이 최종적으로 전가된 응축의 형태일지도 모른다. 우리가 부각시켰던 일곱 가지의 장면들을 통해서 볼 때, 우리사회의 종교적 욕구는 사회적 부조리(즉 현재에 대한 불안과 미래에 대한 예측불가능성)로부터 부단히 확대재생산되는 측면이 강하다고 할 수 있으며, 이에 대해서 사회적 행위자들은 대개는 전통적 종교 성향체계에 의해 내면화된 취향에 따라 외견상 폭넓은 것으로 보이는 일상적 차원의 종교적 선택(전통적 종교재화로부터 현대적 또는 서구적 종교재화에 이르는)을 하고 있는 것으로 보인다.

현대 한국의 종교적 일상성은 혼돈스러운 모자이크의 형태를 면치 못하고 있다. 그런데 문제는 이 모자이크의 이질적 구성에 있는 것이 아니라, 그 이질성을 우리사회의 구성원들이 얼마나 '있음직한' 것으로 받아들일 수 있느냐 하는 데 있을 것이다. 후자의 문제에 대하여 긍정적으로 대답할 수 있을 때, 한국사회의 종교적 다원성은 성숙한 시민문화의 밑거름이 될 수 있을 것이다.

참고문헌

경향신문사 편. 1994. 『사상과 정책』(특집: 한국의 종교와 사회).

김윤성. 1994. 7. 27, 「종교와 환경에 관한 몇 가지 고찰」, ≪한국종교연구회회보≫ 제5호.

김인회. 1984, 「무속과 외래종교」, 계간 경향 ≪사상과 정책≫ 여름호.

노길명·오경환. 1988, 『가톨릭 신자의 종교의식과 신앙생활』, 가톨릭신문사.

류성민. 『우리나라 종교지도자들의 의식에 대한 조사연구』, 현대사회연구소.

박성환. 1994, 「한국의 종교발전과 문화적 변용」, ≪한국사회학≫ 겨울호.

서광선 외. 1980, 『한국교회 성령운동의 현상과 구조』, 크리스찬 아카데미.

서우석. 1994, 「중산층 대형교회에 관한 사회학적 연구」, ≪한국사회학≫ 여름호.

신정록. 1995. 7. 27, 「기, 그 기적의 세계」, ≪수간조선≫.

안영배. 1995. 11, 「정치인과 역술인의 내밀한 관계」, ≪신동아≫.

오경환. 1990, 『종교사회학』, 서광사.

윤길주. 1995. 7. 27, 「삼풍현장에 자칭 도사 '득시글'」, ≪뉴스메이커≫.

윤이흠. 1988, 『한국종교연구』, 제2권, 집문당.

이원규. 1994, 「한국 종교계의 문제와 개혁과제」, 한국사회학회 편, 『한국사회 개혁의 과제와 전망』, 새길.

최종철. 1992, 「한국 기독교 교회들의 정치적 태도」(I)·(II), ≪경제와사회≫ 가을호·겨울호.

한국갤럽조사연구소. 1984, 『한국인의 종교와 종교의식』.

한국사회학회. 1984, 『한국사회 어디로 가고 있나』, 현대사회연구소.
한국종교사회연구소 편. 1989, 『1945년 이후 한국종교의 성찰과 전망』,
    민족문화사.
한용상. 1987, 『서울예수』, 동광.
현상윤. 1986, 『조선사상사』, 민족문화사.
황선명. 1985, 『조선조 종교사회사 연구』, 일지사.
村山智順. 1931, 『조선의 점복과 예언』(김희경 역), 동문선.

3

말·옷·먹거리

한국인의 말과 의사소통

이병혁

1. 머리말

사람이 몸을 지탱하기 위해 공기를 마시듯이, 우리는 사회생활을 영위하기 위해 말을 통해 의사소통하고 있다. 그런데 사람이 공기를 호흡하면서도 그 호흡 자체에 신경을 쓰지 않듯이, 우리도 일상 생활에서 말이나 의사소통 자체에 별다른 신경을 쓰지 않고, 당연한 것으로 믿어 버린다. 우리 자신이 의사소통에 맞물려 들어가 있다는 점을 의식적으로 깨닫기는 쉬운 일이 아니다. 왜냐하면 우리의 온 감각기관을 곳곳에 끼워 넣으며, 끊임없이 이 세상을 만들어 가면서 세상을 받아들이고 있기 때문이다. 이렇게 세상과 내가 끊임없이 짜여져 가고 있다. 이러한 구조는 다시 순환의 동그라미를 그린다. 이렇게 우리는 이 세상과 밀접히 연결되며, 상호의존적이다. 마치 끊임없이 스스로의 모습으로 돌아가는 프랙탈의 맴돌이처럼, 내가 자각하는 모든 현상은 언제나 나의 존재를 함께 투영한다.

따라서 우리는 이 세상이 하나의 거울과 같음을 깨닫게 된다. 하지만 이 거울은 결코 세상의 궁극적 진실을 알려주는 것도 아니고, 그렇다고 해서 세상에 대한 비밀을 모두 감춰버리는 것도 아니다. 이 거울을 통해 우리는 그저 우리의 모습과 행위를 분간할 수 있을 뿐이다. 이 거울은 우리의 지금 모습이 이 세상에 실제로 살 수 있는 한 가지의 가능성임을 보여주며, 우리가 여태까지 살아온 대로 그렇게 사는 것도 한 가지 방법임을 보여줄 따름이다. 이 세상이란 완전히 주관적인 것도 아니요, 또 완전히 객관적인 것도 아니다. 모두가 단일하게 묶여 있는 것도 아니요, 그렇다고 모두가 개별적으로 분리될 수도 없다. 우리가 사는 세상은 유연하고 탄력적이다. 이 세상은 일정한 모습으로 완성된 불변의 것이 아니라, 그때그때 상황에 따라 계속해서 어떤 꼴로 '되어 가는' 것이다.

존재하고 있는 어떤 일이 그저 일정하게 반복하는 '규칙성(regularity)'과 그에 대한 '해석(interpretation)' 그것뿐이다. 여기서 규칙성과 해석 모두는 생물학적 존재이며 동시에 사회적 존재인 우리 인간이 지구상에 살아온 오랜 세월 동안 함께 겪었던 인류 공동의 역사에서 비롯된 것이다.

2. 한국말의 특성

그렇다면 약 반만 년 동안 형성되어 온 한국말의 특성을 먼저 살펴보는 것이 순서일 것이다. 한국의 언어문화의 성격은 과연 어떠한가?

한국말의 언어적 특질에 관한 논의는 관점에 따라 의견이 다를 수 있겠으나, 이 글에서는 김민수 교수의 견해를 택했다.

1) 음운상의 특징

(1) 음소체계

현대 한국말의 경우, 모음은 9개의 단모음과 12개의 복모음(단자표기 4개, 복자표기 8개)이 있고, 자음은 모두 19개로서, 풍부하고도 다양한 소리를 낼 수 있다.

(2) 음운법칙

① 두음법칙

어두의 첫소리가 제 음가를 제대로 충분히 발휘하지 못하고, 변하는 일이다.

- 어두에 '르'이나 '니'가 오는 것을 기피한다.
- 어두에 유성음을 기피한다.
- 어두에 둘 이상의 자음군을 기피한다.

② 받침법칙

- 단독 또는 자음에 직결되는 받침은 제 음가대로 발음되지 않는다.
- 대립적 관계의 모음이 직결되면, 제 음가대로 발음되지 않는다.
- 받침에 있어서도 자음군의 기피현상이 있다.

③ 음운변화

- 모음조화: 강모음(아, 오) 어간과 강모음 어미끼리 결합하고, 약모음(어, 우, 으) 어간과 약모음어미끼리 결합하는 현상을 가리킨다.
- 모음연접과 자음연접 기피현상: 모음연접을 기피하는 방법으

로는 양(兩)모음 사이에 자음을 삽입하는 것이 보통이다. 그리고 자음연립을 기피하는 방법으로는 매개모음 '으'가 삽입된다.
- 억양에 일정한 형이 있고, 강조에는 소리의 크기(prominence)와 세기(intensity)의 방법이 모두 행해진다.
- 음운변화가 문법적 관계에 작용하지 않는다. 예로 '총총하다 - 충충하다' 처럼 다만 어감에 영향을 미치는 차이가 있을 뿐이다.

2) 어휘상의 특질

(1) 어의론(語義論)

① 음운교체로 인해 어의상 어감의 차등이 생긴다(자글자글 - 지글지글).

② 어휘에 어감이 풍부하게 나타나 있다(의태어, 의성어 발달).

③ 어의 속에 공대(恭待)의 개념이 스며 있다(밥→진지; 먹다→잡수다; __님).

(2) 조어론(造語論)

① 낱말은 대부분 의의질(意義質)＋형태질의 형식으로 구성되어 있다. 이러한 조어법칙은 특히 어형(語形)변화어 구성에 매우 규칙적이다.

② 파생어는 접사(affix)의 첨가로써 많은 종류의 어휘를 만든다. 특히 접미사는 몇 개기 기듭 결힙·첨가될 수 있다.

③ 어휘는 단음절어보다 다음절어(2, 3절어가 70%)가 훨씬 더 많다.

④ 고유어보다 외래어(특히 한자어)가 더 많다.

3) 문법상의 특질

(1) 통사론

① 문장구성은 대체로 주어＋객어＋서술어의 순서로 배열되는 것이 원칙이다. 따라서 서술어가 중심기능을 한다.

② 낱말 구성요소인 어소(語素, morpheme)가 문법적 직능을 나타낸다. 서술어는 어간과 어미, 명사는 어체와 격어미로 이루어져 있는데, 이 두 어미는 그 자신이 접착하는 낱말로 하여금, 한 문장의 어떠한 성분이 되게 하고 문법적 직능을 지닌다. 즉 서술어는 어미로써 활용하며, 명사는 격어미로써 첨용(添用)한다.

③ 상대방에 대한 말 대우(待遇)의 차이에 따라 문장체(体)가 달라지고, 따라서 그 성분 사이에 일정한 호응관계가 성립한다.

- 공대체(恭待体)
  - 존경체: 하나이다체, 합니다체, 하오체
  - 겸손체: 하소서체
- 하대체(下待体): 하게체, 해체, 해라체

공대하는 데는 상대에게 존경하는 방법을 쓰며, 자신에 관해서는 겸손하는 방법을 쓴다. 이 공대나 하대에는 일정한 호응 규칙이 있다[진지 - 잡수시다; 밥 - 먹다; 어른 - 뵙다; 친구 - 보다(만나다)].

(2) 품사론

① 동사는 활용하는 어미가 복잡하게 매우 발달했다.

② 형용사는 동사의 일종이며, 변화하지 않는 관형사가 있다.

③ 명사는 격어미가 매우 발달했고, 그 종류도 많다.

④ 명사는 문법적 성(gender), 수(number)의 성질이 전혀 없고,

따라서 관사가 없다.
　⑤ 관계대명사가 없다.

　이러한 여러 특징을 지닌 한국말을 분류학적으로 본다면, 교착어 또는 접합어의 성격을 지니고 있다고 볼 수 있고, 어근에 대한 접사의 관계가 종속적이란 근거에서 본다면 종속적 언어라고 할 수 있다. 그리고 미국의 사피어(Sapir)의 연구에 따른다면, 복합적인 순수관계적 언어 또는 순수관계적인 파생적 언어로서 조어방식에선 교착적이며, 종합도(綜合度)로는 분석적이 아니라 종합적인 언어이다.

　이렇게 분류된 한국말을 옹(Ong, 1982)이 만든 거울에 비추어 보면, 구술문화의 모습을 지니고 있다고 볼 수 있다. 그의 거울에는 언어문화가 구술문화, 아니면 문자문화로 나타나는데, 그 자신은 두 문화 사이에 있는 '정신구조'의 차이 및 관계에 관심을 갖고 있다.

3. 구술문화로서의 한국말

　원래 인간사회는 구두로 말을 주고 받음으로써 형성되었고(3만 년 내지 5만 년 전), 문자를 사용케 된 것은 역사상 극히 최근에 나타났고(기껏해야 6천 년 전), 그것도 처음엔 어떤 한정된 집단에 국한되었을 뿐이다. 구술성(옹이 쓰는 구술성이란 1차적 구술성, 즉 쓰기를 전혀 알지 못하는 사람들의 구술성을 가리킨다)과 문자성에 대한 통시적 연구, 그리고 구술성에서 문자성으로의 발달단계에 대한 연구를 통해 어떤 준거틀을 세울 수 있다. 우리는 그 준거

틀에 의해 최초의 구술문화와 그것에 이어지는 쓰기 문화뿐만 아니라 쓰기를 보편화시킨 인쇄문화 그리고 쓰기와 인쇄, 이 양자의 바탕 위에서 세워진 전자문화를 한층 더 이해할 수 있게 된다.

그러나 이러한 작업은 그렇게 간단치 않다. 이 문제는 깊이 엉클어져 있을 뿐만 아니라 우리 자신의 선입견에도 관련되어 있기 때문이다. 의사소통이나 사고하는 데 있어, 구술에 입각한 세계(oral universe)가 문자에 입각한 세계(literate universe)의 한 변종이 아니라는 사실을 의식하기는 쉽지 않다. 그러나 다행스럽게도 우리는 옹이 제공하는 거울을 통해 구술성과 문자성의 모습을 엿볼 수 있게 되었다.

일차적인 구술문화란 무엇인가, 그리고 이러한 문화와 관련하여 우리에게 과해진 문제는 어떠한 성질의 것인가를 알기 위해서, 우선 소리 그 자체의 성질에 관해 생각해 보자. 모든 감각은 시간 속에서 생기는데, 소리는 인간의 감각으로서 등록되어 있는 다른 영역과는 달리 시간과 특수한 관계를 맺는다. 소리는 그것이 막 사라져 갈 때만 존재한다. 소리는 단지 소멸하는 것일 뿐만 아니라 본질적으로 덧없는 것이다. 소리를 멈추게 할 방법은 없고, 그것을 소유할 방법도 없다. 그리고 소리의 움직임을 멈추게 한다면, 거기에는 어떠한 소리도 존재치 않는다. 있는 것은 침묵뿐이다. 그것은 소리의 세계 바깥에 있는 것이다.

이런 바탕 위에 선 구술성의 정신역학의 특징을 보자.

첫째, 구술 문화 속에 사는 사람들 사이에서, 언어란 일반적으로 행동의 양식일 뿐, 사고를 표현하는 단순한 기호가 아니다(말리노프스키, 1923: 451, 470-481). 따라서 구술문화 속에 사는 사람들은 말에는 위대한 힘이 깃들어 있다고 생각한다. 즉 말이란 반드시 소리로서 울리는 것이며, 그러므로 힘에 의해서 말해지는 것이라는 감각과 결부되어 있다. 그러므로 이름(일종의 말)은 사물에 힘을 불어넣는다고 생각한다. 이것은 표현의 양식에서 뿐만 아니라 사고의 과정에서도 마찬가지이다. 다음은 최창조의 『신지리기행』에 나오는 한 대목이다(≪중앙일보≫ 1995. 12. 10).

말씀도 그러해 말 끝마다 '소생이 배운 게 없고 문견이 넓지 못해서'를 후렴처럼 되풀이하는데, 그것이 전혀 위선적이거나 겉치레의 겸사처럼 보이지 않더라는 것이다. 뿐만 아니라 이 땅이 좋다는 점을 말해 달라는 주문에는 어김없이 "선악과 호오(好惡)를 분명히 말할 수 없는 법이며, 명당이란게 지기(地氣)를 말하는 것인즉, 어찌 알 수가 있겠소" 하는 식으로 땅에 모욕이 될지도 모르는 말을 애써 삼가고 있는 것이 감동적이었다.

따라서 구술된 말이 지니고 있는 내면화된 힘은 인간존재의 궁극적 관심인 '성스러운 것'과 어떤 특수한 방법으로 결부되게 된다. 우리는 무당의 굿에서 그 전형적 예를 볼 수 있다. 그리고 대부분의 종교에서도, 목소리로 된 말은 의식이나 예배를 실행하는 데 남김없이 기능을 발휘한다. 예를 들어, 기독교의 경우 성서가 예배에서 소리 높여 읽혀진다. 왜냐하면 신은 인간에게 '말을 거는' 존재로 여겨지지, 인간에게 뭔가를 써서 보내는 존재로 생각되지 않기 때문이다. 이러한 성서 텍스트가 지니는 구술문화에 입각한 정신적 틀은 서간문으로 되어 있는 부분에서조차 압도적으로 나타나 있다. 삼위일체의 신학에 있어서, 제2의 위격은 '말씀'인데, 인간의 세계에서 이 말씀에 유사한 것은 씌어진 말이 아니라 목소리로 된 인간의 말이다. 아버지인 신은 아늘에게 '말'로 했지, 쓰기의 방식으로 하지 않았다. 신의 말씀인 예수는 쓰고 읽을 수 있음에도 불구하고(누가복음서 4 : 16), 아무 것도 기록으로 남기지 않았다. "신앙은 듣는 것에 의하는 것이다"라고 로마서(10 : 17)에 적혀 있다. 또한 고린도후서에서는 "문자는 사람을 죽이고 영(목소리로 된 말이 타고 넘는 호흡)은 사람을 살린다"(3 : 6)고 말한다.

둘째, 구술문화에선 생각해 낼 수 있어야 안다. 즉 기억술과 정형구가 발달해 있다. 구술문화에서는 일단 획득된 지식을 잊지 않도록 끊임없이 반복해야만 했다. 지혜를 작용시키기 위해서, 또 효과적으로 사무를 처리하기 위해서도, 고정되고 형식화된 사고유형이 필수적으로 요구되었다. 기억형성을 위한 수단으로 주로 운율법과 정형구 그리고 영웅적인 인물이 쓰인다. 운율법의 경우, 한국말에서는 대체로 3.4조 3.5조 운율이 시, 시조, 가사 등에 많이 보인다. 기본적으로 한국의 소리와 음악은 3박자의 운율에 기초하고 있는 것으로 보인다(한명희, 1994 참조). 우선 경기민요를 살펴봐도 거의가 3박계의 노래이다. 닐리리야에서부터 도라지타령, 경복궁타령, 방아타령 등 부지기수이다. 그리고 한국음악에 가장 널리 쓰인 장단형도 대부분이 3박계통임을 알 수 있다. 우리의 귀에 익은 장단명칭인 진양조, 중몰이, 중중몰이, 잦은몰이는 물론이고, 굿거리니, 세마치니, 타령이니 하는 장단들도 한결같이 3박계통의 리듬이다.

정형구를 드러내는 내표적 사례로는 시, 시조, 가사 및 판소리를 들 수 있다. 판소리는 특수한 언어적 제약 내지 음악적 제약에 의해서 유지된다. 영화 <서편제>에서 보듯이 도제는 어렸을 때부터 구두로 가르쳐 주는 스승과 함께 곡을 읊기 시작한다. 스승은 도제를 훈련시키는데, 수년에 걸친 엄격한 수업을 통해서 도제들이 노래를 축어적으로 암송할 수 있도록 힘쓴다. 그리고 그것이 용케도 성공한다. 하기야 스승 자신이 스스로도 알아차리지 못하는 가운데 암송의 방식을 바꿔버리는 수도 있다. 이야기 중에는 잘못을 일으키기 쉬운 부분이 있다. 그리고 구술문화의 특유한 기억이 효과적으로 기능을 발휘하려면, 기억의 대상이 영웅적 인물, 즉 기념비적이고도 잊기 어려운 인물, 누구나가 알고 있는 그런 공공성을 띠고 있는 인물이어야 한다. 기억의 용이성을 확보하기 위해서, 영웅적 인물은 판에 박은 듯한 모습이 되기 쉽다. 또한 괴상한 모습도 기억 속에 특별한 도움을 준다. 구술문화의 인식적 체계에 있어서는 기억의 편의성이 절대불가결의 조건이 된다. 어쨌거나 축어적이든 그렇지 않든 간에 구술문화의 특유한 기억형성은 어떠한 경우라도 사회의 직접적인 압력에 의해서 변용되기 마련이다. 화자는 청중이 바라고 용인하는 것을 말한다. 따라서 승자의 계보는 남고(그리고 승자에게 편리하게 쓰여지고), 패자의 계보는 사라지는 (혹은 개창되는) 경향이 있다. 살아 있는 청중과의 상호작용이 소리의 고정에 적극적으로 개입하게 되는 수도 있다. 즉 마당놀이에서처럼 청중의 기대가 테마나 정형구를 고정시키는 데 한몫을 맡는다.

덧붙여 말할 것은, 구술문화의 특유한 기억은 텍스트의 기억과는 매우 다른데, 이것은 구술문화의 기억이 다분히 신체적인 동작을 수반하기 때문이다. 지구상의 어떠한 구술문화에서도, 전통적인 말의 조립은 손의 움직임과 결부되어 있다. 판소리의 경우, 고수는 북으로 장단을 맞추고, 창(唱)하는 사람은 대개 부채를 사용한다. 나무꾼들도 대개 지게 작대기로 장단을 맞춘다. 이러한 예 이외에도 종종 세련되고 양식화된 몸짓이나, 몸을 전후로 흔들거나, 춤을 추거나 하는 여러 가지 신체의 움직임이 있다. 옛날 사당에서 상반신을 전후로 흔들면서 책을 읽는 풍습이 결코 우연한 일이 아닌 것이다.

소리로 발화되는 말은 언제나 전체적인 생존상황의 어느 양상이며, 그러므로 언제나 신체를 사용하게 된다. 단지 목소리내는 것을 초월하여, 신체의 움직임이란 구술적 대화에 우발적으로 붙여지거나 억지로 붙여진 것이 아니고, 도리어 자연스럽고 피하기 어려운 것이기도 하다. 특히 공적인 언어 표현에 있어서는 몸을 전혀 움직이지 않는 것이 오히려 더 강력한 몸짓이 되기도 한다.

셋째, 구술성은 글자 그대로 상당 부분을 '목소리에 의지하는(verbomotor)' 문화라고 할 수 있다. '목소리에 의지하는' 문화란, 고도기술(記述)문화와 비교했을 때, 우선 행동의 과정과 문제에 대한 태도가 말의 효과적인 사용에, 그리고 인간들의 상호작용에 크게 의존하고 있는 문화이며, 반면에 '객관적인' 사물세계로부터의 시각적 입력에, 즉 목소리와는 상관없는 입력에 크게 의존하지 않는 문화이다. 이러한 문화는 생활방식에 있어서 사물지향적이라기보다 말지향적이다. 구술문화에서는 장사도 단순한 상품매매의 경제적 교환거래가 아니다. 장사도 근본적으로는 수사법이다. 물건을 사고 파는 것은 오히려 일련의 목소리를 지르는(나아가서 육체를 사용한) 수단, 은근한 결투, 기지의 대결 그리고 구술적 논쟁이라는 하나의 작전행동인 것이다.

따라서 구술문화에서는 보통 무엇을 물어보는 것도 상호작용적인 것, 즉 논쟁적인 것으로 해석된다. 그래서 종종 정색해서 대답하지 않고 물음을 회피해 버리게 된다.

그리고 목소리에 의존하는 구술문화의 성격구조는 문자문화의 성격구조에 비해, 어느 정도 한층 더 공유적이고 외면적이며, 덜 내성적이다. 구술적인 의사소통은 사람들을 굳게 결속하는 집단으로 연결시킨다. 한 사람이 청중에게 말하고 있을 때, 청중 사이에, 그리고 화자와 청중 사이에 일체가 형성된다. 반면에 읽고 쓰는 것은 마음을 자신에게 되던지는 고독한 활동이다. 교사가 학급 전체에게 말을 걸 때에는 학급을 하나의 통합된 단체로서 느끼며, 학급

학생 전체도 스스로를 그렇게 느낀다. 그러나 교과서를 꺼내서 읽도록 교사가 명하면, 학생 개개인은 자기만의 세계 속으로 들어가게 되어 학급의 통일은 사라지고 만다. 그런 탓으로 인해, 구술문화 속에 살고 있는 사람들은 보통 분열증적 행동을 외면화하지만, 문자에 익숙한 사람들은 그것을 내면화한다.

넷째, 소리의 내면성을 들 수 있다. 어떤 것의 물리적인 내부를 확인하는 데에는 소리만큼 직접적으로 효과적인 감각은 없다. 인간의 목소리는 인간 몸의 내부에서 나온다. 인간의 몸은 목소리의 공명체를 이루고 있다. 시각은 분리하고 청각은 합체시킨다. 시각의 경우, 보고 있는 사람이 보고 있는 대상의 외측에, 그리고 그 대상에서 떨어진 곳에 위치하고 있음에 반해, 소리는 듣는 사람의 내부로 쏠려 들어간다. 시각은 인간에게 한때에 한 방향으로밖에는 감지할 수 없게 하는 데 반해, 들을 때에는 동시에 그리고 순간에 모든 방향으로 소리가 모여온다. 즉 우리는 자신의 청각세계의 중심에 있다. 그 세계는 우리를 에워싸고, 우리는 감각과 존재의 핵심에 위치한다.

이렇듯 시각은 토막나는 감각임에 반해, 소리는 통합하는 감각이다. 시각의 전형적인 이상은 명확성과 명료성, 즉 나누어 보는 일인 데 반해 청각의 이상은 하모니, 즉 하나로 통합하는 것이다.

따라서 내면성과 하모니가 구술문화적 인간의식의 특징을 이룬다. 인간 개개인의 의식은 완전히 내면화되어 있다. 즉 인간은 의식을 내면으로부터 알 수 있으며, 내면에서 그것을 직접 감지하는 것은 본인 외에는 아무도 할 수 없다. '나'라고 말하는 사람은 당사자 이외의 타인이 '나'라고 말할 때 지시하고 있는 것과는 다른 것을 지시한다. 나에게 있어 '나'는, 당신에게 있어 '당신'에 지나지 않다. 그리고 이 '나'는 경험의 모든 것을 '하나로 통합해서' 그 자신 속에 합치시킨다. 지식이란 궁극적으로 분리가 아니라 통합이며, 하모니를 구하는 일이다. 하모니가 없으면 내부의 상태, 즉 심리적인 것은 병든다.

그리고 소리지배적인 목소리의 체계는 추상적인 사고와 조화를 이루기보다는 보수적인 전체주의(holism: 손상되지 않고 그대로 유지되어야만 한다는 항상성 유지적인 현재—손상되지 않고 그대로 유지되어야만 한다는 정형구적인 표현) 및 상황의존적 사고(인간의 행동을 중심에 놓는다는 점에서 역시 전체론적)와 조화를 이룬다. 나아가 인간이나 인간적 존재의 행동, 즉 내면화된 인격의 행동을 핵으로 해서 지식을 조작하는 것과 조화를 이루는 것이지, 비인간적인 사물을 핵으로 해서 지식을 조직하는 것과 조화를 이루지는 않는다.

앞에서 살핀 구술문화에 입각한 사고와 표현의 특징들을 정리하면 ① 언어표현이 종속적이라기보다는 첨가적이고, ② 분석적이라기보다는 집합적이며, ③ 장황하거나 '다면적'이며, ④ 언어문화가 보수적이거나 전통적이며, ⑤ 인간의 생활세계에 밀착되어 있으며, ⑥ 발화행위에서 논쟁적인 어조가 강하며, ⑦ 인지과정에선 객관적 거리유지보다는, 감정이입직 혹은 참여적이며, ⑧ 시·공간상으로 항상성이 있으며, ⑨ 개별적 사고가 추상적이라기보다는 상황의존적이다.

참고로 이러한 구술문화와 대비되는 문자문화의 성격을 살펴보면 다음과 같다.

쓴다는 것은 말을 공간에 멈추는 일이다. 이렇게 함으로써 언어의 잠재적인 가능성이 거의 무한하게 확대되고, 사고는 고쳐 짜여지게 된다. 소위 '상황으로부터 자유로운(context-free)' 언어라든가, '자율적인' 담론이 확립된다. 왜냐하면 씌어진 담론은 그것을 쓴

사람으로부터 분리되어 있어, 직접 묻거나 논쟁의 대상으로 삼을 수 없기 때문이다. 아울러 쓰기가 일정한 거리를 유지시켜 줌으로써 언어표현에 새로운 종류의 정확성과 분석적인 엄밀함이 생긴다. 나아가 인쇄의 덕택으로 사전 편찬을 통해 풍부한 대량의 어휘를 지니게 된다. 인쇄는 인간의식이 개인주의를 지향해 가는 데 크게 봉사했고, 다른 한편으로 폐쇄의 감각과 내면화를 부추겼다. 궁극적으로 인쇄는 상호텍스트성(intertextuality)이라는 현대의 문제까지 제기한다. 상호텍스트성이란 문자로 씌어진 심리적인 상용구의 문제이다. 또한 인쇄문화는 '독자성'과 '창조성'이라는 낭만적인 개념을 낳기도 했다.

4. 한국인의 의사소통

인간적인 의사소통은 말에 의한 것이든, 그렇지 않은 것이든 간에, 본래 그것이 성립하기 위해서는 기대되는 피드백을 필요로 하고 있다는 점에서 '미디어' 모델과 기본적으로 다르다. 미디어 모델에서는 메시지가 보내는 쪽에서 받는 사람 쪽으로 이동한다. 실제적인 인간의 의사소통에선 보내는 사람은 본래 무엇인가를 보낼 수 있기 전에 보내는 사람의 입장뿐만 아니라 받는 사람의 입장에도 서 있어야 한다.

말하기 위해서는 한 사람 또는 여타 다른 사람들을 상대로 하지 않으면 안된다. 자기에게 말을 거는 때조차 자신이 두 사람이 된 듯한 시늉을 해야만 한다. 왜냐하면 어떠한 현실 또는 어떠한 공상을 상대에게 말하고 있다고 여기느냐에 따라, 즉 어떠한 반응이 되돌아 올 것이라고 기대하느냐에 따라서 내가 말하는 것은 달라지기 때문이다. 그러므로 나는 어른과 아이에게 같은 메시지를 보내는 일을 하지 않는다. 말하기 위해서는 말을 시작하기 전에 말하려는 상대의 정신과 이미 어느 의미에서 소통이 되어 있어야만 한다. 그런 소통을 할 수 있는 것은 과거의 관계를 통해서인지 모르며, 새로 시선을 교환함으로써인지도 모르며, 또 대화의 상대를 소개해 준 제삼자를 알고 있기 때문인지도 모른다. 의사소통은 말 이외의 상황에 의해서도 조정되는 하나의 양상이기 때문이다. 즉 나의 발언과 관련되는 남의 정신을 나는 어떤 방식으로든 느끼고 있어야만 한다. 인간의 의사소통은 결코 일방적인 것이 아니다. 그것은 응답을 요구할 뿐만 아니라 미리 예상된 응답에 의해서 바로 그 형식과 내용이 형성되기도 한다.

이것은 내가 말하는 것에 남이 어떻게 응답하는가를 내가 확실히 알고 있다는 뜻이 아니다. 그러나 비록 어떤 막연한 방식으로나마 가능한 응답의 범위를 추측할 수 있어야만 된다는 뜻이다. 내가 메시지를 가지고 남의 정신 속에 들어가려면, 미리 남의 정신 속에 어떤 모습으로든 내가 들어가 있지 않으면 안된다. 그리고 남도 역시 나의 정신 속에 들어 있어야만 한다. 무엇을 말로 표현하든지 간에, 나는 한 사람 내지 복수의 남을 이미 '정신 속에' 가지고 있어야만 한다. 이것이 인간의 의사소통이 갖는 역설이다. 의사소통은 상호주관적이다. 이러한 의식작용은 두드러지게 인간적인 것이어서 참된 공동체를 형성할 수 있는 인간의 능력을 보여준다. 이러한 공동체를 인간은 그 내면에서, 그리고 상호주관적으로 남과 공유한다. 그러나 이러한 의사소통의 성격 탓으로 의사소통에서 말하는 의도나 말의 의미가 명확하게 드러나지 않는 경우가 빈번히 생긴다. 내가 상대방의 말이나 의도를 모두 정확하게 이해했다고 생각하는 것 자체가 오해이다. 의사소통은 주고 받은 말로써 전해지는 단순한 '메시지'에 의해 이루어지는 것이 아니다. 실제 소통은 언어와 무언의 행동을 통해 전달되는 '메타 메시지'에 의해 이루어진다. 사람들은 메타 메시지에 대해 가장 강한 반응을 보인다. 어떤 사람이 "난 화가 난 게 아니야"라고 말해도, 그의 경직된 턱과 뒤틀려 나오는 목소리를 들으면 아무도 그의 말을 믿지 않을 것이다. 그의 전체 모습에서 나타나는 메타 메시지를 더욱 믿을 것이다.

그럼 이렇게 총체적인 전달방식을 통해 남들과 의사소통을 하는 이유는 무엇일까?

철학자 쇼펜하우어가 흥미롭게 소개하는 고슴도치들의 행태를 통해 그 이유를 짐작해 볼 수 있다. 추운 겨울, 고슴도치들은 추위를 피하기 위해 한 곳으로 모인다. 그런데 너무 가까이 다가가면 날카로운 가시에 서로 찔리게 되니까 멀리 떨어지게 된다. 그러다 보면 다시 추워진다. 또 다시 모인다. 이렇게 반복하다 보면 가시에 찔리지 않을 만큼의 가장 가까운 거리를 유지하면서도 추위를 피하는 위치를 찾게 된다. 고슴도치의 가시는 가장 적당한 위치를 결정해 주는 근거가 된다.

우리들도 소외감에서 벗어나기 위해 공동체의식이 필요하다. 그 필요성으로 인해 서로 가까이 모인다. 반면에 우리들은 남에게 종속되기를 싫어한다. 그래서 독립성 역시 필요하다. 이 이중성이 의사소통에 강한 영향을 끼친다. 우리는 개인적인 동시에 사회적인 존재이다. 생존을 위해 남이 필요하지만, 동시에 한 개인으로 남아 있기를 원한다. 따라서 우리들은 연관성과 독립성의 욕구 사이에서 균형을 유지하고자 한다. 그러나 시대와 사람에 따라 이런 욕구의 가치를 판단하는 기준이 다르며, 그 가치들을 표현하는 방법 역시 다르다. 어떤 사람은 '연관성'에 더 비중을 두고, 어떤 사람은 '독립성'에 더 큰 가치를 둔다. 어디에 가치를 부여하든 간에, 우리들은 고슴도치와 마찬가지로 둘 사이의 상충된 욕구의 긴장관계에서 균형을 유지하려 애쓴다. 그러나 고슴도치의 비유는 사람의 경우와 다소 차이가 있다. 고슴도치들의 행태는 '결과적'인 것이다. 즉 가까이 접근하고 물러서는 것을 반복하면서 가장 적당한 위치를 찾는다. 반면에 사람의 경우, 두 욕구 사이의 균형은 '동시적'인 것이다. 대화중에 이 두 욕구를 동시에 충족시키려 한다.

이것을 '이중 제약(the double bind)'이라 부른다(Bateson, 1990). 상대방이 나와 친해지기 위해서 애쓴다고 가정해 보자. 상대방은 자연히 그런 의도의 말을 많이 할 것이다. 이처럼 나와의 '연관성'을 드러내는 말들은 내 '독립성'을 위협한다. 그러면 나는 내 '독립성'을 지키기 위해 그와 거리를 유지하려 할 것이다. 반대의 경우도 마찬가지다. 상대방이 나와 별로 가까워지고 싶어하지 않는다고 가정해 보자. 그러면 상대방은 나와 거리를 유지하려고 애쓸 것이다. 이런 그의 노력 자체가 나의 '연관성'의 욕구를 위협한다. 이러한 독립성과 연관성의 욕구 사이에서 반드시 하나를 선택해야만 한다. 그렇게 하지 않고는 둘 사이에서의 갈등을 끝낼 수 없을 것이다. 그렇다고 해서 두 욕구를 모두 충족시킬 수는 없다. 한 가지 욕구를 충족시키기 위해서는 반드시 다른 욕구를 버려야만 한다. 우리는 이러한 '이중제약'의 굴레에서 벗어날 수 없다.

따라서 '이중제약' 때문에 어떤 의사소통도 완전할 수는 없다. 우리들은 그저 연관성과 독립성의 두 욕구 사이에서 균형을 유지하기 위해 노력할 뿐이다. 상대방으로부터 자유로울 것인가, 아니면 그에게 소속될 것인가? 상대방에 동화될 것인가, 아니면 서로 다른 상태에서 이대로 있을 것인가? 연관성이나 독립성이 관련되어 있는 여러 가지 감정과 느낌을 대화중에 끊임없이 선택하고 조정해야만 한다. 이러한 선택과 조정의 결과가 여러 다양한 '정중함의 현상'으로 나타난다. 이것은 단순히 '예의바르게 행동한다'는 뜻이 아니다. 나의 말이 상대방에게 미칠 영향을 고려한다는 의미를 가지고 있다. 한국말에서는 이 현상이 존대법, 존경법, 대우법, 경어법, 존비법이라고 부르는 문법으로 제도화되어 있다. 이 글에서는 대우법이라는 용어를 쓰고자 한다. 이 대우법은 ① 상대방과 거리를 유지하고, ② 우호적인 태도를 견지함으로써 가능해진다. 상대방과 거리를 유지함으로써 상대방의 '독립성'의 욕구를 존중해 줄 수 있으며, 상대방을 편안하게 만드는 데 도움을 준다. 우호적인 태도를 견지할 경우에는 상대방의 '연관성'의 욕구를 충족시키는 데 도움을 준다.

한국말의 대우법에 대한 분류는 학자에 따라 다양한데, 보통 말의 형태소 자체의 의미기능에 따라 존경법, 겸양법, 공손법 등의 하위체계로 구분하거나, 높임을 받는 대상이 누구인지에 따라, 주체존대, 객체존대, 상대존대의 하위체계로 나뉜다. 이 글에서는 김민수 교수의 견해에 따라, 공대법[존경체(상대편, 제3자를 직접적으로 높여 대접), 겸손체('나'나 '나의 편'을 낮추어 간접적으로 높여 대접)]과 하대법으로 분류하고자 한다.

이러한 대우법은 의사소통과정에서 나이, 성 그리고 사회적 지위 등에 따라서 구체적으로 실현되는데, 상황에 따라 한 가지 또는 둘이나 셋이 복합적으로 작용하여 쓰이기도 한다.

사회적 지위와 관련하여, 우리는 '힘(power)'과 '연대감(solidarity)'이라는 용어를 쓸 수 있다(Brown & Gilman, 1972). 이 용어는 앞서 언급한 '연관성'과 '독립성'의 욕구와 깊은 관계가 있다. 힘은 남을 통제하는 행위와 그 통제를 거부하는 행위와 관련이 있다. 또 남을 통제하는 행위는 '연관성'의 연장이며, 통제를 거부하는 행위는 '독립성'의 연장이라고 할 수 있다. 즉 감독자의 위치에 있는 사람은 남들을 통제할 권한과 함께 통제를 거부할 권한을 갖고 있다. 연대감이라는 것은 '친밀한 관계'를 나타내는 말이다. 그리고 '힘' 또한 사람들 사이에 존재하는 것으로서 함부로 남에게 사용할 수 있는 것이 아니다.

　'힘'을 사용하는 실례를 보면, '힘'이 어떻게 사용되는지 쉽게 알 수 있다. 고용주는 고용인에게 명령한다. 부모는 자녀에게, 선생은 학생에게, 의사는 간호사와 환자에게 명령한다. 그러나 친구나 연인 사이와 같이 동등한 위치에서도, 연관성과 독립성 욕구 사이의 균형을 잡기 위해 때로는 '힘'을 사용하기도 한다. 이 때 '힘'이란 단순한 무력을 뜻하는 것은 아니다. 이 경우 '간접적인 표현'이 상대방에게 거부감을 일으키지 않고도 상대방에 대한 통제를 가능케 해준다. 아버지가 간접적인 표현을 사용하여 자신이 원하는 바를 딸에게 전하면, 대부분 딸은 반발하지 않는다. 아버지는 딸에게 자신의 의사를 강요하지 않고('힘'을 사용하지 않고), 딸의 의사를 존중하면서('연대감'으로) 자기 의사를 전달하는 것이다. 이것이 간접적인 표현의 효과이다. 이런 경우에 '힘'은 '연대감'으로 위장되어 발휘되었다고 볼 수 있다.

　이처럼 '힘'과 '연대감'은 한편으로는 서로 당기면서, 다른 한편으로는 서로 밀면서 역설적으로 연관되어 있다. 이런 역설적 이유 때문에 상호불균형과 이에 대한 계속적인 수정이 불가피하게 되고, 불가피한 수정을 위해서 둘 사이에서의 의사소통이 지속된다.

　일반적으로 두 사람이 존칭을 생략하고, 그저 이름을 부를 때, 두 사람 사이에는 강한 '연대감'이 존재한다. 그러나 한쪽이 일방적으로 부를 경우 거기에는 '힘'이 반드시 존재한다. 예컨대 주인이 하인을 불러 명하기를 "김씨, 손님들이 도착하거든 거실로 모시게" 하면, 하인 김씨는 "알았습니다, 박씨"라고 할 수는 없다. 꼭 존칭을 붙여야 한다. 이 경우 '힘'이 두 사람 사이에 존재한다. 선생과 학생 사이, 의사와 환자 사이가 그러하다.

나이 차이가 나는 사이에서도 '힘'과 '연대감'의 역학관계를 관찰할 수 있다. 어른이 아이의 이름을 그냥 부를 수 있지만, 아이는 어른의 이름을 함부로 부르지 못한다. 어린아이와 말할 때에 어른은 애정을 표시한다. 머리를 쓰다듬기도 하고, 등을 두드리거나 안아준다. 이러한 애정어린 행동도 일방적인 것이다. 어린이가 어른에게 이런 행동을 하면 버르장머리 없는 녀석으로 간주된다.

다른 예로, 사업가인 조조 씨가 평소에 잘 아는 엘리베이터 안내양에게 아침인사를 한다. "잘 있었니, 김양?" 그렇다고 해서 "응, 조조 씨"라고 대답할 수는 없다. 김양이 복도 한가운데 서서 청소부와 잡담을 나누면서, 이야기에 정신이 팔려 사람이 오는 줄도 모르고 있다. 조조 씨가 지나가기 위해 길을 열어달라는 뜻으로 그녀의 어깨를 툭 친다. 그러나 김양이 복도 가운데 서서 사람들과 이야기하는 조조 씨에게 그렇게 할 수는 없다. "죄송합니다. 좀 지나가겠습니다"라고 양해를 구할 것이다. 그러므로 동등하지 않은 관계에서 의식적으로 친절을 보이는 행위는 상호간의 격차를 확인시키는 길이기도 하다.

여성들은 이런 격차를 남성보다 더 많이 경험한다. 여성들의 이름은 남성의 이름보다 존칭이 생략되는 경우가 더욱 많다. 조조 씨가 김양에게 하듯이, 말이 아닌 신체접촉을 통한 의사전달을 훨씬 많이 당한다. 소개될 경우에도 남성은 공식적 지위나 이름으로 호칭되는 데 반해, 여성의 경우에는 ○○ 엄마 ○○○ 씨의 부인으로 호칭된다. 이러한 차별은 단순히 남성들만의 책임은 아니다. 많은 여성들이 존칭을 붙여 자신의 이름이 불리면 거리감을 느낀다고 한다. 여성들은 거리감을 느끼는 것에 대해 남성들보다 더 쉽게 당혹감을 갖는다. 왜 그럴까?

　남녀간의 대화는 다른 문화 사이에서 이루어지는(cross-cultural) 의사소통이다. 여자와 남자는 각각 다르게 태어났으며, 다르게 양육되었고, 다르게 성장했다. 그 결과 서로 다르게 말하고, 서로 다른 것을 기대한다. 남녀 사이에서도 의사소통을 통한 '연관성'과 '독립성'의 두 상반되는 욕구 사이의 균형이 중요 관심사가 된다. 누구나 다 이러한 두 욕구를 가지고 있지만, 여자들은 대체로 '연관성'의 욕구가 강한 반면, 남자들은 '독립성'의 욕구가 강한 편이다. 따라서 여자들은 남자들보다 더 자주 메타 메시지를 사용한다. 메타 메시지는 우회적인 표현방식으로 전달된다. 한마디로 여자들은 보다 간접적인 방법을 선호한다. 그러므로 대우법에서도 겸손체를 선호한다. 타협을 통해 일치점을 찾으려고 한다. 그런데 타협이란 '유대감'의 표현으로 이루어진다. 반면 남자들은 '힘'의 표현을 선호한다. 여자들이 '유대감'으로 자신의 의사를 관철시키려고 하는 반면, 남자들은

'힘'으로 관철시키려고 한다. 그러나 '힘'이나 '유대감'은 따로 존재하는 것이 아니다. 다시 말해 '유대감'을 높이기 위한 대화방식은 동시에 '힘'의 구도에도 영향을 미친다. 그래서 사람들이 여자들에게 호감(유대감)을 보이면, 여자들은 금방 불안정해지면서(힘을 상실하면서) 자신이 무엇을 원하는지 스스로에 대해 확신하지 못하게 된다. 이것이 남녀 사이의 '힘'과 '유대감'의 역학관계이다.

사회적 지위에 근거한 의사소통도 '이중제약'을 받고 있다. 보통 '힘'의 표현이 지배하고 있는 병원, 학교, 공공기관, 기업체 등에서 '연대감'을 강화하려 할 경우, '힘'을 손상시킬 위험이 있다. 둘다 한꺼번에 소유할 수는 없다.

어떤 의사가 환자나 간호사들에게 존칭을 생략하고 그저 이름을 부르게 한다거나 자신의 사생활에 대해 부담 없이 물을 수 있게 허용하고 말을 놓도록 허용한다면, 서로 격의 없이 보일지는 모르지만 중요한 의사로서의 권위와 체면까지 잃을 수도 있다.

환자나 간호사들에게 치료를 위한 지시를 하기 위해서는 적당한 권위가 필요하다. 위선적으로 보이지 않기 위해서 보통 사람처럼 행동하다가는 그 권위가 손상을 받을 수도 있다. 상호연대감을 강조한 나머지 학생들에게 말을 놓도록 했던 수양회 지도교사는 나중에 학생들을 통제하는 데 많은 어려움을 겪는다.

범죄자를 교도하기 위해 애썼던 한 사회상담원은 그 범죄자와의 연대감을 얻었으나, 권위를 잃었다. 그러나 만약 그가 자신의 권위를 고수했다고 하면, 그 범죄자와의 격의 없는 연대감은 결코 얻을 수가 없었을 것이다.

아랫사람을 얼마만큼 대우법의 사용에서 풀어 줄 것인가는 전적으로 윗사람에게 속한 문제이다. 의사나 사장이나 교수들과 같이 우위에 있는 사람들이 각자의 재량에 따라 환자와 종업원과 학생들에게 가까이 올 수 있는 범위를 정하여 허용한다.

　그러나 윗사람이 보여주는 친밀한 연대감은 오히려 역반응을 일으킬 수도 있다. 점잖지 못하다던가, 어울리지 않게 괜히 저런다든가 하는 소리를 들을 수 있다. 반면에 아랫사람이 보여주는 격의 없는 연대감은 오히려 무례하게 보인다. 그러나 이 점은 분명하다. 즉 윗사람이 격의 없는 언행을 보일 때 아랫사람도 덩달아 그러한 행동을 하게 된다.

　이처럼 사회적 지위의 차이는 의사소통의 방식을 통해 드러날 뿐만 아니라, 지위의 차이는 의사소통 자체에 의해 유지된다고 할 수 있다. 다시 말해 서로 다른 대화방식 자체, 즉 대우법의 사용이 지위의 차이를 나타내는 '메타 메시지'를 보내는 것이다.

　지금까지 논의한 시각을 소위 신세대로 불리는 한국사회의 젊은 세대에 적용하면 어떠한 차이(la différence)을 보일까?

　첫째, 신세대(10대, 20대)의 경우, 한국말의 의사소통의 전통적인 표현욕구인 연관성으로부터 독립성으로 나아가고 있는 경향이 보인다. 예를 들면, 대중가요에 연인 사이를 지칭하던 '우리'란 말이 사라지고, 대신 '너'와 '나'라는 말이 중심을 이룬다(《일간스포츠》 1995. 10. 31). 상대방에게 최대의 존경을 바치리라 생각되는 '청혼'과 관련된 박진영의 신곡 <청혼가>(박진영 작사)와 김정은의 <프로포즈>(김정은 작사)를 보면, <청혼가>는 "니가 나의 부인이 돼줬으면"으로 시작하고, <프로포즈>는 "무슨 말을 먼저 할까 망설이지마. 네가 먼저 고백해야 돼"라고 부르짖는다. '노이즈'의 <상상속의 너>는 제목부터 그렇고, 250여만 장 팔려 나간 김건모의 <잘못된 만남>(김창환 작사)도 마찬가지다. "너와 내가 심하게 다툰 그날 이후로 너와 내 친구는 연락도 없고 날 피하는 것 같아."

"우리는 헤어졌지요. …10월의 마지막 밤을." 80년대 히트곡 이용의 〈잊혀진 계절〉에서 지난 과거를 회상하면서도, '우리'란 말을 쓴 것과 대조적이다. "우리 만남은 우연이 아니야"(노사연의 〈만남〉), "우리는 빛이 없는 어둠 속에서도 찾을 수 있는 우리는 우리는 연인"(송창식의 〈우리는〉)과 같은 류의 표현을 찾아보기 힘들다.

이런 현상은 요즈음 대중가요가 자아중심적(문자문화적 특성)이고, 남들의 눈을 의식하지 않고, 빙빙 말을 돌리지 않는 직설법을 좋아하는 10대들에 초점이 맞춰져 있으며 또 대유행하고 있는 댄스곡에는 당신이나 그대 같은 존칭어가 어울리지 않기 때문일 것이다.

둘째, "남편은 여자하기 나름이에요." 최진실의 출세작인 이 광고카피를 "시댁 식구는 며느리하기 나름으로" 바꿔 사용하면서 시댁식구들과의 사이를 좁혀 가는 신세대 여성(20, 30대)들이 부쩍 늘고 있다(《중앙일보》 1995. 12. 18).

'시부모를 비롯한 시댁쪽 식구들은 당연히 어려우며, 어쩔 수 없이 거리가 존재한다'는 오랜 고정관념을 깨기 위한 이들의 방법은 다양하다. 가장 흔한 것이 호칭 파괴이다. 시어머니, 시아버지를 엄마, 아빠라고 부르거나 시누이와 올케간에 경칭을 생략하고 반말을 쓴다. 시어머니쪽에서도 며느리를 '아가야'라고 호칭하는 대신, 이름을 부르며, 딸처럼 지내는 경우도 늘어가고 있다. 그리고 나이와 상관없이 서열을 따져 호칭을 정하는 관습에도 굳이 따를 필요를 못 느끼고 있다. 말을 놓음으로써, 시누이와 올케 사이가 훨씬 친밀해지고 좋은 관계로 지낸다.

이런 경향은 과거에 '힘'의 의미론이 지배하던 공간이 '연대성'의 공간으로 바뀌어 가고 있음을 드러낸다고 볼 수 있다.

셋째, 아가씨, 애인, 여자친구들을 '언니'라 부르는 '언니보이'라는 신세대 남성(20, 30대)이 급증하고 있다(≪일간스포츠≫ 1995. 10. 9).

언니는 원래 형제자매에 무관하게 손윗형을 정겹게 부르는 말이다. 일부 지방을 제외하고는 자매들 사이에서나 쓰이는 말로 굳어진 호칭이다.

그런데 최근 들어 상당수 신세대 남성들은 그저 젊은 여자만 보면 언니라고 불러대고 있다. 물건 사러 백화점에 가서 여자 판매원에게 '언니' 하며 말을 걸고, 잡담하러 카페에 들려서도 봉사하는 여종업원을 '언니…' 하며 찾는 것은 언니보이의 기본이다. '아무개 씨'하고 이름 뒤에 '씨'자를 붙이는 데 인색한 일부 작은 사무실에서도 '언니'를 편하게 쓰고 있기도 하다.

남자 대학생이 여자친구 이야기를 남에게 할 경우엔 대부분 '우리 언니가 말이야' 운운한다. 그렇게 말하는 이나 듣는 이나 아주 자연스럽다. 그 이유가 언니라는 호칭이 상대 여성을 존중하는 뜻이 어느 정도 담겨있다고 보는 데 있는 것 같다. 그밖에 '언니' 대신 '아가씨'라는 호칭을 쓸 경우, 스스로 '아저씨'가 됐다는 기분이 들 뿐 아니라 함부로 하대하는 느낌이 든다는 데 있는 것 같다.

이러한 현상은 여성들에게 애정이나 호의를 표시하는 데 사용되는 호칭들이 여성을 차별하는 의미를 담고 있는 데서 오는 고육지책일 수도 있다.

한국말의 일상적인 의사소통에서는 호칭이나 지칭어가 대부분 친족어로 되어 있는 특징을 볼 수 있다. 혼인한 여자가 남편을 가리켜 '아빠'라 부르는 것은 예사롭고, 모르는 남들과 대화를 틀 때도 나이든 남자들을 '아저씨'라 부르고, 나이 든 여자들을 '아주머니'라 부르고, 나이 든 남자와 여자들을 각각 '할아버지,' '할머니'

라고 부르며, 동년배나 나이 어린 사람을 '○형'이라고 부르고, 젊은 여자를 '아가씨'라고 부르는 게 자연스런 일이 돼버렸다. 심지어 생판 모르는 남조차도 '사돈의 팔촌'이라고 둘러대야 직성이 풀리는 지경이다.

성스러운 종교의 영역에서도 '하나님 아버지'(기독교: 기독교의 경우는 기독교 교리에 따라 유일신을 아버지라 부르고, 인류의 죄를 대신하는 유일신의 제2위격을 '신의 아들'이라 일컫는다), '삼신 할머니'(무속) 등으로 부르고 있다.

호칭상으로 보면, 한국은 하나의 거대한 연줄망으로 이루어진 친족공동체를 이루고 있다. 이 역시 구술문화의 특성이라고 할 수 있다. 이 특성은 '다 아시면서,' 또는 '다 알다시피'라는 말에 함축되어 있다.

또 하나의 특징은 대부분의 호칭에다 '님'을 즐겨 붙인다. 그러나 이것도 남자에게나 해당되지 여자에게는 잘 붙이지 않는다. 여기서도 여성차별이 드러난다.

이런 '언니' 호칭의 확산은 한편으로는 여성해방운동이 전개되고 있는 사회적 분위기에 조응하면서, 다른 한편으로는 구술문화적인 연관성의 욕구를 충족시키기 위한 방편으로 볼 수 있다.

5. 맺음말

한국민족이 지구상에 출현한 이래 줄곧 한국말로 의사소통을 해왔고(약 5천 년), 고유한 문자인 '한글'을 갖게 된 것은 15세기 중반(1443년 한글제정, 1446년 한글반포)부터이다. 이처럼 언어표현은 구술성에 그 뿌리를 박고 있다. 그럼에도 불구하고 최근에 이르기까지 언어문화에 대한 연구는 이 구술의 성격을 소홀히 해왔다. 그 이유는 연구한다는 것 자체가 쓰기에 관계가 있기 때문이다. 그래서 구술적으로 지어진 말하기조차, 말하기로서가 아니라 씌어진 텍스트로 연구되어 왔다.

그런데 쓰기는 독립적이고 제국주의적인 활동이기 때문에, 말하기도 자신 속에 동화·흡수해 버리는 경향이 있다. 따라서 말이 구술적인 말하기에 기초를 두고 있지만, 쓰기는 그 말을 억지로 시각적인 장(場) 안으로 영구히 고정시켜 버린다.

그 결과 언어의 구술성은 미숙한 것이며, 진지하게 연구할 가치가 없다고 느끼게 되었다. 그리하여 한국말의 문자성의 측면만 부각되어 온 감이 있다. 그러나 실제로 한국말을 입으로 말하고 우리 자신의 감각에 비춰 보면, 한국말의 언어적 특성은 문자적 차원에서보다는 구술적인 차원에서 그 독특하고 오묘한 맛과 멋이 살아난다. 비록 씌어진 예술 텍스트일지라도 그 형식과 내용은 구술적 연희(演戱)를 문자로 고정시킨 것에 불과하다.

따라서 이 글에서는 한국말의 문화적 특성을 구술성의 관점에서 살펴보았고, 구술성을 토대로 하는 의사소통의 특성은 한국말의 대우법에서 찾아보았다.

대우법을 의사소통의 기본축으로 하는 한국말에서는 나이, 세대, 재산, 직업, 사회적 역할 등에서 높은 지위를 가진 사람은 동일한 기준상 낮은 사람들에게 하대법을 쓰는 것이 허용된다. 대신 아랫사람은 윗사람에게 공대법을 써야 한다. 대우법은 불균등한 힘의 관계와 사회적 위계체계를 기호화한다. 하대법은 권위와 겸손이라는 사회적 의미를, 공대법은 추종과 경의라는 사회적 의미를 갖고 있다. 브라운과 길먼(Brown & Gilman)은 이를 '권력의미론'이라고 부른다.

서로 잘 모르는 사람끼리는 경의, 거리, 형식 등을 기호화하는 공대법을 선택함으로써, '안전한' 관계설정을 한다. 하지만 친근한 관계나 지위가 동등한 사람들—어린이들, 연인들, 식구들, 친구들, 특히 제도적 위계질서에서 낮은 지위에 있는 사람들—끼리는 서로 간에 하대법을 사용한다. 브라운과 길먼은 이를 '연대의미론'이라고 부른다.

한국말의 의사소통의 특징을 도표로 정리하면 다음과 같다.

욕구	의미론	성별	공대법		하대법
			존경체	겸손체	
독립성	힘 (power)	남	(공식위계체계 속의 아랫사람들) —하나이다 체 —합니다 체 —하오 체		(공식적 위계체제 속의 윗사람들) —하게 체 —해 체 —해라 체
연관성	연대성 (solidarity)	여	(서로 잘 모르는 사람들끼리) —하나이다 체 —합니다 체 —하오 체	하소서 체	(어린이, 연인, 식구, 친구, 제도적 위계질서에서 낮은 지위에 있는 사람들) —하게 체 —해 체 —해라 체

참고문헌

강원대 언어와 생활편찬위원회. 1987, 『언어와 생활』, 강원대 출판부.
김민수. 1978, 『신국어학사』, 일조각.
김재희 편. 1994, 『신과학산책』, 김영사.
남광우. 1979, 『현대국어국자의 제문제』, 일조각.
성기철. 1985, 『현대국어 대우법 연구』, 개문사.

이정민 외 편. 1979, 『언어과학이란 무엇인가』, 문학과 지성사.

≪일간스포츠≫ 1995. 10. 9, 1995. 10. 31.

정대현. 1985, 『한국어와 철학적 분석』, 이대출판부.

≪중앙일보≫ 1995. 12. 10, 1995. 12. 18.

한명희. 1994, 『우리가락 우리문화』 조선일보사.

허웅. 1974, 『한글과 민족문화』, 세종대왕 기념사업회.

Akinnaso, F. N. 1982, "On the Differences between Spoken and Written Language," *Language and Speech* 25.

Bateson, G. 1990, 『정신과 자연—보론: '이중구속이론'을 중심으로 한 7편의 논문들』(박지동 역), 까치.

Brown, R. & A. Gilman. 1972, "The Pronouns of Power and Solidarity," in P. P. Giglioli(ed.), *Language and Social Context*, Harmondsworth, Penguin.

Malinowski, B. 1923, "The Problem of Meaning in Primitive Languages," in C. K. Ogden & I. A. Richards(eds.), *The Meaning: A Study of the Influence of Language upon Thought and of the Science of Symbolism*, introduction by J. P. Postgate and supplementary essays by B. Malinowski & F. G. Crookshank, New York: Harcourt, Brace: London: Kegan Paul, Trench, Trubner.

Ong, W. J. 1995, 『구술문화와 문자문화』(이기우·임명진 역), 문예출판사.

Tannen, D. 1993, 『말 잘하는 남자? 말 통하는 여자!』(신우인 역), 풀빛.

옷과 유행

현택수

1. 들어가면서

지구 위에 더이상 나체족이 존재하지 않는 것 같다. 아열대 오지 속에 사는 원주민조차 성기를 가리는 등 최소한의 몸가리개를 하거나 옷을 걸치고 있다. 한편 적도지방에 사는 사람들은 옷을 적게 입을 것이고, 추운 지방의 사람들은 체온 보존을 위해 당연히 옷을 두텁게 입는다. 이렇게 인간이 몸을 가리거나 옷을 입는 행태에 영향을 주는 요인은 무엇인가? 그것은 인간의 특정한 관념일 수 있고, 특정한 기후환경일 수도 있다.

인간이 옷을 입는 행태는 사회나 시대에 따라 매우 다양하다. 그래서 우리는 복장을 통하여 민족·사회·시대의 일면을 알 수 있을 뿐만 아니라 남녀를 구별하고, 경제적 수준과 신분, 직업 등을 짐작할 수 있다. 또한 성적 매력을 표현하기 위한 옷인지, 뚱뚱한 체형을 커버하기 위한 옷인지도 구분할 수 있다. 옷은 이렇게 다각적 의미를 갖고 있기 때문에, 그 의미분석은 경제·사회·문화·심리적인 배경요인 등 여러 차원의 설명을 필요로 한다.

　인간이 옷을 입기 시작한 이유는 무엇일까? 추위나 외상으로부터 신체를 보호하기 위함이었다면 이는 생물학적 설명이 될 것이고, 원죄로 인한 성적 수치심 때문에 몸을 가리게 되었다 함은 종교적(기독교) 설명이다. 한편 옷에 대한 문화인류학적·사회학적 설명은 인간이 상징적 의미로써 옷을 입을 때 비로소 성립할 수 있다.

　'상징적 의미에서의 옷입기'라는 시각에서 출발하여, 우리는 이 글에서 전통사회 및 현대사회에서 한국인이 갖고 있는 의복에 대한 관념과 옷을 입는 태도의 특징적인 현상을 살펴보고자 한다. 산업화 이전의 전통사회 속에서 옷이 일상생활 가운데 갖고 있던 특징적 의미가 무엇이었는지, 그리고 그 이후 옷의 의미는 어떻게 변화하였으며 그 변화의 조건은 무엇이었는지를 분석해 보고자 한다.

2. 옷의 상징적 의미

　의심할 바 없이 인간의 생물학적 신체조건은 (두뇌의 지능을 제외하고는) 자연세계의 어느 동물에 비해 상대적으로 열악하다. 추위를 이겨낼 만한 피하조직이나 털도 충분치 않거니와 사나운 동물을 격퇴시킬 만큼 힘센 근육과 발톱을 갖고 있지도 않다. 더욱이 위험한 상황을 피할 수 있는 보호색도 없어서 신체에 색을 칠한다던가 신체장식을 하게 되었으리라고 추정하는 것은 이러한 인간의 생물학적 조건의 한계 때문이다. 어쨌든 자연상태의 알몸에 무언가 덧붙여 치장을 하는 것은 외부세계(자연 및 인간사회)에 대한 반응과 의사소통의 '상징적' 표현이다. 옷을 입는 것도 이러한 신체장식과 같은 측면에서 볼 수 있는데, 이것은 둘다 똑같이 상징성을 띤 사회문화적인 현상이기 때문이다. 가장 원시적인 의상의 한 형태인 누의를 예로 들어보자. 누의란 허리에 둘러서 묶는 끈을 말하는데, 여기에 인간은 뭔가 달아매고 꿰어서 끼어 넣는 행위를 하였다. 누의에 조개나 구슬 등 귀중한 물건을 달아서 지위와 권위를 표시하기도 하고 누의에 식물의 푸른 잎을 매달아 치부를 가렸는데, 이는 수치심 때문이라기보다는 신성한 잎으로 재앙을 막고 성기를 지키기 위한 주술적 성격의 상징적 이유에서였다. 뉴기니의 한 부족에게서 발견되는 거대한 페니스 케이스 형태의 누의도 성기의 과대적 현시욕 이외에 수렵과 전투를 하는 용맹한 남성의 힘을 과시하고, 가족 및 부락을 지키는 남성의 책임을 표현하는 상징적 의미를 담고 있다.

옷의 상징적 의미는 원시사회나 전통사회에서 '주술적' 기능을 가능하게 하였다. 전통사회의 한국인의 일상생활 속에서 옷이 갖는 주술적 기능은 몸을 감싸는 옷이 신체와 하나가 된다는 신의일체(身衣一體) 사상에서 발견된다. 이 때 옷이란 사람의 신체를 둘러싼 단순한 물질이 아니라 그 사람의 체취와 함께 정신이 스며든 히니의 살이 있는 '인격체'의 '상징'이었다. 예를 들어 옛사람이 입던 하의내복인 베잠방이는 소위 음양역병(陰陽易病)으로 통칭되는, 성적 힘의 불균형에서 비롯되는 모든 발병증세에 치료제로 쓰였다. 베잠방이는 성기와 항상 접해 있어 성적인 힘을 갖고 있기에 여자의 음양병에는 남자의 베잠방이를, 남자의 음양병에는 여자의 베잠방이를 가로·세로 1촌(寸)씩 잘라 물이나 술에 타서 하루에 세 번 음용하면 효과를 본다고 하였다. 또한 효자의 적삼을 물에 적셔 시루에 담고 쪄 증기를 쐬거나 그 옷을 떡시루 밑에 깔고 시루떡을 만들어 온 집안 식구들이 나누어 먹으면 전염병에 걸리지 않는다는 믿음은, 효자의 지극한 정성과 행실이 옷에 담겨 있어 병마도 당하지 못하리라는 사고방식에서 유래한다. 작지만 값이 큰 경우를 들어 "금수능단 한 필보다 방삼치"라는 속담이 있다. 방삼치는 방삼촌(方三寸)을 뜻하는데, 이것은 상사병을 앓는 총각에게 먹이는 상대 처녀의 속곳을 가로·세로 3촌씩 잘라낸 베나부랭이이다. 비록 방삼촌의 작은 삼베조각이지만 귀한 총각의 목숨을 살려낼 수 있으니 비단 한 필 값보다 비싸다고 해서 생겨난 속담인 것이다. 또한 처녀가 죽으면 그녀가 입고 있던 속옷이나 저고리 치마를 사람들이 많이 지나가는 큰길 복판에 던져서 거리의 뭇 남성이 그 옷을 밟아 처녀의 성욕 원한을 풀어 주는 행위도 옷에 사람의 체취, 체온, 혼이 깃들어 있다는 사고에서 나온 예이다(이규태, 1991: 138-139, 143).

전통사회의 한국인의 옷의 의미와 기능은 '미' 이전에 '상징적 실용성'에 있다고 한다. 옷의 상징적 실용성은 음양설에 기초한 주술적 기능에서 나타난다. 옷의 색상이 갖는 주술적 기능의 예를 들어보자. 우리 조상은 적색이 남방의 색으로 양기가 무성하여 음의 세계에 속하는 귀신을 쫓는 기능을 한다고 믿어, 시집갈 때의 예복이나 무당의 옷에는 귀신이 싫어하는 적색 계통의 색상을 많이 사용하였다. 옷에 붉은 끝동이나 베나부랭이를 달고 옷깃에 붉은 천을 대거나 붉은 속바지를 입는 것도 이러한 상징적이고 실용적인 면을 보여주는 예들이다. 한편 병귀 쫓는 민간요법 중 청포요법이란 고관대작들이 입는 푸른 옷에 깃들인 무서운 관권(官權)을 상징적으로 이용한 것이다(이규태, 1991: 143, 148-149).

요컨대 전통사회의 한국인의 옷에 대한 의식은 육체와 영혼, 물질과 정신 그리고 자연과 문화를 분리하지 않고 일체화된 것으로 보는 세계관과 통한다고 볼 수 있겠다. 그런데 현대사회의 일상생활 속에서 한국인이 갖고 있던 옷의 전통적 의미는 달라졌다. 합리화·산업화·물화(物化, reification)되어 가는 근대사회 이후 옷은 더 이상 인격의 상징적 수준에 오르지 못하고 물질적 객체로 전락하고 만다. 합리화되어 가는 정신구조 속에서 옷의 주술적 기능은 미신에 불과하고, 산업화된 사회구조 속에서 옷은 상품적 가치를 띤 소비의 대상이며, 물화현상이 지배적인 사회 속에서 옷은 사이비 개성주의를 자극시켜 주는 자기 기만의 매개이다.

우리에게는 어머님께서 손수 짜 주신 스웨터, 손장갑, 덧양말에 스며든 어머님의 따뜻한 마음이 한겨울의 추위를 잊게 하기에 충분했던 시절이 있었다. 또한 부모님께 내의를 선사하는 것은 자식으로서 효도하는 마음을 표현하는 가장 보편적 선물이었고, 불우 이웃 돕기에서도 입던 옷일망정 옷은 따뜻한 선물이었던 시절이 있었다. 우리의 옷에서 이러한 인간적인 따스함이나 훈훈함이 사라진 지는 오래되었다. 이제 옷에서 인간의 체취는 떠나고 대신 돈의 냄새만 난다. '옷' 하면 제일 먼저 떠오르는 생각은 '가격'이다. 옷은 돈으로 사는 물건일 뿐이다. 추울 때 두터운 옷을 사면 되고, 멋지게 보이고 싶을 때 멋진 옷을 사면 된다. 두터운 옷과 멋진 옷에는 스타일과 상표에 따른 가격만이 붙어 있을 뿐이다. 그리고 옷은 새 것일수록 가치(돈)가 있어 항상 새로워야 하지만 얼마 못 가서 유행이 지나면 폐기처분되어야 한다. 그러므로 값비싼 새옷은 흔히 경제적 수준을 과시하거나 위장하기 위해 사용된다.

옷의 의미는 사회의 변화와 함께 변하였다. 자본주의적 산업화 과정에서 옷에 대한 한국인의 전통적 관념이나 가치는 사라졌다. 더이상 옷은 정신과 인격을 담아내지 못하고 소비대상의 물질일 뿐이다. 그리고 한국사회의 급속한 산업화과정은 소비행태의 급속한 변화를 가져왔다. 그리하여 한국사회는 그 어느 나라보다도 빠르게 지나가는 유행을 겪고 있다.

이제 한국사회의 변화와 함께 한국인이 옷에 대해 갖는 관념, 의상구매 행태, 유행 등을 자본주의 경제사회의 보편적인 속성과 한국사회의 특수한 상황에 비추어 분석해 보고자 한다.

3. 사회계층과 겉치레 의식

옷은 집단, 계층, 권위를 상징하기도 한다. 사람은 옷에 특정한 색상 및 무늬를 넣거나 수를 놓고 장식물을 부착하는 등의 방식으로 신분과 권위를 구체적으로 상징화하였다. 옛날 임금의 옷에 넣은 용이나 봉황의 무늬는 군주와 하늘을 동일시하는 지고의 권위를 상징하였다. 왕들 사이에도 서열이 있어 중국 천자만 용을 사용하였고, 우리나라 왕을 포함한 중국 제후는 봉황을 사용할 수 있었다. 또 노란색은 중국 천자가 입는 색이어서 태종은 이 색상의 의복을 금했고, 세종은 천자색으로 분류되는 황(黃)색, 자(紫)색, 현(玄)색의 착복을 못하게 하는 사대주의적 금령을 공포하고 그 자신도 붉은색의 곤룡포를 입었다. 또 세종은 하급관리, 지방관리, 평민과 천민들이 자색(紫色)의 옷을 입지 못하게 하고, 고급관리가 서민이 입는 흰 옷을 입는 것을 금했다. 성종 때 완성된 『경국대전』에 의하면, 공복은 삼품까지는 붉은 옷, 육품까지는 푸른 옷, 구품까지는 초록빛 옷으로 구별하여 복색에 의한 위계질서가 존재하였음을 알 수 있다. 한편 서민은 흰 옷과 갈색옷을 입었다. 당시 물감은 매우 희귀하고 비싸서 서민은 구입하기 힘들었다. 세종 시기에 자색 물감으로 옷감 한 필 물들이는 데 드는 물감의 값은 베 한 필의 값과 비슷했다고 한다. 우리민족을 '백의 민족'이라고 부를 정도로 흰 옷을 즐겨 입은 것은 민족정신이나 순수한 취향 때문이 아니라 옷감이 원래 자연색인 흰색을 띠고 있었기 때문이다. 저포, 견포, 면포가 자연 그대로 흰색이었고, 마포의 노란 빛은 빨수록 탈색되어 곧 흰색을 나타내게 되었다(이규태, 1991: 99, 100, 112). 이렇게 옷의 색깔로 귀천과 상하의 위계질서가 확립된 이면에는 사회적·경제적 조건이 작용하였다.

옷의 색깔뿐만 아니라 옷입는 방식은 특정 집단의 신분이나 정체성을 잘 나타낸다. 치마깃 두름의 차이에도 양반과 상민 부녀자의 구별이 존재하였다. 즉 양반 부녀자는 치마깃을 왼쪽으로 두르고 상민은 바로 둘렀다. 또 하나의 예로, 개화기까지 우리나라는 노론 가문과 소론 가문이 대립하고 있었는데, 이 두 가문의 옷차림은 철학적·정치적 입장에서 나타나는 보수/혁신의 대립만큼이나 차별적 대립을 보여준다. 노론 가문의 부녀자는 저고리의 깃과 섶이 모나지 않게 둥글게 접었고, 치마주름도 굵고 접는 수도 적으며, 앞이 느슨하게 늘어 처진 머리쪽을 하였다. 반면에, 소론 가문의 부녀자들은 깃과 섶을 뾰족하고 모나게 접으며, 치마주름은 노론 치마보다 잘고 접는 수도 많고, 바싹 올려 부친 머리쪽을 하였다(이규태, 1991: 108-109). 다시 말해서 부녀자들은 그들의 차별적인 옷매무새를 통하여 각기 특정한 파당에 속함을 표시하였다.

우리 풍습에 서로 굳은 약속을 할 때 옷을 서로 바꿔 입었다고 한다. 절방에서 과거를 준비하는 서생끼리 열심히 함께 공부하여 동일한 뜻을 이루자는 결의를 할 때 옷을 바꿔 입었다. 옷을 매개로 한 일종의 동아리 의식의 강화를 목적으로 한 행위이다. 또 오늘날 청소년 범죄집단에서는 특정의 자켓과 스웨터, 장식을 소유하여 자신이 집단의 성원으로서의 정체성을 갖고 집단의 보호를 받으며, 타인에게는 배타적·공격적 행동을 보이는 것도 옷을 통한 집단의식의 고취라고 볼 수 있다.

한편 옷에 대한 소비행태에는 집단이나 계층의 의식이 반영되어 나타나기도 한다. 계층과 관련하여 옷을 포함한 소비행태를 분석한 『유한계급론』(1983)이란 명저에서 저자 베블렌(Veblen)은 상류계급의 유한부인들이 성공과 출세를 표현하기 위하여 과시적 소비를 하는 데에 주목한다. 값비싼 물건은 아름다움의 특징 중 하나이고, 풍부한 자본으로 고가의 물건을 주저 없이 살 수 있다는 것은 상류사회층만이 가질 수 있는 체면유지의 특권이자 미덕이다. 특히 의복은 경제적 부를 즉각적으로 나타낼 수 있는 가시적인 지표이다. 의복은 상당히 고가이어야 하고 불편해야 할 뿐만 아니라 동시에 최신 유행의 것이어야 한다. 유한계급은 '값싼 것은 천한 것이다,' '값싼 옷은 사람의 가치를 떨어뜨린다'는 생각으로 옷의 미와 실용적 가치를 금전적 가치로 대치하였다(베블렌, 1983: 155-159). 베블렌은 부유층이 도덕적·지적 가치가 아니라 재산에 근거한 낭비성으로 사회적 우월성을 즐기려는 현상을 목격하였던 것이다.

그러나 진정한 의미에서의 상류층 사회의 인사들은 눈에 띄는 의복으로써 과시하지 않는 것이 품위 있는 행동이라고 믿는다. 그들은 실제로 비싸지만 얼핏 보기에 비싸게 보이지 않는 의복, 그리고 이미 퍼진 유행을 좇지 않는 옷을 선택한다. 상류층 사람들은 희귀하고 비싼 옷의 세련된 미로써 은근히 자신의 사회적 지위와 가치를 높이려 하는 것이다. 그런데 의식적·무의식적으로 선택된 이런 의상들은 대부분 일류 디자이너 및 재봉사들이 만든 것이어서 유행에서도 선도적인 기능을 한다. 그리하여 상류층 인사들은 디자이너와 함께 최신 유행의 창조자이면서 유행의 선두주자들이 된다. 그런데 현대 우리사회의 졸부와 일부 상류층은 이러한 스타일의 의

상구매를 하지 않는다.
그들은 자신의 스타일에
관계없이 무조건 최고가
의 화려한 옷을 구매하
여 과시하려 한다. 이는
베블렌이 말하는 과시적
소비의 전형이다. 부르
디외(Bourdieu)는 프랑스
인의 생활양식과 취향을
분석한 그의 저서 『차별
화(*La Distinction*)』(1979)
에서 높은 재력과 높은
학력이 사실상 고상하고
세련된 취향과 구조적으
로 잘 연결되어 있음을

밝혀냈다. 그러나 우리나라 졸부의 경우는 이 요소들이 불일치된
구조로 나타난다. 따라서 과시적 소비를 통하여 주목받고 상류층
다움을 사회직으로 인징받으려는 그들의 노력은 실패하고 마는 깃
이다.

　중간계층의 사람들은 사회적 지위상승의 열망이 매우 높다. 그
들은 잡지, 영화, TV, 신문 등 대중매체에 의해 끊임없이 영향을
받고 새로운 것, 유행되는 것을 신속하게 받아들이는 경향이 있다.
그들은 유행감각이 뛰어나고 맵시 있게 보인다는 것은 진취적인
사회성의 감각이 있는 것으로 받아들인다. 그리고 사회적 수직상
승이동의 열망이 높을수록 그들의 의복에 대한 지출은 많아진다.
일부는 유행되는 고급옷을 사서 입음으로써 상류층과의 사회적 지

위 불일치를 심리적으로 극복하려 한다. 그러나 대부분은 경제적으로 너무 비싸거나 미적으로 너무 앞선 세련미 앞에서는 주저한다. 그들은 희귀하거나 대담한 전위적 스타일은 상류계층에 의해 인정받고 어느 정도 확산되기까지 받아들이지 않는다.

오늘날 우리사회는 빈부격차가 심하다고 하지만 실제 입고 있는 옷만으로 그 사람의 경제적 수준이나 신분을 쉽게 알아내기가 쉽지 않다. 그 이유는 사람들이 자신의 경제적 빈약함이 한눈에 노출되는 것을 꺼려하여 좋은 옷 구입에 다소 무리한 지출을 하기 때문이다. 이 때 옷은 경제적 빈부차이를 즉각적으로 감출 수 있는 효과적인, 그러나 값비싼 문화지표가 되는 셈이다. 한편 일부 상류층과 벼락부자 등 '있는' 자들은 외제 고급 브랜드의 옷과 모피 등을 걸치고 큰 차를 타고 다니면서 '없는' 자들과 '차별화'하는 행동을 보였다.

이러한 현상은 전국적인 부동산 투기와 소위 거품경제에 부응하여 사회 전반에 해외여행 및 과소비 풍조가 일면서 더욱 두드러지게 되었다. 그리하여 졸부 및 일부 부유층뿐만 아니라 중류층의 소비행태에 있어서도 고급화의 바람이 빠른 속도로 유행되기 시작했다. 중류층 한국인은 옷차림에 관한 한 남과 비교하여 차별화되기를 거부한다. 남성에 비해 옷치장에 비교적 민감한 직장여성의 경우 자기 소득의 약 10~20%까지 의복구입에 지출을 한다고 한다. 중류층에서도 유행이나 과시형의 의복구입이 많은 것이 한국적 특징이다. 서구의 경우 패션모드란 패션계나 극히 한정적 그룹에서만 해당되는 현상인 반면에 한국에서는 일반 대중에까지 상당히 확산된 현상으로 보인다. 한때 토털 패션의 유행 아래 한국여성은 헤어 스타일부터 구두에까지 무리한 지출을 감수하면서 의류를 구입하기도 하였다. 요즈음 한국의 중류층은 터무니없이 비싼 값을 치루더라도 해외 유명 브랜드의 옷을 선호한다. 그래서 가짜 외제 옷이 판치기도 한다. 아무튼 직수입된 유명 브랜드 옷이나 값비싼 로열티를 지불하면서 국내에서 만든 해외 유명 브랜드 옷의 인기는 높다. 후자의 경우 겉(상표)만 외제일 뿐 속(질)은 완전 국산품이다. 많은 사람들이 이러한 옷을 사 입고 계층상승의 착각과 기만을 하고 있다. 그리고 특정 브랜드의 유행이라는 기이한 유행의 형식이 이땅 위에 퍼지게 되었다. 한국인의 이러한 소비행태는 경제적 차별성과 신분의 차별성을 의복이라는 하나의 문화적 지표로 감추고자 하는 지나친 '겉치레' 의식에서 비롯된다고 본다. 일반적으로 한국의 여성은 겉치레를 잘하기 때문에 길거리에서나 백화점에서 겉만 봐서는 직장여성인지 강남지역 주부인지 달동네 처녀인지 여대생인지 구별하기가 쉽지 않다.

사실 의복을 포함한 헤어 스타일, 액세서리 그리고 화장을 통해 연출해낸 '미'라는 카테고리는 여성에 있어서 사회적 출신이나 지위·신분 등의 그 어떤 카테고리보다 덜 위계화되어 있고 덜 결정적이다. 그래서 외형적 미의 범주에서는 '뷰티 산업'을 통하면 누구나 더 아름다워질 수 있고 서로 평등하고 경쟁적일 수 있다는 논리가 지배한다. 사실 다른 문화직 지표들—책을 몇 권 더 읽는다든지, 콘서트에 간다든지, 고급 레스토랑에서의 외식 등—에 비해 의상이란 지표는 경제적으로 부담은 되지만 훨씬 가시적이고 지속적 효과가 있는 것이다.

경제적·문화적 불평등과 사회적 출신, 직업 등으로 위계화된 사회 속에서 옷이란 개인의 아름다움을 돋보이게 하는 매개물이면서, 다른 계층의 사람들과 자신을 구별하고 열등한 자신의 사회적 정체성을 즉각적으로 식별하지 못하게 하는 은폐물이다. 특히 한국인에게 옷이란 여러 분야에서의 불평등을 잠정적으로 위장하는 도

구이다. 이렇게 개성미의 추구라는 명제 아래 미적 평등 내지 상징
적 평등의식을 가능케 하는 것이 옷이다. 그러나 옷을 통한 미적
평등이란 경제적 평등이나 문화적 평등이란 개념에 비해 사회적
힘이 없고 단지 위장된 일시적 자기 만족만을 줄 뿐이다. 따라서
사실상 이 미적 평등의식이란 일종의 허위 평등의식이다. 이러한
의미에서 겉치레의식이란 허위의식인 것이다.

한편 하층계급은 과거나 현재에도 사회적 지위보다는 경제적 안
정에 더 관심을 두기 때문에 옷의 상징적 의미에는 관심이 많지 않
다. 그들에게 옷은 멋을 내거나 유행을 따르고 자신의 신분을 은폐
하는 도구라기보다는 실용적이고 경제적인 생활필수품이다. 따라
서 하층계급의 옷은 작업과 생활에 편하고 질기며 때가 덜 타는 특
성들을 갖고 있다. 옛날 서민의 갈색옷은 감물에 의해 갈색으로 염
색되어 더러움을 덜 타고, 세제를 쓰지 않아도 때가 잘 빠질 뿐더
러 땀에 젖은 상태로 그냥 나둬도 통풍이 잘 돼 상하는 일이 별로
없어서 작업복으로도 안성맞춤이었고, 또한 질겨서 오래 입었다고
한다. 오늘날 노동자들의 옷도 경제적이고 질기고 편한 측면이 강
조되고 있다.

4. 성적 욕망의 노출

여성의 정숙함, 아름다움, 성적 매력을 위해서 동·서양의 여성들
은 불편함(그 예로, 드레스나 치마가 땅에 끌려서 활동에 불편한
경우), 신체적 고통을 감수해야 했다. 서양에서는 코르셋으로 허리
를 졸라매어 가늘게 하였고, 중국에선 전족으로, 한국에선 통버선
으로 여성의 발에 고통을 주어 조그만 발을 만들었다. 여성의 지위

가 낮고 활동영역
이 가정에만 국한
된 시대에 여성의
옷은 신체를 조이
거나 둘러싸매거
나 늘어뜨리는 데
그 특징이 있었다.
여성의 지위가 향
상되고 사회활동

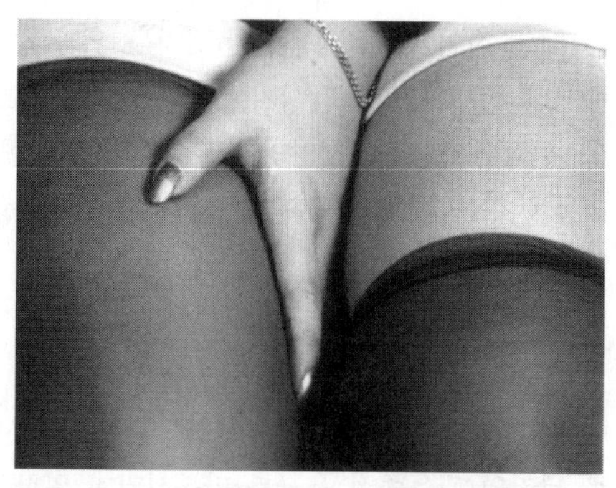

이 활발해짐에 따라 여성복은 이러한 스타일의 속박에서 벗어났다.
어떤 측면에서는 점점 남성복화되어 간다고도 할 수 있다. 전통적
으로 바지는 남성, 치마는 여성의 상징으로 되어 왔는데, 사회변화
와 성역할의 변화에 따라 이제 그 경계선이 모호해졌다. 이것은 여
성복의 영역이 남성복의 영역을 넘어 티셔츠, 바지, 진, 파카, 스웨
터 등을 입고 넥타이를 매기 시작한 것이다. 전통적인 성역할에 대
한 여성들의 페미니즘적 사고방식과 반항, 작업 및 스포츠를 위한
실용성 추구, 여성의 직업적 역할확대 등과 전통적인 남성복의 단
조로움을 탈피하려는 남성의 욕구가 실용성과 캐주얼한 스타일의,
소위 유니섹스 의복착용의 동기라고 한다. 이러한 유니섹스 패션
은 우리나라에서는 특히 젊은 남녀층에 생활양식화되었는데, 농촌
보다는 도시에서, 그리고 비교적 교육수준이 높은 대학생층에서
많이 발견된다.

　옷과 성적 매력의 관계는 매우 깊다. 유교사회 5백여 년 동안 여
자의 얼굴과 몸을 가리던 장옷을 벗기기 시작한 개화기 이래로 여
성복식사는 신체노출의 역사이다. 몸매를 노출시키든 하얀 속살을
노출시키든 신체노출은 여성의 성적 매력을 높이고 성을 상품화하

는 데 목적이 있다. 성을 상품화하는 옷과 장식물은 동·서양 어디에서나 존재하였고, 남성지배적인 사회에서 그 가치는 더욱 높았다. 한국의 통버선, 서양의 코르셋이나 하이힐은 신체에 불편함과 고통을 주는 데도 불구하고 불편하고 값비싼 것일수록 인기가 있었다고 한다. 여성 의상의 신체결박과 신체노출의 특징들은 여성의 활동이 생산적인 노동활동과 거리가 멀고 가정에 국한되어 여성의 존재가 성적인 대상으로밖에 그 상품적 가치가 없었던 시대에 더 뚜렷이 나타났다. 한마디로 여성옷의 성적 어필은 일반적으로 남자의 관음증적 욕구를 만족시키기 위한 것이었다.

오늘날 우리사회에서 옷과 연관된 성의 상품화현상은 더욱 가속화되고 있다. 여성옷은 속옷, 겉옷 할 것 없이 모두 관능적인 면을 강조하는 경향이 뚜렷하다. 핫팬츠, 초미니 스커트, 허벅지가 보이도록 옆이 터진 치마, 등이 완전히 노출된 옷, 배꼽 티셔츠, 브래지어식 티셔츠, 몸에 밀착된 바지 등은 성적 자극을 주기에 충분한 감각적인 패션들이다. 왜 옷으로 성을 표현하는가? 남성지배사회와 성의 상품화라는 두 개념만으로 옷의 성적 표현을 이해하기에는 충분치 않은 것처럼 보인다. 왜냐하면 여성은 더이상 남성의 눈을 즐겁게 하기 위해서 옷을 입지 않는다는 해석 때문이다. 즉 여성은 자신의 성적 매력과 미에 대한 나르시즘적 본능에 의해 노출적인 의상을 선호한다는 것이다. 또 한편 여성의 옷을 통한 성적 표현은 몸속에 갇힌 억눌린 욕구, 욕망 때문이라는 해석도 있다. 이때 몸은 감정, 비합리성, 성욕을 포함한 모든 욕망의 산실이고, 그것을 이제 자본주의적 질서와 관료주의적 합리성에 저항하는 상징으로 읽을 수 있을지 모른다. 바따이유(Bataille)는 성(sexuality)이 모든 욕망의 대표적인 상징이며 '욕망의 진실'이라고 하면서, 부르주아적 질서, 규칙의 미덕에 대항하는 것으로 설명하고 낭만적으로 예찬하였다(바따이유, 1989). 그런데 결국 여기서 말하는 자본주의적 질서와 규칙은 여성의 재생산적 기능을 강요하고, 남성의 관음적 행위를 정당화하는 가부장적 지배의 사회질서가 아닐까. 오늘날 감각적·시각적 가치가 대중소비사회의 새로운 일상생활의 미학의 기초가 되어버리고(Turner, 1991: 16), 벨(Bell)이 표현한 바 대로 모든 이성적·문화적 대안들이 '포르노 팝 문화'에 압도당하고 있는 듯한 현실의 이면에는 성의 표현과 그 추구에 있어서 기업, 대중매체, 광고 등에 의하여 조작되고 상품화되는 성이 있다. 따라서 옷의 성적 표현은 진실된 욕망의 표현이고 반자본주의적 가치의 표현이라기보다 조작된 욕망의 표현이요, 유행이란 자본주의의 소비가치의 표현인 것이다.

5. 유행의 본질과 자본주의

안분수분(安貧守分)의 실용적 철학으로써 우리 선조는 옷의 사치를 배격하고 악덕시하였다. 이는 '옷투정을 하면 가난하게 산다' '옷은 아무렇게 입어야 한다' '아름다운 옷입기를 좋아하면 자손이 귀하다'는 등의 속담에서도 알 수 있다. 그리고 옷과 연관된 꿈이 대부분 흉몽으로 여겨졌다는 사실에서도 이를 알 수 있다. 꿈에 옷 치장을 화려하게 하고 나갔다거나 또는 어떤 의류를 선망하거나 비단을 받으면 흉하다고 해석하였다. 또 새옷이나 수놓은 옷을 입으면 재수가 없거나 근심이 생긴다고 하였다(이규태, 1991: 168, 170). 일반적으로 헌 옷에 대한 꿈은 잘 꾸지 않는다. 새 옷에 대한 꿈은 새 옷에 대한 동경이자 강한 욕구에서 비롯된다. 그러나 옷에 대한 꿈의 해석이 대부분 부정적인 이유는 옷에 대한 개인의 욕구

불만이나 희망이 표출된 꿈을 현실세계는 실현시키거나 인정할 수 없기 때문에 이를 단죄하는 데서 비롯된다고 볼 수 있다.

이러한 사회에서는 옷의 유행은 상상도 못할 일처럼 보이나 실제로 유행은 존재하였다. 과거에 귀족은 왕실을, 중류층은 상류귀족층을 모방함으로써 유행을 좇았다. 노란색은 중국 천자가 입는 옷의 색상인데, 고려 공민왕 때는 장안의 귀족, 서민 모두가 이를 모방하여 입는 통에 금령까지 내렸다 한다. 또한 한때는 잇꽃으로 만든 진홍으로 옷에 물감을 들이는 사치스러운 유행이 귀족에서 천민에 이르기까지 유행하였다고 이익은 『성호사설』에서 밝히고 있다.

해방 이후에 유행은 더 빠르고 그 수명은 단축되었다. 우리나라는 50년대에 맘보, 지르박, 차차차 등과 같은 라틴아메리카 리듬에 맞춰 맘모 바지가 유행하고, 60년대엔 가수 윤복희가 영국에서 유행한 미니스커트를 소개한 데 이어 판탈롱과 핫팬츠가 유행하였다. 70년대 중반을 넘기면서 미니 패션은 사라지고 미디 모드와 통드레스(일명 월남치마)가 유행하였으며, 청바지는 젊은층에서 크게 유행하였다. 80년대는 디스코의 유행과 함께 디스코 바지가 한때 유행하다가, 80년대 후반부터 지금까지 스포츠에 관심이 높아지면서 스포츠 의상, 캐주얼 의상, 유니섹스 모드가 유행하기 시작하였다.

요즈음 신촌 대학가, 홍대 앞, 압구정동을 걸어가면 배꼽티, 짧은 치마, 통굽 구두, 부츠 차림새의 비슷한 젊은이들을 많이 보게 된다. 지난해 유행이었던 워커식 신발에 무릎을 덮는 양말, 체크무늬 미니스커트, 자켓, 모자, 헐렁이 청바지, 남성치마, 스노우보드 의상 등도 거리의 젊은이들을 모두 동질화시켜 버렸다.

유행이란 무엇인가? 유행현상의 조건과 원인은 무엇인가? 유행이란 일정한 시기에 상당수의 사람들에 의하여 의식적·무의식적으로 선택되어짐으로써 확산되는 특정한 취향이나 스타일을 말한다. 그런데 의상의 유행에서 보는 바와 같이 유행은 일시적으로 성행하다가 사라지고 또 다른 혹은 비슷한 유행이 동시에 또는 뒤따라 생성과 소멸의 길을 걷는 데 특징이 있다.

짐멜(Simmel)은 유행이 '모방'과 '차별성'의 모순적인 경향을 갖고 있다고 관찰하였다. 패션의 역동성은 그 인기와 팽창이 곧 자체의 소멸로 이어지는 데 있다고 보았다. 이것은 소비와 생활양식에 있어서 취향을 구조화하는 사회적 과정을 면밀히 관찰할 것을 요구한다. 즉 사회그룹과 개인적 차별성 관계의 조화가 패션의 역동성의 핵심이다. 짐멜은 패션을 현대생활의 파편적인 현상과 관련시켜 도시의 성장과 함께 증가하는 신경증적 흥분으로 보았다. 그리하여 근대 개인은 급격한 패션의 변화로 다양한 생활양식을 잃게 되었다고 보았다(Featherstone, 1991: 87, 115).

유행은 누구를 닮고 싶은 모방심리 혹은 남들과 다르고 보다 돋

보이고 싶은 개성주의, 신분상승의 욕구, 성적으로 매력 있게 보이고 싶은 심리 등 여러 가지 감정과 욕망이 혼합된 동기에 의하여 추구되는 일종의 '사회적 동조행위'이다. 오늘날 대중적 영웅, 즉 TV나 영화의 스타들은 이러한 모방의 대상이 되곤 한다.

그런데 유행을 좇는 이들도 획일적 스타일의 옷입기는 거부한다. 이들은 '단지 유행하기 때문에 그 옷을 입는다'라기보다는 '유행하는 옷이지만 나에게 어울리기 때문에 입는다'라는 생각을 갖고 있다. 이들의 사고에는 유행을 좇는 것이 몰개성적인 행동이 아니라 자기방식대로의 변용을 거친 결과라는 믿음이 존재한다. 말하자면 '유행' 속에도 '개성'이 있고, 유행과 개성은 양가성(兩價性)으로 공존한다는 뜻이다. 소비자는 유행에 있어서 옷의 선택은 경제적·사회적 조건이라기보다는 개인주의적·개성적 요구의 문제라는 생각을 하고 있다. 그래서 개성적 차이가 부정되는 순간 불쾌한 것이다. 이것은 '자본주의적 쇼핑'이 갖고 있는 본질적인 딜레마이다. 엄청난 양의 제품 속에서 자신에게 적합한 물건을 찾아내어 선택하는 문제이다. 짐멜과 피스크 식으로 이 문제를 스타일의 '유사성'과 취향의 '차별성'의 관계로 생각해 볼 수 있을 것이다. "유사성이 사회적 질서에 편입되는 수단일 때, 차별성이란 그 질서 속에서 개인적 공간을 협상하는 것이다. 스타일과 취향의 차이는 결코 정의내리기가 쉽지 않다. 그러나 스타일은 사회적인 것으로 집중되고, 그리고 취향은 개인적인 것으로 향하게 된다"(Fisk, 1989: 36). 유행을 좇는 소비자는 획일적인 유사성만을 추구하는 것이 아니라 그 속에서 존재하는 차별성을 찾는 선택적이고 개성적인 성격을 띤다. 그리하여 소비문화에 있어서 '선택'과 '개성'의 강조는 "오늘날 유행은 없다. 단지 유행들이 있을 뿐이다"라든지, "법칙은 없고, 단지 선택만 존재한다"(Featherstone, 1991: 83 재인

용)는 포스트모던적 명제에까지 이르게 한다.

여기서 우리는 유행의 배후에 자본주의 경제의 상품논리가 숨어 있음을 간파할 수 있다. 유행하는 옷의 스타일은 언제나 새로움으로 포장한다. 새로움의 창출이야말로 자본주의 경제의 이데올로기의 핵심이다. 컴퓨터 시장에서 어제의 기종이 재빠르게 단종되어 가듯이 옷도 신속하게 폐기되어 간다. 실제 옷이 낡지도 않고 더러워지지 않았는데도 우리는 새 옷을 자꾸 산다. 아니, 새 옷의 구매를 강요받는다. 유행하는 옷을 사지 않을 때 그 대가는 불안과 열등감이다.

새 것에 대한 욕망은 생산라인을 가동시키고 생산자와 소비자에게 자금을 회전시키는 원동력이다. 패션 산업이 만들어 내는 유행은 이러한 동기를 은폐하고 소비자만을 위해 그에게 선사되는 새로움으로 출현한다. 그러나 이 새로움과 새로움에 대한 욕망이란 날조된 새로움이요, 조작된 욕구이다. 광고와 선전매체에 의해 조작되고 자극되어 사회적으로 만들어진 욕망이다. 피스크는 이러한 메커니즘을 가능케 하는 것은 자본주의 경제와 사회에 대한 '진보 이데올로기'라고 본다. 유행상품은 소비자에게 합법적이고 대중적 정체성의 의식을 불어넣어 주면시 소비를 통해 진보 이데올로기에 참여할 것을 요구한다(Fisk, 1989: 39-41).

패션은 새 것과 낡은 것을 재빠르게 구별하게 하는 시대감각을 발달시키고 지나간 것은 낡은 것이고 나쁜 것이라는 인식과 동시에, 새로운 것은 언제나 앞서가는 것이고 좋은 것이라는 가치관을 낳는다. 새로움에 대한 욕구는 급격한 변화이다. 그러므로 이 변화는 진정한 변화는 아니고 사실은 자본주의적 상품경제가 낳은 상투적 스타일을 반복하는 것에 불과하다.

이러한 피상적 변화와 상투적인 반복성은 벤야민(Benjamin)이

표현하는 바대로 '지옥'이다. 그에 따르면, 패션은 지옥과 같은 것
이다. 상투적인 변화의 추구로서 과거 전통에 대한 무시와 편견으
로 사회적 망각행위를 조장하기 때문이다. 더욱이 패션은 현대성
의 경박함과 여성성으로 '매춘'에 비유되기도 한다. 과거(지난 계
절의 스타일)의 가치를 부인하고 폐기하는 것은 과거문화 속에서
찾아야 할 잠재된 긍정적 가치, 유토피아적 요소마저 부인하는 것
이다(Macrobbie, 1994: 113).

  사실상 자본주의적 상품생산라인에서 배출하는 유행의 옷은 진
정한 개성 또는 차별성을 주지 않는다. 소비자가 선택한 유행하는
새 옷의 의미는 본질적인 면에서 새롭거나 개성적인 것이 아니다.
TV, 영화, 잡지, 광고에 선전문구와 함께 나오는 화려하고 산뜻한
모습의 의상은 언제나 실제 모습과는 다르다. 소비자는 일종의 조
작된 환영을 산다. 왜냐하면 바르트(Barthes)가 『유행의상의 체계
(*Système de la Mode*)』(1976)에서 분석한 것처럼, "실제 착용한 의상
(vêtement réel)"과 "영상으로서의 의상(vêtement-image)" 그리고
"기술된 의상(vêtementé crit)"은 서로 구조적으로 다르기 때문이
다. 사진이나 영상을 통한 의상은 특수한 단위와 법칙을 갖는 조형
적·공간적 구조이고, 기술된 의상은 어사적(語詞的) 구조로 디자이
너나 패션그룹에 의하여 결정된 것을 지향하는 것이지, 의상의 실
제 착용을 지향하는 것이 아니다. 패션잡지에 실린 의상사진과 "실
크는 여름철에 아주 편합니다"라는 문구가 주는 의상은 실제의상
과 다르다. 실제의 의상은 영상의상이나 기술된 의상의 변용된 형
태로, 일회적으로 착용되고 항시 바뀐다. 마치 언어(langue)에 대한
언사(parole)의 형식인 파생체이다. 유행의 전파란 이러한 변용에
입각하고 있는 것이다(소두영, 1984: 193-197). 소비자는 패션 잡
지에서 보는 것과 똑같이 우아하고 섹시한 의상을 입었다고 해서,

보드리야르(Baudrillard) 식으로 현실과 가상의 일치가 실현되는 순간이라고 믿을지 모르나, 실제의상이 주는 것은 사진의 우아함이나 섹시함과는 본질적으로 거리가 먼 사이비적인 것이다. 대중매체를 통하여 끊임없이 강조되는 아름다움이란 끊임없이 소비욕구만을 자극하는 상품 이데올로기에 지나지 않는다.

지금까지 우리는 유행의 사회경제적 조건을 살펴보았다. 유행은 얼핏보기에 단지 개인적이고 심리적인 이유에서 시작되는 것처럼 보이나, 동시에 자본주의 경제와 사회의 구조적인 속성에 의한 현상임을 알게 되었다. 예로서 90년대 초반에 출현한 한국의 미시 패션과 신세대 패션을 살펴보자. 미시족과 신세대 혹은 X세대, 이들 집단에 대한 정체성과 행태에 관한 무수한 담론과 논의의 방향은 주로 소비행태에 관한 사고방식으로 향했다. 특히 그들의 옷차림과 소비행태의 특징들이 자주 거론되었다.

미시 패션이란 중산층의 비교적 젊은 주부들이 미스처럼 옷을 입는 경향을 말한다. 이른바 교복 자율화시대를 맞아 일찍이 옷에 대한 관심과 감각이 발달한 개성이 강한 세대이기도 하다. 이들은 미니스커트, 반바지, 청바지, 티셔츠, 가죽점퍼, 캐주얼 복장 등을 찾아 보세집, 싱설 힐인시징, 백화점 세일기긴을 이용하는 합리적 소비자들이라고 전해진다. 그런데 미시족의 정체는 사실 불분명하다. 한 일간지의 조사에 의하면 20~30대 여성의 72.4%가 자신을 미시족이라고 응답하였고, 특히 40~50대 응답자의 57%가 자신을 미시라고 생각한다는 보고가 있었다(≪조선일보≫ 1994. 6. 2: 20~60대 여성 348명 대상). 그래서인지 사실 20~30대를 겨냥한 제품이 40대 여성에게도 팔린다고 하지 않던가! 미시족은 새로운 소비자군으로서 자본주의 상품광고와 판매전략의 산물이다. 미시족은 군화풍의 부츠와 미니스커트를 입은 당당한 모습으로 나타나 자신의 아기와 신제품이 남과 다르고 최고라고 주장한다. 서울의 G 백화점은 전체 고객의 80%가 20~30대 여성이라는 자체 분석으로 "미시는 다르다. G는 다르다"라는 광고문안 아래 미시족을 주된 판촉대상으로 삼아 괄목할 만한 판매성과를 올렸다. 이 백화점은 94년 4월, 전년도에 대비하여 77%의 매출성장을 기록했다고 한다.

새로운 사고방식을 가진 연령층에 유행하는 패션을 또 하나 들 수 있다. 바로 신세대 패션이다. 일반적으로 신세대란 한국경제의 고도성장기인 60년대 중반 이후 태어난 전쟁과 가난을 모르고 자라나서 물질적 풍요를 누리며 영상매체시대에서 자기중심주의적이고 감각적이며 개성적인 삶을 살아온 젊은 세대라고 한다. 미국에서 X세대라는 말이 베이비붐 세대를 잇는 새로운 소비자군을 찾는 미국의 마케팅 조사자들에 의해 만들어지고 X세대의 소비행태가 조사되었듯이, 신세대의 패션 성향 역시 상품판매전략 차원에서 끊임없이 조사·분석되어 왔다. 신세대는 패션에서 끊임없이 새로운 것을 찾아 감각적이고 대담한 육체노출로 적극적인 자기 표현을 하는 것으로 조사되었다. 그들은 배꼽티를 입고 싶어하고(17%), 경제적인 옷(87%), 개성이 강한 옷(67%)을 선호한다. 또한 그들은 유행과 상표에 따라 옷을 선택하고(30%), 마음에 드는 옷에는 돈을 아끼지 않고(66%), 유명상표의 옷을 입어야만 자신감이 생기며(17%), 같은 상표라도 백화점에서 사는(28%) 젊은이들이다(≪일간스포츠≫ 1994. 10. 10: 한국리서치, 남녀 1,000명 대상).

6. 나오면서

옷의 상징적 의미 구성에는 사회·경제·심리·문화적 요인이 작용한다. 전통에서 근대를 거쳐 현대에 이르기까지 한국사회 속에서 옷의 의미와 기능은 변화하였다. 전통사회 속에서 옷은 혼이 깃들어 인격과 동일시되었지만 현대사회에 이르러 옷은 정신적 가치와는 동떨어진 물질적 소비대상일 뿐이다. 옷에 대한 물질주의적 관념으로의 변화는 산업화와 자본주의적 상품경제논리에서 비롯된다. 소비는 새로운 아름다움이나 자기 만족의 행복을 소유하여 향유의 기능을 하는 것이 아니라 보드리야르 식으로 말해서 재생산을 위한 강제적인 사회적 노동에 지나지 않는다. 왜냐하면 새 옷의 구입을 통한 개성미의 추구나 불안 해소는 상품 이데올로기가 조장하는 결과일 뿐, 그 의미는 본질적으로 사이비적인 것이기 때문이다. 한편 한국의 급속한 산업화과정만큼이나 급속한 유행을 좇아 과시적 과소비 행태가 나타났다. 또한 옷의 디자인, 색깔, 옷을 입는 방식 등의 유행이 경제적·계층적·문화적 불평등을 위장하기 위한 허위의식에서 비롯되기도 하였다.

패션 산업이 생산하는 수많은 옷들은 상품 이데올로기화되어 있다. 옷들은 새로움, 섹시함, 세련됨 등으로 다양하게 기호화되어 끊임없이 현대인들의 소비욕구를 자극시키고 있다. 그리고 현대인의 자극받은 욕망은 자본주의적 쇼핑행태를 통해 배출구를 찾고 있다. 오늘날의 이러한 사회문화적 상황 속에서, 옷에 대해 진정한 의미와 가치를 부여했던 옛 사람들의 의식을 돌이켜본다는 것이 행여 유행 지난 헌 옷을 찾아 입는 것처럼 비칠지도 모르는 일이다.

참고문헌

바따이유, 1989, 『에로티즘』, 민음사.

베블렌, 톨스타인. 1983, 『유한계급론』, 동녘.

소두영. 1984, 『구조주의』, 민음사.

이규태. 1991, 『한국인의 생활구조』(1. 한국인의 옷이야기), 기린원.

Bell, Daniel. 1976, *The Cultural Contradictions of Capitalism*, London: Heinemann.

Bourdieu, Pierre. 1979, *La Distinction*, Paris: Les Editions de Minuit.

Featherstone, Mike. 1991, *Consumer Culture & Postmodernism*, London: SAGE.

Fisk, John. 1989, *Reading the Popular*, London/N.Y.: Routledge.

McRobbie, Angela. 1994, *Postmodernism and Popular Culture*, London/N.Y.: Routlege.

Turner, Bryan S. 1991, "Recent Developments in the Theory of the Body," in M. Featherstone, M. Hepworth & B. S. Turner(eds.), *The Body*, London: SAGE.

먹거리 문화-부엌에서 식탁까지

한경애

1. 머리말

　일상생활의 기본을 이루는 여러 요소 중 생존 그 자체에 직접적인 영향을 미치는 것이 식(食), 즉 먹거리이다. 인간이 먹을 수 있는 것과 먹어서는 안되는 것을 가르는 깃이 문화, 다시 말해 자연환경과 인간의 문화환경을 나누어 주는 큰 기쥰 중의 하나이니 먹거리는 인간의 생명 보존이라는 일차적 기능을 떠나 생각해도 우리생활 어느 곳이나 영향을 미치지 않는 곳이 없다. 현재 한국사람의 일상생활을 먹거리를 통해 본다면 어떠한 측면을 부각시킬 수 있을까?

　지금의 우리에게 '보릿고개'라는 말은 역사 속의 혹은 사전 속의 단어로 느껴진다. 그뿐만 아니라 "살기 위해 먹느냐, 먹기 위해 사느냐"는 농담 반 진담 반의 논쟁도 귀에 설게 느껴지는 물질적 풍요의 사회에 살고 있다. 이러한 일상의 현실에서 먹거리, 먹는 문화에 대해 살펴보자면 무엇을, 어떻게 그리고 왜 먹느냐는 질문으로 압축되지 않을까 한다. '무엇을'이 먹거리 자체에 대한 정의를 내리고자 하는 질문이라면, '어떻게'와 '왜'는 일단 한 문화권에서 먹어도 좋은 음식으로 결정된 범주 안에서의 여러 가지 재료를 어떻게 조리하고 어떠한 상황에서 왜 먹느냐는 소비행태를 부각시킨 질문이라 하겠다. 이러한 질문에 답하는 연구에는 먹거리 자체에의 영양적인 측면이 강조된 식품 영양학적 연구와 먹는 행위의 측면, 다시 말해 생존과 건강유지의 차원보다는 먹거리의 사회·문화적 중요성과 상징성에 대한 사회학, 인류학적 접근으로 크게 나뉘어 있다고 볼 수 있다.

후자의 접근방식에서도 마빈 해리스 같은 인류학자는 수많은 먹을 거리 중 먹어도 좋은 것으로 분류해 놓은 사회적 기준의 근거가 주어진 자연환경의 제약조건 속에서 최다수의 인간의 생존에 가장 효율적인 합리적 조절의 결과라는 해석을 내리기도 한다. 해리스의 견해에 의하면 궁극적으로 먹거리의 불균등한 할당은 부(富)와 권력의 근원이 되기도 하지만, 먹거리는 집단의 정신을 채우기 전에 집단의 뱃속을 먼저 채워야 한다는 것이다. 다시 말해 먹거리에 대한 연구는 먹거리 자체와 그의 분배 및 소비행태의 상징적 측면에 초점을 맞추기보다는 최다수의 사회구성원을 배부르게 한다는 먹거리의 일차적 기능에 근거하여 그 사회에서 나타나는 다른 문화현상까지 설명해야 한다는 것이다(해리스, 1992). 하지만 비닐로 겹겹이 포장된 야채와 지구를 반 바퀴 돌아온 쇠고기를 먹고, 냉동 분말 커피를 마시며 또 한편으로는 '신토불이'를 외치는 광고 문안을 접하는 우리의 일상을 볼 때, 자연환경의 제약을 고려하기보다는 일상생활 전반에 미치는 경제적 조건이나 전통과 변화가 맞물려 소용돌이치는 문화 전반의 여건 속에서 먹거리 소비의 상징성을 살펴보는 것이 더 '합리적'인 접근방식이 아닌가 싶다.

거시적 시각에서 본 보통 사람의 일상적 먹거리 소비행태는 일인당 연간 쌀 소비량 혹은 쇠고기 소비량의 변화 추이 등 몇몇 통계자료에 의존해서 논할 수도 있다. 그러나 이는 수치 속에서만 존재하는 표준화된, 아니 통조림화된 삶의 모습이다. 모든 통계가 그렇듯 통계를 통해 본 한국인의 먹거리문화의 모습은 그 자료가 수집되고 분석되는 동안 이미 그 모습을 달리하고 있다. 이와 마찬가지로 경제적 조건에 주로 의존하여 우리의 먹거리 소비행태를 설명하자면 큰 변화의 추이는 짚어볼 수 있다. 하지만 이러한 방법으로는 정부가 발표하는 물가지수와 장바구니물가의 차이처럼 실지로 생활하는 사람의 입장에서 느끼는 '주관적 현실'이라는 면은 간과되고 일반적으로 객관적 현실이라고 일컬어지는 겉모습만이 다시 논의의 대상이 되지 않겠는가.

그렇다면 식생활 습관을 포함한 일상의 여러 관습적 행태를 바탕으로 다양한 사회계층의 삶의 모습을 분석한 부르디외의 방법을 빌려 오는 것을 고려해 볼 수도 있다(부르디외 1992). 그러나 부르디외의 연구대상은 상대적으로 경제계층과 소비습관이 안정된 프랑스 사회이기 때문에 짧은 기간 동안 급격한 변화를 거치고 있는 우리사회에 그의 연구방식을 바로 적용하기에 무리가 따르는 부분이 많다.

일상생활의 평범하고 반복적인 겉모습은 우리에게 그 변화 없는 연속성만을 강조하게 한다. 그러나 실은 낯설고 새로운 것을 평범하고 당연한 것으로 소화해 내는 조용한 역동성을 내포하고 있다는 점을 간과해서는 안된다. 다시 말해서 일상생활은 실제로는 작지만 끊임없는 변화의 과정이지만 그 삶을 사는 당사자에게는 어제와 오늘이 크게 다르지 않다고 여겨지는 일련의 연속적 과정인 것이다. 뤼트케의 말을 빌리자면 일상생활에 대한 사회과학적 관심은 그 반복성에만 초점을 맞출 것이 아니라, 일상을 살아나가는 인간이 주위의 세상(univers)을 자기 것으로 만들어 가는 과정 자체를 보아야 한다는 것이다. 게다가 이 세계는 끊임없이 변화하고 있지 않은가(Lüdtke, 1994). 여기에서는 이러한 관점에서 하루 세 끼를 밥상에서 대하는 우리의 평범하고 당연한 일상생활이 평범하지만 당연한 것은 아니라고 전제하고, '일상성'의 이름 뒤에 숨어 있는 작지만 무시할 수 없는 변화의 조짐 몇 가지를 짚어보겠다. 이 글에서 다루는 먹거리의 소비행태는 대도시의 시장에서 구입해 온 먹거리가 밥상에서 최종적으로 소비되기까지의 과정 중 일반적으로 큰 관심꺼리가 되지 못하는 우리사회의 한 부분을 부각시켜 보겠다.

2. 일상의 양식

개체로서의 인간을 존재하게 하는 인간의 식욕은 종족의 번식을 위한 성욕보다 우선한다. 이 식욕 충족을 위한 노력이 남북한의 이데올로기의 장벽도 넘어서고 있는 우리의 정치적 상황이 사실 우리시대의 특수 상황이라고만은 할 수 없다. 금강산도 식후경이요, 수염이 석자라도 먹어야 양반이라는 속담을 보더라도 우리에게는 일상의 양식이 다른 어떤 것보다도 우선되고 있음을 알 수 있다. 그러나 속담 속에 드러나는 '일단 먹고 보자'는 적어도 남한의 경우 지난 삼십 년간의 빠른 경제성장의 뒷받침으로 '맛있게 먹자' 또는 '잘 먹자'로 바뀌어 가고 있다. 1960년대의 보릿고개 넘어서기 노력인 식량증산운동, 혼분식장려의 여운이 채 가시기도 전인

1970년대 초반, 백파 홍성유의 음식기행이 일간신문에 등장하고 또 긍정적으로 받아들여져 이제는 일간신문이나 여행 안내서에 '맛있는 집' 혹은 '별미 음식점' 소개가 빠지지 않는다. 이로 미루어 볼 때 먹거리는 몇몇 특수한 사람들뿐만 아니라 보통 사람의 일상과 여가생활에서도 단순한 끼니 때우기를 넘어서는 소재로 자리잡았다고 할 수 있다. 이어서 1980년대 중반부터 음식물 섭취와 연계된 건강, 장수 문제가 대두되면서 1980년대 말 '이상구 신드롬'이라는 말이 나올 정도로 먹거리의 질(質)에 대한 관심이 일반 대중 모두에게 영향을 미쳤다. 1990년대 중반, 이제는 기능 음료, 건강 보조식 혹은 유기 농산물, 다이어트 식품 같은 단어들이 대중 매체를 통해 우리의 일상에 자리잡고 있다.

끼니를 때우는, 배고픔을 가시게 하는 먹거리의 양(量)에 대한 관심이 맛과 영양가의 양면 모두에 쏠리게 된 것을 단적으로 보여주는 예로서 맛도 있고 건강에도 좋지만 '밥'으로는 여겨지지 않는 과일류의 섭취량이 1979년 일인당 28g에서 1989년 78g으로 10년간 2.8배나 늘어난 것을 들 수 있다(『보건사회백서』, 1992). 같은 자료에서 보면 한국인의 식단에서 동물성 식품이 차지하는 비율이 점차 높아지는 반면 총 칼로리 섭취량은 이미 줄어드는 추세이다. 소위 말하는 서구화 경향이다.

먹거리의 서구화 경향은 세대간의 음식 선호도에서도 확연히 드러난다. 청소년이 가장 선호하는 패스트 푸드는 햄버거, 치킨(닭고기 튀김), 피자, 떡볶이, 김밥, 라면, 빵의 순서인 반면에(≪조선일보≫ 1993. 9. 7), 서울 직장인의 단골 메뉴로는 비빔밥, 김치찌개, 순두부, 된장, 칼국수, 설렁탕이 꼽힌다(≪스포츠 조선≫ 1992. 2. 29). 청소년이 선호하는 패스트 푸드와 직장인의 점심 메뉴를 동일 선상에서 비교하기에 무리가 있는 듯하다. 그러나 짧은 시간 동안에 한 끼니를 해결하는 것은 햄버거나 비빔밥이나 마찬가지이기 때문에 역설적으로 소비시간의 측면에서는 상호비교가 가능하다. 물론 이 비교의 범위는 식탁에 앉았을 때의 현상에만 한정되어 있다. 반면 식탁에 음식물 한 가지를 올려 놓기까지 들어가는 공정과 시간의 차이, 혹은 부엌에서의 과정, 그리고 그 음식물을 소비하는 행태의 상징성을 고려하자면 두 범주의 먹거리가 나타내는 세대간의 차이는 실상은 일상생활을 살아가는 방식의 차이, 더 나아가서는 일상생활의 구성요소에 대한 기본적 인식의 차이라고 볼 수도 있다.

클로드 레비-스트로스의 '자연 : 문화, 날 것 : 익힌 것'의 대립구조는 조르주 귀르비치가 지적했듯 대립관계로만 그치지 어떠한 변증법적 관계로 볼 수는 없는 것이다. 변증법적 관계는 두 요소(현상) 사이의 상호 과정으로 보아야 하기 때문이다(Gurvitch, 1966). 다시 말해서 날 것을 익힌 것으로 만들어 가는 과정 자체, 즉 불을 가하거나 썩히는(혹은 발효시키는) 과정 자체의 중요성—현재의 우리에게는 일반적으로 부엌의 영역으로 간주되는 그 과정의 중요성을 감안하여 부엌의 관점에서 우리의 먹거리 하나를 살펴보자.

3. 부엌 1: 칼국수

이른바 문민정부가 들어선 후 대통령의 아침식단, 단골 음식점이 소개되더니 청와대의 칼국수가 신문과 TV를 통해 우리에게 전해졌다. 예전의 행정부 수반의 권위적이고 화려한 이미지와 차별성을 두기 위해 대통령의 칼국수가 홍보된 모양이지만, '간단하고 서민적인' 칼국수가 부엌의 관점에서는 그리 간단하지가 않다. 한 일간신문에 개재된 칼국수에 대한 기사를 놓고 이 먹거리에 대해 생각해 보자(≪조선일보≫ 1995. 6. 24).

　여름철 입맛 없는 날, 간단한 점심식사로 칼국수 만한 것도 드물다. 땀을 삘삘 흘리면서 부드러운 국수 면을 훌훌 삼킨 뒤 뜨거운 국물까지 마시고 나면 그득한 포만감과, 이열치열의 시원함이 입맛을 되살리기에 충분하다. 칼국수는 복잡한 재료나 별다른 반찬이 필요없다. 밀가루와 야채 몇 가지로 간단히 만들 수 있어 휴일 가족의 별미 식사로도 제격이다. 뒤끝 없이 깔끔한 맛을 좋아하는 식성이면 내륙식 칼국수를 만들어 봄직하다. 국물에 따로 양념을 하지 않고, 사골이나 쇠뼈를 우려낸 육수에 그대로 칼국수를 넣어 끓이는 것이 내륙식, 여기에다 채 썰어 볶아 낸 호박나물과 쇠고기 등을 고명으로 얹어 먹는다. 깔끔한 국물 맛이 특징. 얼큰하고 담백한 맛을 좋이히는 사람은 남도식 칼국수기 좋다. 멸치니 조개, 청각채 등의 해산물에다 마늘, 파, 감자 등을 썰어 넣어 맛이 배어 나도록 끓인 국물에 칼국수를 넣고 다시 끓인 국물에 고춧가루를 풀어 얼큰한 맛을 내는 식이다. 국물 맛도 중요하지만 칼국수는 뭐니뭐니 해도 면발이 좋아야 한다. 좋은 면발을 만들려면 밀가루와 물을 2대 1 정도의 비율로 섞은 뒤, 반죽에 탄성이 붙을 정도로 계속 쳐대야 끓인 뒤에도 면이 흐물어지지 않는다. 특히 안동식 칼국수는 밀가루에 콩가루를 섞어 반죽해 면발의 고소한 맛이 유별나다. 김영삼 대통령이 매일 점심식사로 먹는 청와대 칼국수가 바로 안동식 칼국수다. 서울 시내에도 칼국수 메뉴 하나로 점심시간 샐러리맨들을 줄서게 만드는 이름난 별미 집들이 적지 않다(이하 생략).

　이 기사에 소개된 전문점을 상대로 조사해 보니, 칼국수의 국수 맛을 살리기 위해서 각 음식점마다 반죽의 비법을 가진 사람이 따로 있거나 특별히 주문해 온 국수를 쓴다고 한다. 밀가루 반죽에 탄성이 붙도록 계속 쳐대는 작업은 그리 만만한 노동이 아니라는 것을 직접 해본 사람은 알 수 있을 것이다. 반죽을 했다고 바로 국수가 만들기로 들어가는 것이 아니라 반죽의 탄성을 높이기 위한 숙성의 과정을 거친다. 밀가루 반죽을 젖은 행주로 덮어놓는 숙성의 과정은 별다른 기술은 필요없지만 시간을 필요로 하는 작업이다. 조사한 바로는 전문점에서는 6시간 동안 숙성시킨다고 했고, 일반 가정에서도 적어도 국물을 준비하는 시간 정도는 숙성시킨다. 이 과정이 끝나야 반죽을 밀가루 뿌려가며, 밀고 썰고 해서 국수가 준비된다. 이렇게 노력과 시간을 들인 국수가 준비되면 칼국수의 나머지 반, 국물을 고려해야 한다. 쇠뼈 우린 국물은 반나절 이상의 시간이 필요하다. 이보다는 간단하다고 여겨지는 멸치 국물도 비린내가 나지 않도록 우려내는 기술이 필요한 과정임을 고려한다면, 간단하고 서민적인 음식으로 내세워진 칼국수가 같이 내놓는 반찬이 간단할 뿐 부엌에서 일하는 사람의 입장에서는 땀흘리며 만들어 내는 노동과 시간과 조리기술의 산물인 것이다.

여기서 왜 이리도 장황하게 칼국수 끓이는 방법을 소개할까 하고 질문을 던지는 독자가 있다면 그 질문 자체가 부엌과 식탁의 입장을 상징적으로 나타낸다고 답할 수 있다. 부엌의 입장에서는 이렇게 장황한 과정이 식탁에서의 관점에서 보면 당연히 간단하다고 여겨지는 것, 이것이 우리의 먹거리 준비와 소비의 일상생활인 것이다.

제대로 끓인 칼국수가 위에서 열거한대로 경험과 시간과 노동력이 필요한 음식이라는 것을 행정부의 수반과 정부 각료들이 고려할 필요는 없다. 아니 식탁 중심의 사회에서는 고려의 대상조차 되지 않는다. 그러나 먹거리를 통해 청렴성과 서민적인 이미지를 부각시키고자 한다면 식탁의 관점뿐만 아니라 부엌의 관점도 고려해 봄직하지 않을까. 그야말로 '별식'으로 따로 준비해야 하는, 땀흘리며 반죽하고 밀어야 하는 칼국수보다는 김치 한 보시기 앞에 놓고 찬밥에 물 말아 점심 한 끼 때우는 모습이 간소하면서도 일상적으로 친근하게 느껴질 수도 있는 것이 부엌의 입장일 수도 있다는 점 말이다.

물론 찬밥이 공식적인 자리에서의 음식으로는 별로 그럴듯하지 않다. 그렇다고 해서 뜨거운 칼국수가 공식적인 대화 혹은 토의를 하는 자리의 음식으로 적당하다고 보기도 힘들다. 뜨거운 감자를 입에 넣고 뱉지도 삼키지도 못하고 말을 우물거린다는 서양식 표현을 굳이 빌리지 않더라도 뜨거운 칼국수는 뜨거운 감자 못지않게 점잖게 먹기 어려운 먹거리이다. 그러나 대통령이 즐기는 칼국수 한 그릇을 같이 먹는다는 것은 단순한 칼국수 한 그릇 이상의 의미를 지닌다. "땀을 뻘뻘 흘리면서 부드러운 국수 면을 훌훌 삼킨 뒤 뜨거운 국물까지 마시고 나면 그득한 포만감과, 이열치열의 시원함을" 느꼈을 행정부 각료들과 대통령의 관계가 음식을 함께 나누어 먹으면서 오직 국정을 논하는 것으로만 끝났을까? 이 때의 밥상은 생리적 욕구를 충족하는 동물적인 존재로서의 인간의 모습을 거리낌없이 드러내놓을 수 있는, 그리고 이를 통해 더욱 단단해진 연대의식의 장(場)을 의미한다.

같이 먹는다는 것의 사회적 상징성에 관해서는 우리나라의 제사의례만큼 그 모습을 명확히 보여주는 예도 드물다. 제사의 기능적 측면으로 한 조상을 구심점으로 친족원간의 결속력 다지기를 꼽을 수 있다. 이때 먹거리라는 매개체를 통해 보면 이 결속력 다지기가 통상적으로 생각되는 남자쪽 친족(종손 중심의 부계혈족)만의 모임이 아니라, 상물림을 통해서 사회적 관계의 농도를 여실히 보여주는 상징적 행위라는 것을 알 수 있다. 살아있는 사람들의 모임의 핵이 되는 조상을 위해 차려진 밥상은 일단 조상이 잡수시고 나면(흠향) 그 조상과 직접 연결된, 즉 직접적인 혈연관계에 있는 남자들에게 물려진다. 그 다음에는 제사 받는 조상과는 혼인이라는 사회적 관계를 통해서 맺어진 여자들에게 밥상물림이 된다. 밥상물림의 다음 차례는 제삿날 다음 아침 '제사 먹으러 온' 동네 사람들이다(전경수, 1994). 조상에게 차려내는 밥상을 매개체로 한 먹거리의 상징적인 사회적 기능은 우리 일상의 다른 먹거리에도 그대로 적용된다. 여럿이 음식을 나누어 먹는 공간이 단순히 먹거리를 나누는 것 이상의, 사람 사이의 관계가 맺어지고 또 확인되는 사회적 행위의 장(場)이라는 것은 더이상 설명할 필요가 없다. 그러나 제삿상이든 청와대의 칼국수든, 우리가 일반적으로 생각하는 먹거리는 이미 밥상에 올려진 소비의 대상물로서의 상징적 측면만이 고려될 뿐, 부엌에서 보는 먹거리 소비에 대한 해석은 간과되어 왔다.

4. 부엌 2: 잔치

공식적인 밥상에 칼국수라는 서민음식을 올려놓은 정부의 모습에 반하여 보통 사람의 공식적, 의례적 밥상은 더욱 화려해지고 형식 또한 예전과는 다른 모습을 보인다. 의례음식의 대표격인 제사음식은 재료와 형식이 정형화되어 시대의 변화에 둔감한 편이지만, 잔치음식 문화의 변화는 놀랄 만하다. 돌, 환갑을 포함한 생일과 결혼 등의 전통적인 잔치는 집에서 손수 장만한 음식을 집으로 찾아온 사람들과 나누어 먹는, 다시 말해서 '집안' 사람이 '집안 음식'으로 '집 밖'에서 온 손님을 대접하면서 사회적 공동체의 범위를 확인하던 행사였다. 그러나 요즈음 도시의 잔치는 그 내용과 형식 모두에서 급격히 변화하고 있다. 잔치의 장소가 '집'이라는 혈연공동체 중심의 공간에서 연회장(음식점)이라는 상업적 공간으로 바뀌어 가면서 '집안' 사람들의 역할은 행사를 주관하기는 하나 손수 먹거리를 준비하지는 않는 입장이다. 이와 함께 '집 밖'의 사람들의 역할은 극단적으로 말하자면 자신들이 낸 부조금으로 자신이 먹는 음식값을 치르고 노래하고 춤추는 행사로 바뀌어 가고 있다.

잔치음식의 내용의 변화 중 가장 큰 것으로는 앞서 얘기한 질을 추구하는 먹거리 소비행태와는 또 다른 측면인 뷔페(buffet) 잔치 차림을 들 수 있다. 여러 국적의 음식이 맛이나 영양의 균형과는 상관없이 푸짐히 쌓여 있는 뷔페식당은 마음대로 양껏 먹을 수 있다는 장점 때문인지 호텔 뷔페에서 변두리 예식장 근처까지 성업 중이다. 식당뿐만이 아니라 일반 가정에서도 음식을 나르는 손이 덜 들고 버리는 음식 찌꺼기가 적다는 이유로 뷔페 상차림이 여성지 등을 통해 권장되고 또 일반화되고 있는 추세이다. "차린 것은 없지만 많이 드십시오" "아니 뭘 이리 많이 차리셨습니까"라는 인사의 교환 후에 차려진 밥상 앞에 점잖게 앉아서 먹던 잔치는 이제 "눈치볼 것 없이" 접시를 들고 오가는 적극적인 욕망충족의 장으로 바뀌었다. 우리의 왕성한 식욕은 공공 장소에서조차도 체면차릴 것 없이 그 모습을 드러내고 있는 것이다.

집안 잔치가 집 밖으로 나간 것이 상업적으로 부추겨졌던 아니던 간에 잔치에 모이는 사람들 사이의 인간관계의 변화는 사회학적으로 흥미로운 현상이리 할 수 있다. 부조의 성격이 현금화되고 또 그 참여자의 범위가 줄어듦으로 해서 나타나는 사회관계의 변화는 산업화, 상업화 사회의 미시적 측면에서도 찾아볼 수 있다. 돈뿐만이 아니라 노동력 혹은 음식물, 특히 쌀로 할 수 있던 부조는 이제 현금으로 거의 대체되었다. 잔치에 온 사람에게 싸서 보내는 음식을 먹음으로써 간접적으로 잔치에 참여하던 사람의 몫이 식당에서는 더이상 존재하지 않는다. 마르셀 모스의 말을 빌리자면 누구로부터 무엇인가를 받는 것은 그 사람의 영(靈)의 본질적인 것(essence spirituelle de son âme)을 받는다는 것이다(Mauss, 1950).

그렇기 때문에 누군가가 주는 것을 받아야 하는 의무와 또 받은 후에는 자신도 주는(되돌려 주는) 행위를 해야만 하는 호혜의 원칙의 고리가 성립된다. 이런 의미에서 볼 때 음식을 나누어 먹는다는 것은 곧 정을 나누는 행위이며, 더 나아가서 집안 음식을 나눔으로써 개인간의 관계뿐만이 아니라 집안과 집안 사이의 관계를 굳건히 하는 상징적 행위라는 것이 명확해진다. 그렇다면 잔치음식을 싸 보내지 않는 집 밖의 잔치에서는 사람 사이의 관계를 맺어 주는 매개체로서의 전통적 잔칫상의 크기가 줄어들었다고 볼 수 있는 것이다.

이렇게 잔칫상의 경우를 식탁의 관점에서만 보게 되면 예전에 비하여 인간관계가 질적으로 저하되었다고 말하기 쉽다. 생명의 근원인 먹거리를 직접 준비하여 상대와 같이 나누어 먹을 때 생기는 신뢰감, 사람 사이의 따뜻한 정, 정으로 맺어진 관계, 넓어져 가는 사회적 연계망 등등 이루 열거하기에도 숨 차도록 많은 긍정적인 측면이 상업적인 잔칫상에서는 그 상징성이 희석되고, 축소되고 또 사라져 버린다는 것이다. 그러나 이러한 담론은 식탁에 앉아 먹거리의 상징적 측면만을 소비하는, 다시 말하면 물질로서의 먹거리를 생산하고 가공하는 데 들어가는 노동의 측면은 간과하고서 나오는 담론으로 볼 수 있다.

부엌의 입장에서의 잔칫상은 밥상의 입장과는 매우 다를 수도 있다. 예를 들어 부엌에서는 잔치의 기간이 몇 시간 혹은 하루, 이틀의 단위가 아니라 훨씬 더 긴 기간을 필요로 한다. 알맞게 익은 김치를 밥상에 올리고, 필요한 그릇과 집기를 준비하고 닦아 놓고, 예산에 맞게 시장보고 다듬고 씻는 데 드는 시간과 이때 필요한 노동력을 어떻게 충당하고 또 일감의 분배는 어떻게 할 것인지…. 이렇게 눈에 보이지는 않지만 집에서 하는 잔칫상의 차림은 이미 며칠 전부터 시작된다. 그런데 요즘은 막상 집에서 차려 낸 잔칫상은 단 한 시간도 되기 전에 음식 찌꺼기와 설거지 거리로 바뀌어 버리고 상물림과 동시에 오락(화투, 카드 놀음 혹은 노래와 춤추기 등)으로 넘어가기 일쑤이다. 이 오락즐기기를 '본론'으로 여기는 집안에서 하는 잔칫상을 손수 차려본, 그것도 여러 번 차려보아 이러한 행사의 순서(짧게 먹고 길게 놀기)가 예외적인 경우가 아니라는 것을 아는 부엌 사람의 입장에서는 맛있고 정성이 담긴 음식보다는 잘 차렸다는 인사를 들을 수 있을 만한 그런 음식들, 다시 말해 남 보기에 그럴듯하게 보이는 과시적인 상차림에 주력하게 된다. 게다가 상을 물리고 오락을 즐기면서 차와 과일을 원하는 밥상 측 사람들과 밥숟갈을 들기는커녕 아직 밥상을 치우기에 바쁜 부엌측 사람들의 관계는 소비와 향유, 그리고 노동의 장(場)으로 도식화시키기에는 미진한 그 무엇인가가 있다. 잔치는 일상이 아닌 비일상이다. 아니 일상을 일상답게 해주는 비일상이다. 그러나 부엌의 입장에서 볼 때 이러한 잔치는 그 비일상의 성격이 식탁에서 말하는 축제, 즉 일상과 단절된 향유적 비일상이 아니라 일상적인 가사노동의 연속이며 더 나아가 그 폭과 깊이가 증폭된 노동의 현장이다.

그렇다면 식당에서 치르는 잔치가 부엌에 가지고 온 변화는 무엇일까? 우선 한 집안내의 독특한 음식 조리법 전수의 기회가 사라지는 것을 꼽을 수 있다. 또한 부엌에서 일하는 사람들 사이의 위계질서 확인의 기회도 그만큼 줄어든다. 다시 말해서 부엌 노동의 총괄적 책임자의 위치, 주 요리자와 보조 요리자, 그리고 부엌과 밥상 사이를 연결하며 시중을 드는 사람간의 사회적 신분에 대한 수직적 인간관계가 행위로서 확인되는 기회가 줄어들면서 그러한 위계질서가 파괴될 수 있음을 짐작하게 한다. 집안의 전통음식의 전수 기회가 줄어들면서 이 위계 질서의 파괴가 가속화 될 가능성도 커진다. 더 나아가 상업화된 잔치에서는 가족내에서의 전통적 위계질서가 경제적 기여도로 대체될 수 있음을 암시한다. '집 밖'의 잔치가 가져온 변화는 여기에서 그치지 않는다. 예전에는 며칠씩 걸려 하던 음식 준비와 뒤치다꺼리가 잔치 참여의 대부분이었던 부엌 사람들도 이제는 같은 잔칫상에서 동시에 음식을 나누어 먹고 즐기는 입장으로 바뀌었다. 우리나라 여자의 90%가 언제나 집에서 식사 준비를 하지만, 45.7%의 여자가 요리하는 것이 싫어도 어쩔 수 없이 한다는 통계를 감안해 본다면(한국갤럽, 1990) 이제 집 밖으로 나간 잔치는 모든 사람에게 일상을 떠난, 그야말로 '잔치'로서 여겨질 수 있는 것이다.

5. 식탁 1: 앉아서 먹는 밥

잔치에서만 밥상의 질서가 변화하고 있지는 않다. TV 장수 프로그램인 <전원일기>의 식사시간은 4대가 같이 사는 집의 전통적인 가족관계를 밥상을 통해 보여준다. 노할머니와 마주앉은 가부장의 밥상, 그리고 따로 차려진 나머지 식구들의 밥상은 안방에 모여서 밥을 먹는 한 가족 안에서의 전통적인 위계질서를 보여준다. 이에 비하여 다른 TV 연속극에서 수시로 등장하는 밥상은 식탁이 대부분이다. 좌식 밥상이 아닌 입식 식탁에도 물론 가부장의 자리매김이 있기는 하다. 그러나 대부분의 입식 식탁은 온 식구가 한 밥상에서 같이 수저질을 하는, 공간적으로는 많이 평등화된 한국 사회의 한 모습을 보여준다.

입식 식탁은 대부분 부엌내에 있거나 부엌 옆의 식당에 놓여 있다. 좌식에서 입식으로, 안방에서 부엌 혹은 식당으로의 변화는 우선 밥상 시중을 드는 부엌 사람의 노동 동선을 짧게 해준다. 그뿐만 아니라 집안의 다른 식구들과 공간적으로 떨어진 상태에서 음식 준비를 해야 하는 전통적 부엌의 위치가 단순한 분리가 아니라 밥상보다 위상이 낮은, 숨이 있는 그리고 평가 절하된 노동의 장소라는 것을 감안한다면 부엌 옆의 식탁은 가사노동을 비록 일부분이라도 재평가할 수 있는 기회를 만들어 준다. 게다가 TV에서 심심치 않게 등장하는 것처럼 음식을 만들고 상을 차리는 남자의 모습이 식탁 바로 옆의 부엌일 때 그리 낯설지 않게 느껴지는 것은 부엌이 고립된 장소가 아니라 집안 식구 모두가 드나들 수 있는 열린 장소이면서 또한 가치 있는 활동의 영역이라는 상징을 확고히 해주기 때문이 아닐까?

우리나라 세 남자 중 한 사람이 가끔 식사 준비를 한다는 조사

결과는 TV에 나오는 밥하는 남자의 모습이 실생활과 전혀 동떨어진 것이 아님을 뒷받침한다(한국갤럽, 1990). 그런데 흥미로운 것은 우리나라 남자의 경우 요리법을 어디에서 얻느냐는 질문에 '모른다' 혹은 무응답으로 답한 사람이 2/3을 차지하고 있다고 위의 조사는 밝힌다. 그렇다면 가끔씩 식사 준비를 한다고 한 남자의 셋 중 하나가 혹시 라면 끓이는 것을 식사 준비로 여긴 것은 아닐까? 아니 우리사회가 라면이라는 먹거리도 한 끼니로 대우받으면서 밥상 하나를 당당히 차지하는 사회로 바뀌어 가고 있다고 보아도 되지 않을까?

우리의 먹거리 소비행태의 큰 변화 중의 하나는 라면으로 대표되는 인스턴트 식품과 패스트 푸드의 일상화이다. 빠르게 조리하여 간단히 먹을 수 있는, 게다가 컵라면처럼 설거지 과정까지 생략할 수 있는 즉석조리식품의 등장이 우리에게 말해 주는 것은 무엇인가. 돈만 지불하면 2~3분내로 손에 쥐어지는 햄버거, 전화로 주문하면 30분내로 배달되는 피자, 물 끓이는 시간까지 합하여 10분이 채 걸리지 않는 라면 등이 청소년의 선호하는 패스트 푸드이다. 그렇다고 해서 대중매체에 자주 등장하는 말처럼 이 세대를 욕망이 충족되기까지의 진득한 기다림이 없는 세대라고 매도하고 싶지만은 않다. 직장인이 즐겨 먹는다는 비빔밥도 식당까지 가는 수고를 제하고는 주문한지 10분도 안되어 밥상에 올라온다. 김치찌개, 순두부, 된장찌개 이 어느 것도 마찬가지이다. 여기에서는 앞서 언급한 칼국수 만들기의 과정처럼 비빔밥의 나물 한 가지 한 가지에 들어가는 시간과 기술과 노동력을 모두 열거하지는 않겠다. 이 과정을 생략하고 본다면, 다시 말해서 밥상 앞에 앉아 있는 사람의 입장에서 본다면, 전통음식이라 불리는 먹거리가 소비시간만으로는 모두 패스트 푸드라고 부를 수도 있는 것이다. 부엌에서 혹은 공장에서 어떠한 과정을 얼마만한 시간을 들여서 만들었던 간에 여러 반찬이 동시에 놓여진 밥상에 앉아서 수저만 들면 되는 입장에서는 한 입 크기로 적당히 썰어서 조리된 우리의 전통음식이야말로 식욕 충족까지 최소한의 시간만 소요되는 진짜 패스트 푸드 아니겠는가? 이렇게 먹거리에 대한 시각을 조금만 돌려본다면 우리는 늘 패스트 푸드를 먹어 왔다고 해도 크게 지나치지 않는데 왜 청소년의 패스트 푸드 선호를 문제시할까?

6. 식탁 2: 서서 먹는 밥

서구적 패스트 푸드가 우리의 일상생활에 널리 퍼지는 것을 문제로 삼는 입장은 크게 두 가지로 볼 수 있다. 첫 번째로는 영양학적 관점에서 고지방, 고염도 식품이 대부분인 패스트 푸드가 일상화될 때 장기적으로 보아 국민건강에 결코 이롭지 않다는 입장이다. 두 번째는 우리가 이 글에서 관심을 기울이는 부분으로, 먹거리의 소비과정 그 자체가 총체적 문화행위라는 측면이다. 청소년의 입맛 변화를 문제화하는 이유가 햄버거와 피자를 먹는 것이 단순한 식욕 충족의 행위로 그치지 않고, 그 먹거리를 감싸고 있는 분위기, 그 먹거리가 유래한 문화까지 동시에 소비한다는 것이다 (김광억, 1994). 그렇다고 해도 청소년이 선호하는 패스트 푸드의 반 이상이 서양음식, 아니 단적으로 미국식이라는 것은 결국 우리 문화의 미국 편향적 성격을 입맛을 통해 보여준 것에 지나지 않은 것인데, 왜 이것이 관심을 끄는 문젯거리가 될까?(시카고 피자, 뉴욕 피자 등 이탈리아식 피자가 아닌 미국식 피자, 미국 남부식 닭고기 튀김, 햄버거 등)

여기서 우리가 생각해 보아야 할 것은 전통음식 대 패스트 푸드의 논쟁이 아니라 이러한 먹거리의 준비 방식과 소비 방식 그리고 그 먹거리를 가운데 두고 이루어지는 사람들 사이의 관계의 형태이다. 우선 패스트 푸드는 기성세대의 입맛에는, 기성세대의 인식 속에서는 제대로 된 한 끼의 '밥'이 아니기 때문에 '음식답지 않은 음식'일 수밖에 없고, 격하게 말한다면 문명의 식탁에는 올릴 수 없는 야만의 먹거리에 지나지 않는다(손일락, 1993: 138). 어떻게 손으로 들고 먹는 빵 쪼가리가 밥상에서 점잖게 수저로 떠먹는 밥과 반찬을 대신할 수 있겠는가? 어떻게 대량 생산되어 포장된 공장 음식이 사람의 손맛으로 이루어진 먹거리를 대체할 수 있다는 생각을 할 수 있는가? 아니 각자의 입맛에 따라 제각각 돈 내고 사먹는 먹고 마실 거리가, 서서 돌아다니며 그것도 맨손으로 먹어대는 그런 먹거리가 사람들이 함께 먹는 맛이 여실한 밥상에 앉아서 먹는 진짜 음식과 비교나 될 것인가?

우리가 주목해야 할 부분은 기성세대가 '아이들 음식'이라고, 음식답지 않은 음식이라고 탓하는 뒷면에는 사실 '아이들'의 음식 자체가 못마땅한 것뿐만 아니라 자신들의 일상적인 '밥'이 변화하고 있다는 것에 대한 염려가 놓여 있다는 점이다. 매 끼니 별다른 생각도 감흥도 없이 당연히 '밥'이 올라와야 할 자신의 일상의 밥상이 너무도 빠르게(적어도 기성세대에게는) 변화의 조짐을 드러내고 있는 것이 염려되고 당황스러워 아이들 음식이라고 격하시키고 애써 가치 두기를 두려워하지 않는 것은 아닐까? 그러나 실상 이렇게 염려하고 불안해 하고 있는 세대도 한때는 그들 자신이 변화의 실마리를 찾고자 했던 세대였다. 그리고 자신들이 추구하고 겪었던 변화의 과정을 완벽하게 잊지 않았기 때문에 모든 시대의 청소년들이 그렇듯 지금의 청소년들이 새로운 것, 뭔가 다른 것을 추구하는 것을 염려스럽고 불안한 마음으로 바라보며 그 불안감을 감추기 위해 그들의 음식을 평가절하시키는 것일지도 모른다. 다시 말하자면 지금은 한 끼 밥상으로 별다른 저항감 없이 받아들여지는 짜장면, 짬뽕이 바로 한 세대 위에는 청요리라는 별식이었고(박은경, 1994), '밥'을 대신하기에는 무언가 마땅치 않은 '가루 음식(밀가루 음식)'이었다는 것이 아직 기억에 생생하기 때문에 햄버거와 피자의 확산이 더욱 불안한지도 모른다.

　라면으로 식사를 하는 것은 아직 우리에게 끼니 거르기보다는 좀 낮은 끼니 때우기 정도로 취급받고 있기는 하지만, 그래도 '애들 음식'보다는 한 단계 위로 취급받는 듯싶다. 농촌에서의 새참거리이기도 하고 군대 급식의 일부이기도 한 라면은 밥보다는 못하지만 '애들' 음식보다는, 혹은 '빵 쪼가리'보다는 높은 위치를 확보하고 있다. 이러한 라면이 우리 생활에 도입된 것이 한 세대가 채 걸리지 않은 것을 보면 자신의 평범한 일상의 양식이 조만간 당연

히 밥상에 올라야 할 '밥'의 위치에서 밀려 나갈지도 모른다는 염려가 기우만은 아닐 것이다. 게다가 이제는 한 세대에게는 일과성 별식으로 여겨지던 먹거리가 다음 세대에서는 일상의 양식이 되는 과정이 세월의 흐름에 따른 '자연스러운' 현상이라고 볼 수만은 없는 세계 속에 우리가 살고 있다. 햄버거와 피자가 비록 '애들 음식'일지라도 일단은 낯설지 않은 어휘로 우리의 머리 속에 자리잡은 과정에는 짜장면, 짬뽕의 경우와는 달리 적극적인 상업 자본의 개입이 있다는 점을 감안해야 한다. 이 경우를 보자면 기성세대의 불안감이 기우로만 그칠 것이 아니기 때문이다. 상업적 이윤을 추구하기 위해 우리의 입맛을 바꾸어 놓은 커피와 오렌지 주스는 이제 일상으로 받아들여지고 있다. 그렇지만 기성세대에게 커피와 오렌지 주스는 걱정거리가 되지 않는다. '밥'이 아니기 때문이다. 피자와 햄버거는 그러나 '밥'을 대신하려 한다. 그렇기 때문에 문제시되는 것이다. 더 나아가서 패스트 푸드에 대한 선호를 부추기는 우리의 문화 전반은 일상의 무덤덤함에서 벗어나고자 하는 가벼운 욕망의 표출뿐만이 아니라 우리의 일상생활에 혁명적 변화를 가져오고자 하는 의지의 표현을 밥상에서부터, 일상의 기초로부터 시작했기 때문에 염려를 불러일으키는 것이다.

7. 맺음말: 부엌과 식탁 사이에서

내집에 온 사람에게는 냉수 한 대접이라도 떠주어야지 맨입으로 보내면 마음이 편치 않은 우리의 할머니, 어머니의 마음씀은 먹거리를 통한 사회적 관계 맺음이라는 상징성을 일상에서 보여준다. 서양의 음식점에서 볼 수 있는 혼자서 즐기면서 먹는 모습이 우리에게 낯설게 느껴지는 이유는 무엇인가? 콩 반쪽도 나누어 먹는다는 말이 있듯, 우리는 아무리 적은 양이라도 같이 먹고 나누어 먹는 데 익숙하다. 그런 우리에게 혼자 먹는다는 것은 생리적 차원에서 생존하기 위해 먹는 것에 지나지 않는다. 식당에서 밥상을 가운데 놓고 둘러앉아 여럿이 같이 먹는 것은 공공 장소라는 사회적 허허벌판에서 '우리'의 공간을 만들어 내어 보이지는 않지만, 모든 사람이 인정하는 울타리를 치는 것과도 같다. 법으로 금지하기까지 하지만 여전히 성행하는 야외에서의 취사행위는 열린 공간에서 먹거리를 가운데 놓고 '우리'라는 울타리 치기이며, 음식점의 '방'에서 밥먹기는 '우리'의 범위를 이중 삼중으로 확인하는 은밀한 예식이라고도 할 수 있다. 이 울타리 안에서는 나의 생존을 위한 먹는 행위는 우리의 관계 맺음의 매개체이자 공동의 즐거움의 소재인 것이다. 다시 말해 음식을 먹는다는 나의 동물적 행위가 우리의 사회적 의례로 승화되는 것이다.

열린 공간에서의 '우리' 확인하기의 다른 한 예로서 뷔페식당을 생각해 볼 수 있다. 손수 먹거리를 가져다 먹는다는 형식에 있어서는 또 다른 서구식 잔치방법인 칵테일 파티가 우리에게 영 어색한 반면 뷔페식 상차림은 앞에서도 언급한 것처럼 널리 퍼지고 있는 이유는 무엇일까? 칵테일 파티의 목적은 새로운 만남을 통한 사회적 연계망의 확장이다. 그리고 이때의 먹거리는 새로운 만남의 껄끄러움을 줄여주는 윤활유 정도의 역할을 하는 열린 구조의 잔치라고 할 수 있다. 서성거리며 먹어야 하는 칵테일 파티보다는 서 있는 시간이 짧지만 뷔페 역시 섰다 앉았다를 반복하며 먹어야 한다. 그래도 뷔페는 성행하고 있다. 서서 먹는다는 사실은 큰 걸림돌이 아니다. 우리의 뷔페식 잔치는 각자가 들고 온 음식을 이미 존재하는 사회적 연계망 안에서 구성된 친숙한 사람들로 이루어진 밥상에서 같이 먹으면서 '끼리끼리'를 다시 한 번 확인하는 폐쇄적 구조이기 때문이다. 이에 비해 패스트 푸드, 특히 햄버거 같은 음식은 혼자 먹기의 대표라 할 수 있다. 열린 공간이든 닫힌 공간이든, 여럿이 먹든 혼자 먹든, 혹은 집에서 만들어 먹든, 집 밖에서 사 먹든, 일 인분씩 나누어진 패스트 푸드라는 먹거리는 '개인'이라는 존재를 다시 한 번 강조하고 확인시켜 준다. 그래서 전통적인 '우리'의 일상의 밥상에 대한 정면 도전으로 느껴지기 때문에 '우리'에게 거부감을 주는지도 모른다. 그러나 우리의 실상은 그렇지 않다. 우리나라의 청소년들이 패스트 푸드점을 만남의 장소로 이용한다는 연구 결과를 볼 때 각자의 음식을 먹더라도 먹거리를 중심으로 여럿이 모인다는 점에서 서양의 패스트 푸드와는 다른 성격을 지닌다(손일락, 1993: 136-137)

다음 세대에는 제삿상에 햄버거와 피자가 놓일지도 모른다는 근심어린 농담은 먹거리 자체에 대한 염려가 아니라 전통적인 공동체의식의 와해에 대한 걱정이다. 제삿상은 조상이라는 과거의 인물을 위한 밥상이지만 결국은 미래의 나의 밥상이다. 이 밥상에 대한 근심은 예측이 가능한 아니 예측이 필요없는 일상의 양식이 일상적이지 않게 변화하지 않을까 하는, 더 나아가 나의 일상 전반에 닥쳐올지도 모르는 변화에 대한 걱정이다. 식탁의 관점에서, 다시 말해 먹거리를 순간의 소비대상으로 보며 그 먹거리의 현재의 상징성에만 집착하는 입장에서는 이유있는 걱정이다. 그러나 과정 자체에 관심을 돌려 본다면 변화는 늘 일어나고 있기 때문에 큰 걱정거리가 되지 않는다. 한 사물에 대한 사회적 상징 가치 또한 사회변화의 흐름에 따른다. 전통음식이든 패스트 푸드이든 공동체가 함께 소비하는 먹거리로 만들어 간다면 제삿상에 무엇이 오르든 관계없지 을까? 이런 농담이 현실화된다면 부엌의 입장에서는, 아니 지금까지 간과되어온 또 다른 반수의 한국인의 입장에서는, 우리의 미래의 일상이 어떤 모습으로 나타날지 자못 흥미롭게 기다려진다.

참고문헌

김광억. 1994, 「음식의 생산과 문화의 소비: 총론」, ≪한국문화인류학≫ 26.

박은경. 1994, 「중국 음식의 역사적 의미」, ≪한국문화인류학≫ 26.

보사부. 1992, 「보건사회백서」.

부르디외, 피에르. 1996, 『구별짓기: 문화와 취향의 사회학』, 최종철 역, 새물결.

손일락. 1993, 『남자는 맛, 여자는 분위기: 재미있는 외식문화 이야기』, 다솔.

≪스포츠 조선≫ 1992. 2. 29.

전경수. 1994, 「조상제사의 생태적 기능」, 『한국문화론: 전통편』, 일지사.

≪조선일보≫ 1993. 9. 7, 1995. 6. 24.

한국갤럽. 1990, 「한국인의 식생활 라이프 스타일」.

해리스, 마빈. 1992, 『음식문화의 수수께끼』(서진영 역), 한길사.

Gurvitch, Georges. 1966, *Les cadres sociaux de la connaissance*, Paris: Puf.

Lüdtke, Alf. 1994, "Qu'est-ce que l'histoire du quotidien, et qui la pratique?," *Histoire du quotidien*, Paris: Maison des sciences de l'homme.

● 글쓴이들

민문홍
연세대 사회학과 및 동대학원 졸업
프랑스 파리 소르본느 대학 사회학 박사
전 서울신학대학교 교수
주요 저서 및 역서: 『사회학과 도덕과학』, 『에밀 뒤르케임과 사회학』, 『무질서의
　　　사회학적 위치』

이기현
서울대 철학과 졸업
프랑스 파리 제7대학 사회학 석사 및 박사
현 한국방송개발원 선임연구원
주요 역서 및 논문: 『현대성 비판』(공역), 「사회적 상상의 복원 혹은 상징의 사회
　　　학」, 「매체의 신화, 문화의 야만」

이병혁
서울대학교 문리과대학 사회학과 졸업
서울대학교 대학원 사회학과 졸업
프랑스 파리 사회과학고등연구원(E. H. E. S. S) 문학박사
현 서울시립대학교 교양과정부 교수(사회학)
주요 저서: 『언어사회학서설: 이데올로기와 언어』, 『인지과학: 마음·언어·계산』
　　　(공저), 『한국사회와 언어사회학』, 『막스베버 사회학의 쟁점들』(공저)

이상훈
부산대 사회학과 졸업
프랑스 파리 제5대학 사회학 석사 및 박사
현 한국방송개발원 선임연구원
주요 역서 및 논문: 『일상생활의 사회학』(공역), 「발터벤야민의 미학」, 「일상성연
　　　구와 그 인식론적 대안을 위하여」, 「민중적 사회와 그 형상」

이영자
성심여대 불문학과 졸업
프랑스 파리 10(낭떼르) 대학 사회학과 졸업

프랑스 파리 사회과학고등연구원(E. H. E. S. S) 사회학 석사, 정치사회학 박사
현재 가톨릭대학교 사회학과 교수
주요 저서 및 논문:『성평등의 사회학』(공저),『영화로 읽는 여성의 삶』,「지배문
　　　　화의 재생산에 관한 연구」,「소비사회와 여성문화」

정수복
연세대학교 정치외교학과 졸업
연세대학교 대학원 사회학과 석사
프랑스 파리 사회과학고등연구원(E. H. E. S. S) 사회학 박사
현 크리스챤 아카데미 연구위원
주요 저서:『의미 세계와 사회운동』,『생태학적 상상력』,『새로운 사회운동과 참
　　　　여민주주의』

최종철
서울대 대학원 사회학과 석사
프랑스 파리 소르본느 대학 사회학과 박사
현 서울대 지역종합연구소 특별연구원
주요 역서 및 논문:『구별짓기: 문화와 취향의 사회학』,「한국기독교교회의 정치
　　　　적 태도, 1972~1990」,「프랑스에서의 사회적 조절: 그 허와 실」,「한국개
　　　　신교문화의 형성에 대한 사회사적 고찰」

한경애
미국 엠혜스트 대학 사회학과 졸업
프랑스 파리 제5대학 인류학 석사 및 박사과정 수료
현재 중앙대학교 강사
주요 역서:『사진의 사회적 정의』

현택수
고려대 사회학과 졸업
프랑스 파리 8대학 사회학 석사
프랑스 파리 소르본느 대학 사회학 박사
현 고려대학교 인문대학 사회학과 교수
주요 저서 및 논문:『현대사회의 구조와 변동』(공저),「뤼시앙 골드만의 문학사회
　　　　학의 문제」,「음악사회학을 위하여」

■
일상문화연구회는 프랑스에서 수학한 사회학자·인류학자들이 1993년
결성한 연구모임이다. 유럽학계의 최신 이론과 정보를 서로 교환하면서
이를 한국의 인문사회과학이론과 한국문화의 분석에 접목시키는 연구
활동을 하고 있다.

오늘의 문화연구 1

한국인의 일상문화
자기성찰의 사회학

ⓒ 일상문화연구회, 1996

엮은이/일상문화연구회
펴낸이/김종수
펴낸곳/도서출판 한울

편집책임/오현주
편집/신선경

초판 1쇄 발행/1996년 11월 8일
초판 6쇄 발행/1999년 11월 20일

주소/120-180 서울시 서대문구 창천동 503-24 휴암빌딩 3층
전화/편집 336-6183(대표) 영업 326-0095(대표)
팩스/333-7543
전자우편/newhanul@nuri.net
등록/1980년 3월 13일, 제14-19호

Printed in Korea.
ISBN 89-460-2380-5 94330

* 값 9,000원